中国特色社会主义政治经济学 名家论丛

王立胜 主编

中国特色社会主义
政治经济学的创新发展

ZHONGGUO TESE SHEHUIZHUYI
ZHENGZHI JINGJIXUE DE CHUANGXINFAZHAN

洪银兴 著

山东城市出版传媒集团·济南出版社

图书在版编目（CIP）数据

中国特色社会主义政治经济学的创新发展／洪银兴著.
—济南：济南出版社，2017.9
（中国特色社会主义政治经济学名家论丛／王立胜主编）
ISBN 978 - 7 - 5488 - 2802 - 0

Ⅰ.①中…　Ⅱ.①洪…　Ⅲ.①中国特色社会主义—
社会主义政治经济学—研究　Ⅳ.①F120.2

中国版本图书馆 CIP 数据核字（2017）第 234307 号

出 版 人　崔　刚
责任编辑　王小曼　李　晨
封面设计　侯文英

出版发行　济南出版社
地　　址　山东省济南市二环南路 1 号（250002）
编辑热线　0531 - 86131712
发行热线　0531 - 86131728　86922073　86131701
印　　刷　济南新科印务有限公司
版　　次　2017 年 9 月第 1 版
印　　次　2017 年 9 月第 1 次印刷
成品尺寸　170mm × 240mm　16 开
印　　张　15.5
字　　数　210 千
印　　数　1—3000 册
定　　价　60.00 元

中国特色社会主义政治经济学名家论丛

南京大学　洪银兴

洪银兴简介

洪银兴，男，汉族，1950年9月生，江苏常州人。南京大学原党委书记，著名经济学家，南京大学学术委员会主任、人文社会科学资深教授，经济学博士。中共十七大、十八大代表，第十一届、十二届江苏省委委员。兼任教育部社会科学委员会副主任委员、中央马克思主义理论研究和建设工程专家组首席专家、国家社会科学基金规划组专家、全国综合性大学《资本论》研究会会长等职务。研究方向为经济运行机制、经济发展和宏观经济的理论和政策。1987年获孙冶方经济科学奖，1991年获国务院学位委员会和国家教委颁发的"做出突出贡献的中国博士学位获得者"称号，2000年作为中美富布莱特（Fulbright）杰出学者访问美国，2009年入选"影响新中国60年经济建设的100位经济学家"，2015年入选首届"江苏社科名家"。

总　序

中国社会科学院　王立胜

习近平总书记在 2016 年哲学社会科学工作座谈会"5·17"讲话中指出："这是一个需要理论而且一定能够产生理论的时代，这是一个需要思想而且一定能够产生思想的时代。我们不能辜负了这个时代。"① 中国特色社会主义政治经济学就是习近平总书记结合时代要求倡导的重要学说，其主要使命就是以政治经济学总结中国经验、创建中国理论。他指出："坚持和发展中国特色社会主义政治经济学，要以马克思主义政治经济学为指导，总结和提炼我国改革开放和社会主义现代化建设的伟大实践经验。"② 在 2017 年省部级主要领导干部"学习习近平总书记重要讲话精神，迎接党的十九大"专题研讨班"7·26"讲话中，习近平总书记提出当前的时代变迁是发展阶段的变化，指出"我国发展站到了新的历史起点上，中国特色社会主义进入了新的发展阶段"③，强调"时代是思想之母，实践是理论之源"④，要求总结实践经验，推进理论创新。在经济学领域，实现从实践到理论的提升，就是要贯彻习近平总

---

① 习近平：《在哲学社会科学工作座谈会上的讲话》，《人民日报》2016 年 5 月 19 日。
② 新华社：《坚定信心增强定力　坚定不移推进供给侧结构性改革》，《人民日报》2016 年 7 月 9 日。
③ 新华社：《高举中国特色社会主义伟大旗帜　为决胜全面小康社会实现中国梦而奋斗》，《人民日报》2017 年 7 月 28 日。
④ 新华社：《高举中国特色社会主义伟大旗帜　为决胜全面小康社会实现中国梦而奋斗》，《人民日报》2017 年 7 月 28 日。

书记在中央政治局第二十八次集体学习时提出的重要指示，"提炼和总结我国经济发展实践的规律性成果，把实践经验上升为系统化的经济学说"① ——这就是"坚持和发展中国特色社会主义政治经济学"的历史使命和时代要求。

当前中国特色社会主义政治经济学的提出和发展也是六十余年理论积淀的结果。1955 年苏联政治经济学教科书中文版②在国内出版，当时于光远③、林子力和马家驹等④学者就开始着手探讨政治经济学的体系构建问题。从 1958 年到 1961 年，毛泽东四次提倡领导干部学习政治经济学⑤，建议中央各部门党组和各省（市、自治区）党委的第一书记组织读书小组读政治经济学。他与刘少奇、周恩来分别组织了读书小组。在组织读书小组在杭州读书期间，他在信中说"读的是经济学。我下决心要搞通这门学问"⑥。在毛泽东的倡导下，20 世纪 50 年代中后期我国出现了第一次社会主义经济理论研究高潮——正是在这次研究高潮中，总结中国经验、构建中国版的社会主义经济理论体系被确定为中国政治经济学研究的方向和目标，并被一直坚持下来。这次研究高潮因"文革"而中断。"文革"结束后的 80 年代，在邓小平的倡导和亲自参与下，我国出现了第二次社会主义经济理论的研究高潮。很多学者在"文革"前积累的理论成果也在这一时期集中发表。在这次研究高潮中，我国确立了社会主义公有制与市场经济相结合的发展方向，形成了社会主义市场经济理论，为改革开放以来 40 年的经济繁荣提供了理论支撑。

---

① 新华社：《立足我国国情和我国发展实践　发展当代中国马克思主义政治经济学》，《人民日报》2015 年 11 月 25 日。

② 苏联科学院经济研究所：《政治经济学教科书》（中译本），北京：人民出版社 1955 年版。

③ 仲津（于光远）：《政治经济学社会主义部分研究什么？》，《学习》1956 年第 8 期；《最大限度地满足社会需要是政治经济学社会主义部分的一个中心问题》，《学习》1956 年第 11 期。

④ 林子力、马家驹、戴钟珩、朱声绂：《对社会主义经济的分析从哪里着手？》，《经济研究》1957 年第 4 期。

⑤ 咸义明：《"大跃进"后毛泽东四次提倡领导干部学政治经济学》，《党的文献》2008 年第 3 期。

⑥《建国以来毛泽东文稿》第 8 册，北京：中央文献出版社 1993 年版，第 637 页。此次学习期间毛泽东读苏联政治经济学教科书的批注和谈话成为我国政治经济学研究的重要文献资料。

当前在习近平总书记的倡导下，从2016年年初开始，我国出现了研究中国特色社会主义政治经济学的新高潮，形成了中国社会主义政治经济学的第三次研究高潮。经历了六十余年的理论积淀，在中国特色社会主义新的发展阶段，中国特色社会主义政治经济学的发展正逐步汇成一股理论潮流，伴随中国特色社会主义建设事业的蓬勃发展滚滚而来！

纵观六十余年积淀与三次研究高潮，中国特色社会主义政治经济学的发展既继往开来又任重道远。一方面，所谓"继往开来"，是中国社会主义经济建设事业的蓬勃发展为中国版社会主义政治经济学的形成开创了越来越成熟的现实条件。20世纪50年代，毛泽东感叹"社会主义社会的历史，至今还不过四十多年，社会主义社会的发展还不成熟，离共产主义的高级阶段还很远。现在就要写出一本成熟的社会主义、共产主义政治经济学教科书，还受到社会实践的一定限制"①。20世纪80年代，邓小平高度评价中共十二届三中全会《中共中央关于经济体制改革的决定》提出的"在公有制基础上有计划的商品经济"，认为是"写出了一个政治经济学的初稿，是马克思主义基本原理和中国社会主义实践相结合的政治经济学"②。当前，习近平总书记指出，"中国特色社会主义是全面发展的社会主义"③，"中国特色社会主义进入了新的发展阶段"④，要"提炼和总结我国经济发展实践的规律性成果，把实践经验上升为系统化的经济学说"⑤。从毛泽东认为写出成熟的教科书"受到社会实践的一定限制"，到邓小平认为"写出了一个政治经济学的初稿"，再到习近平提出"把实践经验上升为系统化的经济学说"，历代领导人关

---

① 中华人民共和国国史学会：《毛泽东读社会主义政治经济学批注和谈话》（简本），内部资料，第804页。

② 《邓小平文选》第3卷，北京：人民出版社1993年版，第83页。

③ 习近平：《准确把握和抓好我国发展战略重点　扎实把"十三五"发展蓝图变为现实》，《人民日报》2016年1月31日。

④ 新华社：《高举中国特色社会主义伟大旗帜　为决胜全面小康社会实现中国梦而奋斗》，《人民日报》2017年7月28日。

⑤ 新华社：《立足我国国情和我国发展实践　发展当代马克思主义政治经济学》，《人民日报》2015年11月25日。

于理论发展现实条件的不同判断表明，随着社会主义建设进入不同历史阶段，政治经济学理论发展的现实条件日益成熟，实践推动理论创新。正如习近平总书记所言："中国特色社会主义不断取得的重大成就，意味着近代以来久经磨难的中华民族实现了从站起来、富起来到强起来的历史性飞跃……意味着中国特色社会主义拓展了发展中国家走向现代化的途径，为解决人类问题贡献了中国智慧、提供了中国方案。"① 在实践的推动下，中国特色社会主义政治经济学的发展，继往开来。

另一方面，所谓"任重道远"，是指中国特色社会主义政治经济学从提出到成熟尚需经历曲折的探索过程。当前中国特色社会主义政治经济学的发展至少需要面临两个方面的艰难探索：第一，理论构建面临诸多悬而未解的学术难题。从20世纪50年代开始，国内围绕体系构建的"起点论""红线论"等问题就形成了诸多争论，同时，社会主义条件下"剩余价值规律"和"经济危机周期性"的适用性等一些原则性的问题未能获得解决，甚至某些问题上的分歧出现了日益扩大的趋势。这在很大程度上限制了中国特色社会主义政治经济学的理论化水平，使政治经济学经典理论中的价值理论、分配理论、剩余价值理论和危机理论未能充分体现在中国社会主义政治经济学中，从而导致中国实践中涌现的一系列具有中国特色的经济思想未能获得经典的理论化表述。破解这一难题，需要直面六十余年来形成的一系列争论，加速对政治经济学经典理论的创新应用，在中国特色社会主义经济思想理论化的道路上不断探索。第二，时代变革形成的新问题和新挑战倒逼理论探索。20世纪50年代中后期，既是中国社会主义政治经济学的第一次研究高潮，也是我国社会主义初级阶段的起始时期。当前中国社会主义经济建设在经历了六十余年的巨变后，迎来了中国特色社会主义新的发展阶段。中国特色社会

---

① 新华社：《高举中国特色社会主义伟大旗帜　为决胜全面小康社会实现中国梦而奋斗》，《人民日报》2017年7月28日。

主义政治经济学也需要适应新时期新阶段，加速理论创新。正如习近平总书记在"7·26"讲话中所强调的："我们要在迅速变化的时代中赢得主动，要在新的伟大斗争中赢得胜利，就要在坚持马克思主义基本原理的基础上，以更宽广的视野、更长远的眼光来思考和把握国家未来发展面临的一系列重大战略问题，在理论上不断拓展新视野、作出新概括。"① 值得注意的是，实践中的新问题与历史累积的学术难题，都将理论探索指向中国特色社会主义政治经济学理论化水平的提升：在实践方面，要形成解释社会主义初级阶段不同时期的理论体系，为新时期的经济实践指明方向，必须提升理论高度；而提高理论高度就需要在理论方面破解体系构建面临的学术难题，创新政治经济学经典理论使之适应当前现实，从而实现中国特色社会主义经济建设经验的理论化重构。理论水平的提升必须遵循学术发展的客观规律，注定是一个任重道远的探索过程，要求政治经济学研究者群策群力、积极进取、砥砺前行。

编写出版《中国特色社会主义政治经济学名家论丛》就是为了响应习近平总书记推进理论创新的时代要求，服务中国特色社会主义政治经济学的发展。纵观中国社会主义政治经济学六十余年的发展历程不难发现：政治经济学学者承担着理论创新的历史使命，学术交流质量决定理论发展水平。当前中国政治经济学界存在着一支高水平的政治经济学理论队伍，他们既是六十余年理论积淀的承载者，也是当前理论创新的承担者。及时把握这些学者的研究动态，加快其理论成果的普及推广，不仅有助于推动政治经济学界的学术交流，也有助于扩大中国特色社会主义政治经济学的社会反响，同时为后来的研究提供一批记录当代学者理论发展印迹的历史文献。"名家论丛"选取的名家学者都亲历过20世纪80年代和当前两次研究高潮，部分学者甚至是三次理论高潮的亲历者。

① 新华社：《高举中国特色社会主义伟大旗帜　为决胜全面小康社会实现中国梦而奋斗》，《人民日报》2017年7月28日。

这些学者熟悉中国社会主义政治经济学的理论传承，知晓历次研究高潮中的学术焦点与理论分歧，也对中国特色社会主义经济建设经验具有深刻的理论洞察。在本次研究高潮中，他们的理论积淀和实践观察集中迸发，围绕中国经验的理论升华和中国特色社会主义政治经济学的体系构建集中著述，在中国特色社会主义政治经济学的发展中起到学术引领和理论中坚的作用，其研究成果值得高度关注和广泛推广。同时，从2015年底习近平总书记提出"中国特色社会主义政治经济学"算起，当前这次研究高潮从形成到发展，尚不足两年，还处于起步阶段，需要学界同仁的共同参与、群策群力，使之形成更大的理论潮流。中国社会科学院经济研究所是我国重要的经济学研究机构，也是中国社会主义政治经济学六十余年发展历程和三次理论高潮的重要参与者。在20世纪50年代和80年代两次理论高潮中，经济研究所的张闻天、孙冶方、刘国光和董辅礽等老一辈学者是重要的学术领袖。在本轮研究高潮中，经济研究所高度重视、积极参与中国特色社会主义政治经济学的发展，决心依托现有资源平台积极服务学界同仁。策划出版《中国特色社会主义政治经济学名家论丛》的目的就在于服务学术创新，为当前的理论发展略尽绵薄，也是为笔者所承担的国家社科规划重大项目"中国特色社会主义政治经济学探索"积累资料。

同时，为了更加全面地展示中国特色社会主义政治经济学的理论发展动态，我们还将依据理论发展状况适时推出"青年论丛"和"专题论丛"，就青年学者的学术观点和重要专题的学术成果进行及时梳理与推广，以期及时反映理论发展全貌，推动学术交流，服务理论创新。当然，三个系列论丛的策划与出版，完全依托当前的理论发展潮流，仰赖专家学者对经济研究所工作的认可与鼎力支持。在此我们代表经济研究所和论丛编写团队，对政治经济学界同仁的支持表示衷心的感谢！同时也希望各位大家积极参与论丛的编写和出版，为我们推荐更多的高水平研究成果，提高论丛的编写质量。

目　录

中国特色社会主义政治经济学

中国特色社会主义政治经济学的创新发展

2015 年 11 月 23 日，在主持中共中央政治局第二十八次集体学习时，习近平总书记明确指出，马克思主义政治经济学是我们坚持和发展马克思主义的必修课，要立足我国国情和发展实践，为马克思主义政治经济学创新发展贡献中国智慧。2015 年 12 月召开的中央经济工作会议又明确强调，"要坚持中国特色社会主义政治经济学的重大原则"。马克思主义政治经济学是中国特色社会主义理论的一个重要基础，中国特色社会主义政治经济学是马克思主义政治经济学在新的历史条件下的创新成果。社会主义实践、当代资本主义新变化和经济全球化都在推动着马克思主义政治经济学的当代发展。马克思主义政治经济学中国化的一系列重大创新，形成了中国特色社会主义政治经济学的理论体系。

一、 政治经济学研究对象的创新发展

中国特色社会主义政治经济学的创新发展是从研究对象开始的。政治经济学作为一门经典的经济学科，其研究对象在创立时就是明确的。以《资本论》为代表的政治经济学对资本主义经济的分析是以生产关系为对象的。面对生产力和生产关系之间的社会基本矛盾，政治经济学致力于研究一定社会生产关系产生、发展和灭亡的规律。应该说，学术界对此是认可的。而在改革开放以后，面对发展社会主义经济面临的一系列问题，需要

在基本理论上取得突破。经济改革和发展的实践也要求政治经济学理论研究创新发展。由时代问题和发展需求所推动，中国特色社会主义政治经济学研究首先要突破的基本理论问题就是研究对象问题，主要有三个方面：

1. 生产力成为政治经济学直接研究的一个重要方面。以生产关系作为研究对象的马克思主义政治经济学，虽然也会研究生产力，但一直处于被联系的地位，即以研究生产关系为目的联系研究生产力。在相当长的时期，政治经济学对社会主义经济的研究主要限于生产关系的研究，而没有把生产力作为对象。我国的政治经济学教科书也长期忽视对生产力的研究，只是限于对生产关系的研究。实践证明，以生产关系为主要研究对象，不直接研究生产力，政治经济学就难以更为科学有效地指导中国的经济发展。

中国特色社会主义政治经济学的重大创新之一是在研究对象上突出研究生产力，并从发展生产力的角度研究生产关系。这同马克思设想的进入社会主义社会后的发展任务是一致的。马克思、恩格斯在《共产党宣言》中指出：无产阶级夺取政权以后，任务是要"尽可能快地增加生产力的总量"。因为社会主义最终取代资本主义的物质条件是其生产力水平达到并超过资本主义的水平，贫穷不是社会主义。对我国来说，更为重要的是，当我国进入社会主义社会时，没有完成发达国家在资本主义条件下完成的生产社会化、现代化任务，生产力没有达到发达资本主义国家水平，社会主义的物质基础没有充分建立起来。在此条件下，社会主义的本质就是发展生产力。这意味着只有发展生产力才能更好地发展社会主义生产关系。由此决定了中国特色社会主义政治经济学应把对生产力的研究放在重要位置。

那么，中国特色社会主义政治经济学要研究生产力的哪些方面呢？邓小平说，一个是解放生产力，一个是发展生产力。习近平总书记在中共中央政治局第六次集体学习时的讲话中又提出，要"牢固树立保护生态环境就是保护生产力、改善生态环境就是发展生产力的理念"。这样，中国特色社会主义政治经济学对生产力的研究就有三个层次的内容：一是解放生产力，二是发展生产力，三是保护生产力。把这三个方面结合起来进行研究是政治经济学研究对象和内容的重大突破。中国特色社会主义政治经济学理论体系的构建，就是首先要建立解放、发展和保护生产力的系统化的经济学说。这样，着眼于生产力提高的经济发展理论就成为中国特色社会主义政治经济学的一个重要组成部分。

2. 政治经济学研究多种生产关系和相应的经济制度。马克思主义政治经济学所运用的抽象法的一个重要案例，是面对同一社会中存在的多种生产关系，着重抓住占支配地位的生产关系展开分析和研究。这就是马克思所说的："在一切社会形式中都有一种一定的生产决定其他一切生产的地位和影响，因而它的关系也决定其他一切关系的地位和影响。这是一种普照的光，它掩盖了一切其他色彩，改变着它们的特点。"[①] 而我国社会主义初级阶段的所有制结构特点是公有制为主体，多种所有制经济共同发展，而且混合所有制经济也成为基本经济制度的实现形式之一。因此，中国特色社会主义政治经济学对生产关系的研究就不仅需要对公有制经济展开研究，非公有制经济和混合所有制经济也应成为政治经济学研究的对象。

现实的经济制度是生产关系的具体形式。因此，作为经济改革指导思想的中国特色社会主义政治经济学所研究的生产关系就不能只是几个原则规定，更多的应是生产关系的具体形式。最为典型的是对社会主义初级阶段基本经济制度的分析，既要研究各种所有制反映的生产关系的基本属性，又要研究各种所有制的实现形式和相互关系。此外，还要研究基本收入制度、土地制度，等等。经济制度不可避免涉及上层建筑，那么，上层建筑的哪些方面或者其中哪些部分应成为政治经济学的研究对象呢？虽然上层建筑不是政治经济学的主要研究对象，但是根据马克思主义关于经济基础和上层建筑关系的分析，政治经济学研究一定社会生产关系的总和即经济基础时也会在一定范围联系上层建筑，特别是经济制度作为反映社会性质

① 《马克思恩格斯选集》第2卷，北京：人民出版社1995年版，第24页。

的根本性制度，很大部分也是属于上层建筑范畴的。比如，许多经济问题的治理离不开法治，那么，政治经济学也就需要研究影响生产关系的各种法律制度。

3. 政治经济学研究经济运行和相应的经济体制。马克思主义政治经济学主要以生产关系为研究对象，属于经济本质的分析。相应地，与生产力发展相关的经济效率的高低一般归结为生产关系的影响，经济效率低就从生产关系的不适应来说明，需要解决的是生产关系的调整问题。而实际情况是，经济效率并不只同生产关系相关，它也跟经济运行效率和质量相关。资源配置的效率、经济运行的质量并不只反映生产关系的优劣，它们也需要由经济运行方式来说明。经济运行方式不完全是某一社会生产关系的具体形式，不完全是围绕经济制度而建立的。例如，市场经济作为资源配置方式，无论是在社会主义经济中还是资本主义经济中，都是作为经济运行方式而存在的。再如宏观调控，面对高失业率和高通货膨胀率，都要采取逆周期的调控方式。像这样的微观经济运行和宏观经济运行并不都可以用生产关系的性质来说明。但处理不好所产生的低效率和宏观失控等问题，却会影响生产力发展并影响社会主义生产关系的发展。因此，经济运行方式进入政治经济学的研究范畴是十分必要的。

经济运行方式即经济体制，如市场经济体制、宏观调控体制、社会保障体制等。经济体制的设计变革，既要反映经济制度的本质要求，还需要反映经济运行的效率和质量的要求。就反映经济制度的要求来说，必须根据社会主义初级阶段基本经济制度的要求改革经济体制。由于经济运行的质量和效率不完全取决于经济制度，很大程度上是经济运行方式问题。因此，如果经济体制不能适应生产力发展的要求，就需要适时根据经济运行规律调整和改革经济运行方式。由于经济体制总是在一定的生产关系和经济制度的框架内运行的，所以对经济运行及其方式的研究也不能脱离生产关系和经济制度。例如，对市场经济和宏观调控的研究就不能脱离社会主义基本制度的本质要求。它们都是在坚持社会主义基本制度的前提下，在经济运行机制方面寻求合适的制度安排。

中国特色社会主义政治经济学在研究对象方面的上述突破，推进了各个方面的理论创新，所取得的重大理论成果，不仅有力指导了我国经济发展实践，而且开拓了马克思主义政治经济学新境界。

二、 政治经济学目标任务的创新发展

一般而言，政治经济学的目标任务是由其本质属性决定的。经济学有没有阶级性？马克思主义的回答是明确的，既存在代表无产阶级利益的政治经济学，也有代表资产阶级利益的政治经济学。而一些人对当今的以社会主义经济为研究对象的经济学是否有阶级性的看法则是有分歧的。有人受西方"普世价值"的影响，淡化经济学的阶级属性，强调其提供超阶级的一般经济学理论的一面。事实上，在多种所有制经济共存的社会主义初级阶段，经济学只要涉及经济利益关系，它带有一定的阶级立场是必然的。有的经济学就声称是富人的经济学，有的则声称是穷人的经济学。中国特色社会主义"既不走封闭僵化的老路，也不走改旗易帜的邪路"。因此，中国特色社会主义政治经济学秉承马克思主义政治经济学的传统，不仅有明确的阶级立场，而且公开声称是以人民为中心的政治经济学。这是与西方经济学的根本区别。

马克思在创立马克思主义政治经济学时，就明确了政治经济学的阶级性。马克思指出，代表资产阶级利益的"政治经济学所研究的材料的特殊性质，把人们心中最激烈、最卑鄙、最恶劣的感情，把代表私人利益的复仇女神召唤到战场上来反对自由的科学研究"[1]。马克思创立的政治经济学，公开主张和维护无产阶级利益，为无产阶级和全人类的解放事业服务。他

---

[1] 马克思：《资本论》第 1 卷，北京：人民出版社 2004 年版，第 10 页。

依据劳动价值论,建立了科学的剩余价值理论,发现了资本主义剥削的秘密,由此找到资本主义社会的掘墓人,敲响了资本主义的丧钟。马克思主义政治经济学的阶级性,不仅表现在对资本主义的批判上,还在于为无产阶级找到了理想的社会归宿。这就是被马克思称为"自由人联合体"的社会主义社会和共产主义社会。马克思在批判资本主义经济关系过程中,合乎逻辑地推导出未来社会的基本经济特征,反映了无产阶级对未来社会的向往和为之奋斗的决心。在社会主义社会建立起来以后,马克思主义政治经济学又提供了建设新社会的理论武器,反映了广大人民群众的根本利益。

无产阶级夺取政权以后,政治经济学的阶级性如何体现呢?这同无产阶级所追求的根本利益相关。根据马克思主义经典作家的判断,无产阶级利益代表着最广大人民群众的利益。这样,政治经济学的阶级性就表现在,面对所要分析的资本主义经济,寻求这个社会的掘墓人——无产阶级;面对所要分析的社会主义经济,寻求这个社会的建设者——广大人民群众。因此,中国特色社会主义政治经济学的本质属性就是以人民为中心,服从于人民的福祉和共同富裕。这个属性体现了社会主义本质要求。中国特色社会主义政治经济学的本质属性要求其在根本目标任务上实现以下三个方面的创新发展:

1. 着力发展社会生产力,建立以发展社会生产力为目标的政治经济学理论。社会主义初级阶段的主要矛盾是人民日益增长的物质文化需要同落后的社会生产之间的矛盾。克服这个矛盾的途径就是发展社会生产力。发展社会生产力固然需要不断完善生产关系以及与之相适应的上层建筑。但在实践中仅仅调整生产关系是不够的。我国在半殖民地半封建社会基础上进入社会主义社会后,面对的现实问题是生产力发展水平没有达到社会主义的要求。因此,实践马克思关于社会主义规定性的基本途径,是创造实现这些规定性的经济条件,特别是依靠发展生产力建立实现社会主义规定性的物质基础。这样,政治经济学就要由以阶级斗争为纲转向以经济建设为中心，为经济建设提供科学的理论指导。解放和发展生产力、增进国民财富、实现共同富裕，就成为政治经济学研究的重要使命。

对生产力的描述，人们通常会用到马克思从劳动过程概括出的三要素，即劳动者、劳动资料（生产工具）和劳动对象。然而，这个概括只是一个基础，要确切说明当前发展生产力的路径，我们还应引入和使用马克思对劳动生产力决定要素所做的概括："工人的平均熟练程度，科学的发展水平和它在工艺上应用的程度，生产过程的社会结合，生产资料的规模和效能，以及自然条件。"[①] 马克思还把社会生产力的发展归结为三个方面："发挥着作用的劳动的社会性质""社会内部的分工""脑力劳动特别是自然科学的发展"[②]。在现代生产力发展中，科学技术已然成为第一生产力，人力资源成为经济发展的第一资源。对这些方面展开研究，是建立以发展社会生产力为目标的政治经济学理论的题中应有之义。

2. 逐步实现共同富裕，建立以共同富裕为目标的政治经济学理论。人民对美好生活的向往是中国特色社会主义的奋斗目标，这是以人民为中心的中国特色社会主义政治经济学本质属性的具体体现。其中最重要的原则是公平正义和共同富裕。由于生产力发展水平的限制，实现共同富裕需要一个过程。在社会主义初级阶段，劳动还是谋生手段，各种生产要素参与分配，不可避免会存在先富和后富及富裕程度的差别。在新的发展阶段提出公平正义、民生为本，就是要切实解决低收入群体公平合理分享经济发展成果的问题。人民群众能够分享发展成果，就能支持改革发展。

3. 推进人的全面发展，建立以人的全面发展为目标的政治经济学理论。中国特色社会主义是亿万人民自己的事业。人民是发展的动力源泉，人自身的发展水平直接决定经济和社会的发展水平，发展需要以人为本。随着科技发展和社会进步，人力资源越来越成为发展的第一资源，当前倡导的

---

① 马克思：《资本论》第 1 卷，北京：人民出版社 2004 年版，第 53 页。

② 马克思：《资本论》第 3 卷，北京：人民出版社 2004 年版，第 96 页。

大众创新、万众创业就是一个例证。以人为本的发展包括人自身的发展，即人的全面发展。它涉及人的素质的全面提高，即身体素质、文化素质和道德素质的整体性提高。这些人的发展内容不仅依赖于经济发展水平，还依赖于社会发展水平和环境保护水平。可以说，人的全面发展已成为中国特色社会主义政治经济学研究的一个重要维度。

三、 经济制度理论的创新发展

马克思创立的政治经济学对未来社会基本特征的设想与规定，对后来社会主义国家的建设实践起了方向性指导作用。但一方面，马克思当时预见的社会主义经济制度与现实的社会主义实践存在一定的差别，在半殖民地半封建社会基础上建立起来的社会主义中国，在实践马克思关于社会主义的要求时，不能教条式地搬用这些规定。另一方面，马克思当时只是规定未来社会基本特征，并没有对未来社会的经济体制做具体规定。这就意味着在中国这样的发展中大国建设社会主义，没有现成的理论和经验，需要将马克思主义的基本理论与中国社会主义建设的具体实际相结合，推进马克思主义的中国化，并以中国化的马克思主义来指导中国特色社会主义伟大实践。

中国特色社会主义经济制度理论的创新是从确认我国处于社会主义初级阶段开始的。发展中国特色社会主义需要依据中国基本国情，这个国情就是中国仍处于并将长期处于社会主义初级阶段。建设中国特色社会主义不是改变社会主义制度，也不是降低社会主义的要求，而是要使现阶段的社会主义制度安排适应现阶段的生产力发展水平，并有利于生产力的长期发展，从而推动社会主义事业前进。社会主义初级阶段理论的提出，不仅明确了社会主义的本质是发展生产力，还为经济制度的一系列创新奠定了基础。根据马克思主义政治经济学的制度分析方法，我们从生产、交换和分配三个维度来考察中国特色社会主义经济制度的重大理论创新：

一是社会主义初级阶段基本经济制度理论。在马克思主义创始人那里，社会主义经济制度是在充分发展了的资本主义社会基础上建立起来的。而在社会主义初级阶段，为了发展生产力，需要从实际出发，寻求推动生产力发展从而推动社会主义初级阶段社会主义发展的新的动力和新的要素，使各种创造社会财富的源泉充分涌流。因此，公有制为主体、多种所有制经济共同发展，就作为社会主义初级阶段的基本经济制度提了出来。党的十八届三中全会把公有制为主体、多种所有制经济共同发展的基本经济制度，进一步明确为中国特色社会主义制度的重要支柱、社会主义市场经济体制的根基，并且明确国有资本、集体资本、非公有资本等交叉持股、相互融合的混合所有制经济也是基本经济制度的重要实现形式。公有制与非公有制资本相互持股，从而使多种所有制经济在同一个企业内部共同发展。建立社会主义初级阶段的基本经济制度，是一种制度创新。它既坚持了科学社会主义的基本原则，又根据我国实际和时代要求做出了带有鲜明中国特色的理论创新。

二是社会主义市场经济理论。1992 年党的十四大明确了建立社会主义市场经济体制的改革目标，并提出市场在国家宏观调控下对资源配置起基础性作用。经过党的十五大、十六大、十七大直到 2012 年的十八大，这一直是指导我国经济体制改革的一个重要指导思想。党的十八届三中全会根据我国市场经济的发展程度，将市场对资源配置所起的作用改为决定性作用。对于这个修改，习近平总书记指出，理论和实践都证明，市场配置资源是最有效率的形式。市场决定资源配置是市场经济的一般规律，市场经济本质上就是市场决定资源配置的经济。在市场经济前面冠以社会主义，这是中国特有的，有实实在在的内容，指的是社会主义基本经济制度同市场经济的结合。它更多地体现在政府作用上，在市场起基础性作用时，强调国家对市场的宏观调控；在市场对资源配置起决定性作用时，则要求更好发挥政府作用。

三是社会主义基本分配制度理论。社会主义初级阶段基本经济制度确立后，按劳分配为主体、多种分配方式并存的基本分配制度也得到确认。这是中国特色社会主义政治经济学的又一重大理论创新。多种分配方式是指多种生产要素参与收入分配。从党的十四大到十六大都明确提出，确立劳动、资本、技术和管理等生产要素按贡献参与分配的原则。党的十七大报告和十八大报告提出，健全劳动、资本、技术、管理等生产要素按贡献参与分配的制度。十八届三中全会在坚持上述生产要素按贡献参与分配的基础上，又提出各种生产要素的报酬由各自的生产要素市场决定。这些表述意味着各种生产要素参与收入分配的份额，不只是取决于各自的投入，更要取决于各自的贡献和供求状况。这种基本分配制度从总体上说是符合发展社会生产力这个社会主义本质要求的。由于多种要素充分发挥作用而增加了社会财富，劳动者绝对收入也较前明显增加。这也是符合劳动者利益的。但不同的人拥有的要素存在很大差别，一段时间以来，非劳动要素收入和劳动报酬的差距明显扩大。针对现阶段生产一线劳动者的报酬在收入中所占比重呈明显下降趋势的问题，需要调整收入分配，缩小收入差距。其主要路径有三个：在初次分配阶段就要根据社会主义本质要求处理好公平和效率的关系，使劳动报酬与劳动生产率提高同步增长；通过教育公平等途径缩小各个分配主体所拥有的要素差异，坚持机会公平原则，从而缩小分配结果的差距；采取措施推动再分配更为合理，尤其是要进一步完善覆盖城乡的社会保障制度。

四、 经济发展理论的创新发展

经济发展进入当代马克思主义政治经济学的研究领域本身就是政治经济学研究的一个重大进展。研究中国的经济发展，必须明确所处的发展阶段。随着发展阶段的变化，经济发展理论也就需要随之创新。经济发展理论创新的基本要求就是遵循经济发展规律，如习近平总书记所要求的："实现我们确定的奋斗目标，必须坚持以经济建设为中心，坚持发展是党执政兴国的第一要务，不断推动经济持续健康发展。发展必须是遵循经济规律的科学发展，必须是遵循自然规律的可持续发展。"改革开放以来，中国特色社会主义政治经济学在经济发展理论方面的创新发展主要有以下几个方面：

一是中国特色的社会主义现代化道路理论。其中包括：将全面小康社会建设包含在现代化进程中并作为现代化的具体阶段来推进理论；科学技术是第一生产力理论；新型工业化、信息化、城镇化和农业现代化"四化同步"的现代化道路理论等。

二是科学发展理论，即在科学发展观指导之下的经济发展理论创新。其所遵循的基本原则包括：发展是第一要义，以人为本是核心，全面协调可持续是基本要求，统筹兼顾是根本方法。

三是开放型经济理论。其主要内容包括：社会主义国家要借鉴资本主义发达国家的先进技术和管理经验；要积极参与国际经济合作和竞争，以增强自身的国际竞争力；要利用国际和国内两种资源和两个市场，建立互利共赢的开放型经济新体制。

四是转变经济发展方式理论。其主要内容有：增长不等于发展，把推动发展的立足点转到提高质量和效益上来；使经济发展更多依靠内需特别是消费需求拉动，更多依靠现代服务业和战略性新兴产业带动，更多依靠科技进步、劳动者素质提高、管理创新驱动，更多依靠节约资源和循环经济推动，更多依靠城乡区域发展协调互动，不断增强长期发展后劲。

党的十八大以后，我国经济发展进入新阶段。一方面，我国经济发展总体摆脱了低收入阶段进入中等收入阶段，脱贫攻坚也进入最后冲刺阶段；跨越"中等收入陷阱"、在实现全面小康基础上向现代化迈进的问题，历史性地摆在我们面前。另一方面，经济发展进入新常态，需要适应新常态，引领新常态；创新、协调、绿色、开放、共享的发展理念是对我国经济社会发展实践的理论总结，也是中国特色社会主义经济发展理论的重大创新成果。与此相关的经济发展理论也取得了新的进展。

1. 关于经济新常态的论述。其内容主要包括：增长速度要从高速转向中高速，发展方式要从规模速度型转向质量效率型；经济结构调整要从增量扩能为主转向调整存量、做优增量并举；发展动力要从主要依靠资源和低成本劳动力等要素投入转向创新驱动。

2. 创新驱动经济发展理论。其内容主要包括：第一，创新驱动是新的发展方式。在资源环境供给和低成本劳动力供给严重不足的条件下发展方式由要素和投资驱动转向创新驱动，其中科技创新起引领作用。第二，科技创新要实现自主创新。创新驱动需要突出自主创新，与发达国家进入同一创新起跑线，与之并跑，甚至领跑，在科技和产业上占领世界性制高点。第三，科技创新与产业创新对接，推动产业转向中高端。一方面，需要创新绿色技术，创新战略性新兴产业；另一方面，要进行存量调整，化解过剩产能，淘汰污染和落后产能。第四，加强产学研协同研发，着力推进新技术孵化。

3. 需求拉动理论。其内容主要包括：第一，发展引擎由外需转向内需。随着经济增长和全球经济环境的变化，那种主要依靠出口和国外直接投资来推动经济增长的战略的重要性将降低，国内经济成为推动增长的发动机。第二，发展方式转变。经济增长由主要依靠投资、出口拉动转向依靠消费、投资、出口协调拉动。发挥消费对增长的基础作用，发挥投资对增长的关键作用，发挥出口对增长的促进作用。第三，扩大消费需求成为经济增长的新动力，其途径包括培育消费力、发展消费经济、发展满足消费需求的新产业和新服务等。

4. 供给侧结构性改革理论。实践证明，在发展中国家，即使转向市场经济，只靠需求也不能长期有效地拉动经济增长。在多年的需求侧改革并取得明显成效的基础上，要实现质量效率型发展，就需要在供给侧推动经济增长。其内容主要包括：第一，推动有效供给，克服结构性供给短缺和过剩，避免无效和低端供给。第二，在供给侧提供增长动力。其实现路径是结构性改革，主要涉及科技创新体制、精细化管理体制和激励性制度等。第三，激励和调动各个方面的积极性。如果说需求侧突出的是市场选择，提供发展压力；而供给侧则突出经济激励，提供发展动力。例如，给实体经济减税减息减负，调动其发展积极性，释放其发展活力。

综上所述，中国特色社会主义政治经济学是马克思主义中国化的一项伟大成果。如习近平总书记所指出的，我们党把马克思主义政治经济学基本原理同改革开放新的实践结合起来，不断丰富和发展马克思主义政治经济学，形成了当代中国马克思主义政治经济学的许多重要理论成果。这些理论成果，是适应当代中国国情和时代特点的政治经济学，不仅有力指导了我国经济发展实践，而且开拓了马克思主义政治经济学新境界。中国特色社会主义政治经济学是对中国特色社会主义经济发展实践和经济发展道路的理论概括与总结。在这一理论的指引下，我国经济体制实现了向社会主义市场经济的转型，国民经济转向又好又快科学发展的轨道，人民生活水平正在由总体小康迈向全面小康。所有这些都产生了明显的解放和发展生产力的效应。用中国特色社会主义政治经济学指导中国的经济建设，必将取得更加辉煌的成就。

（原载于《红旗文稿》2016 年第 7 期）

以创新的理论构建中国特色社会主义
政治经济学的理论体系

中国特色社会主义事业正在建设中，中国特色社会主义政治经济学理论体系也在构建中。根据习近平同志在主持中共中央政治局第二十八次集体学习时的讲话精神，建设中国特色社会主义政治经济学，要立足我国国情和我国发展实践，揭示新特点新规律，提炼和总结我国经济发展实践的规律性成果，把实践经验上升为系统化的经济学说，不断开拓当代中国马克思主义政治经济学新境界。这就对构建中国特色社会主义政治经济学理论体系提出了明确的要求。改革开放的实践与政治经济学理论的创新是互动的。这就需要把成功的实践和理论创新的成果系统化，构建中国特色社会主义政治经济学理论体系。

一、 中国特色社会主义政治经济学是当代中国的马克思主义政治经济学

中国特色社会主义政治经济学是马克思主义政治经济学中国化和时代化的成果，是基于中国特色社会主义经济建设的实践提炼和概括的系统化的经济学说。构建中国特色社会主义政治经济学的学科体系首先需要明确其学科定位。

学科定位一：中国特色社会主义政治经济学属于马克思主义政治经济学，表现在继承了马克思主义政治经济学的范式。所谓理论范式，涉及理论体系的基本结构、基本功能、基本范畴和基本方法。当今世界的经济学范式大体上包括马克思主义经济学与西方经济学两大体系。以马克思的《资本论》为代表的马克思主义政治经济学的范式，概括地说，包括四个方面内容：第一，基本立场代表无产阶级根本利益。第二，研究对象是在一定生产力水平基础上的生产关系。第三，基本任务是阐述经济规律，尤其是社会主义代替资本主义的必然性。第四，研究方法是唯物辩证法和历史唯物主义。第五，话语体系以《资本论》的基本原理和基本范畴为基础。中国特色社会主义政治经济学，之所以属于马克思主义政治经济学，根本原因是其继承性，马克思主义政治经济学的范式贯穿到了中国特色社会主义政治经济学的构建中。

但是，中国特色社会主义政治经济学不是简单地复制马克思主义政治经济学的理论，而是依据中国特色社会主义经济建设和改革开放的实践进行了理论创新，在继承其范式的基础上发展：第一，就基本立场来说，无产阶级夺取政权以后，其阶级利益代表全体人民的根本利益，因此中国特色社会主义政治经济学以人民为中心，服从于人民的福祉和共同富裕。第二，就研究对象来说，仍然是研究在一定生产力水平基础上的生产关系，但注重研究处于社会主义初级阶段的生产关系。第三，就基本任务来说，仍然是阐述经济规律，但更多的是阐述社会主义初级阶段的经济规律。第四，就方法论基础来说，坚持唯物辩证法和历史唯物主义，尤其是突出两点论和重点论，但不排除对当代新方法的应用（如数学和模型分析方法）。第五，经济学的话语体系仍然以马克思主义政治经济学话语为基础，但是开放的：一是向改革和发展的实践开放，以新的话语概括新实践。二是对当今世界人类发展的积极理论成果开放，包括对西方经济学有用成分的吸收，特别是在中国转向市场经济以后，先行发展市场经济的国家所概括的现代市场经济理论是人类共同的知识财富，批判地吸收进当代中国马克思主义政治经济学，就使其更具有科学的先进性。

学科定位二：中国特色社会主义政治经济学是马克思主义经济学中国化的成果。马克思创立的经济学对未来社会的经济制度和经济发展破了题，发展中国特色社会主义的实践正在解这个题。面对所要建设和发展的社会主义经济，中国特色社会主义政治经济学需要根据时代赋予的使命研究新问题，发现新规律，概括新理论，不断进行理论创新。这个过程是马克思主义经济学中国化、时代化的过程，突出表现在以下三个方面。

第一，从时空观分析，马克思是在资本主义社会研究资本主义，当时还没有出现社会主义国家。他所预见的社会主义经济同资本主义经济是在时间上继起的两个社会。而现时代，社会主义和资本主义空间中并存。在国际上是社会主义国家和资本主义国家并存，在国内是作为主体的社会主义经济与多种所有制经济并存。这样，马克思主义经济学中国化面对的课题是：一方面两种不同性质的经济有共同的经济活动背景，许多经济组织、方式、规则和秩序在形式上有相同之处；另一方面共存的不同性质的经济彼此间存在着矛盾和竞争。在此背景下，中国特色社会主义政治经济学的任务，不仅需要阐述社会主义经济制度的优越性，更要寻求增强社会主义经济的竞争力和影响力的途径，其中不乏相互学习之处。

第二，从物质基础分析，马克思当时认为，发达的资本主义是社会主义的入口，这与发达的生产力水平相关。而新中国脱胎于半殖民地和半封建社会，虽然经过国家工业化建设，但生产力水平还落后于发达的资本主义国家，因此社会主义的物质基础没有完全建立起来，发展社会主义需要经过一个社会主义初级阶段。在这个阶段完成其他国家在资本主义条件下完成的生产的社会化、市场化和现代化的任务。这个阶段发展社会主义的根本任务是发展生产力，与此相应，在社会主义初级阶段的社会主义不是完全消灭私有制，恰恰要在公有制为主体的前提下利用多种私有制经济发展生产力。

第三，从中国特色社会主义的成功实践分析，中华人民共和国成立60多年，尤其是改革开放30多年是探索和建设中国特色社会主义的历史。中国从一个贫穷落后的农业大国一跃成为世界第二大经济体。经济改革的中国模式，经济发展的中国道路得到了实践的检验。伟大的实践推动了理论创新。中国特色社会主义政治经济学是对中国特色社会主义经济建设的成功实践进行的理论概括，是用中国理论讲中国故事。

学科定位三：中国特色社会主义政治经济学是新的历史时期创新的经济学说。中国特色社会主义发展的新实践会推动从经济学理论上提炼和总结经济发展实践的规律性成果，把实践经验上升为系统化的经济学说。现在，我国成为世界第二大经济体，人均国内生产总值（GDP）进入上中等收入国家行列，城市化率进入了城市化中期阶段。在这个历史起点上所要解决的发展问题就不是在低收入阶段单纯追求GDP增长的发展要求，而是要追求经济社会的全面发展。其任务包括：跨越"中等收入陷阱"，支撑经济发展新常态，实现"两个一百年"奋斗目标。实现新时期的新任务不能犯颠覆性错误，需要科学的理论指导。这就要求中国特色社会主义政治经济学以问题为导向，既要坚持马克思主义基本原理和方法论，又要结合我国经济发展实际，不断形成并认同新的理论成果。

这样，中国特色社会主义政治经济学在阶段性上的学科定位就是：在生产关系上属于社会主义初级阶段的政治经济学，在生产力上属于中等收入发展阶段的政治经济学。正因为如此，它保持了在经济学中的主流地位，并且保持了对中国改革和发展的指导思想的理论基础地位。

上述学科定位决定了研究层面。通常马克思主义经济学的分析层面限于经济关系本质层面，即生产关系层面的分析。理论依据是，发展生产力靠的是调整和改变生产关系。而在社会主义现阶段所面对的发展生产力问题，不只是生产关系的完善和发展这个层面，还涉及经济运行和经济发展两个层面。这两个层面都同生产关系相关，进入政治经济学的研究视野是中国特色社会主义政治经济学对研究领域的拓展。

二、 构建解放、 发展和保护生产力的系统性经济学说

同其他学科一样，中国特色社会主义政治经济学也有特定的对象和任务，与马克思主义政治经济学有联系，又有新的拓展。主要表现是不仅研究生产关系，还研究生产力。

根据马克思的界定，马克思主义政治经济学以生产作为研究的出发点。它所研究的生产不是一般的生产，而是社会生产。既涉及生产关系，又涉及生产力，两者相互作用。基本原理就是马克思所说的："无论哪一个社会形态，在它所能容纳的全部生产力发挥出来以前，是决不会灭亡的；而新的更高的生产关系，在它的物质存在条件在旧社会的胞胎里成熟以前，是决不会出现的。"① 这说明了某种生产关系存在和改变对生产力的依赖性。马克思主义政治经济学联系生产力来研究生产关系。原因是，一定的生产关系总是与一定的社会生产力水平相联系的。生产技术及其生产组织形式的历史发展，对于社会占主导的生产关系的选择产生决定性的作用。对生产力发展水平的研究也为一定阶段的生产关系提供评价标准。

生产力和生产关系的矛盾分析，是马克思主义政治经济学的基本方法论。研究对象不同，任务也不同。在资本主义经济中，生产力和生产关系的矛盾表现在其生产关系阻碍生产力的发展，因此马克思主义政治经济学的任务是揭示资本主义被社会主义替代的客观规律。而在无产阶级夺取政权以后，任务就不同了，是要"尽可能快地增加生产力的总量"②，"生产将

---

① 《马克思恩格斯选集》第 2 卷，北京：人民出版社 1995 年版，第 33 页。
② 《共产党宣言》，载《马克思恩格斯文集》第 2 卷，北京：人民出版社 2009 年版，第 52 页。

以所有人的富裕为目的"①。其依据是社会主义最终取代资本主义的物质条件是其生产力水平达到并超过资本主义的水平，贫穷不是社会主义。特别是经济落后的国家在进入社会主义社会后，生产力和生产关系的矛盾主要表现在生产力的相对落后，社会主义最终战胜资本主义的最大的制约是生产力落后，而不是生产关系的落后。基于我国进入社会主义社会时，生产力水平没有达到并超过发达的资本主义国家的水平的现实，中国特色社会主义政治经济学的一个重大突破就是明确我国还处于社会主义初级阶段，并且明确这个阶段社会主义的本质就是解放和发展生产力，消灭剥削，消除两极分化，逐步达到共同富裕。在这里，把发展生产力作为社会主义的本质要求和根本任务提了出来。这个阶段的主要矛盾被界定为，人民日益增长的物质文化需要同落后的社会生产之间的矛盾。由此决定，社会主义初级阶段的根本任务就是发展生产力，以满足人民群众物质文化需要，建设社会主义的物质基础。这样，中国特色社会主义政治经济学把对生产力的研究放在重要位置，以增进国民财富作为目标和归宿。可以说，中国特色社会主义政治经济学就是基于这个研究对象和任务的理论突破而逐步建立的。

对生产力，研究什么？根据社会主义初级阶段社会主义的本质要求，邓小平强调不能只讲发展生产力，一个是解放生产力，一个是发展生产力，应该把解放生产力和发展生产力两个方面讲全了。2013 年 5 月 24 日，习近平总书记在主持中共中央政治局第六次集体学习时强调："牢固树立保护生态环境就是保护生产力、改善生态环境就是发展生产力的理念。"这样，中国特色社会主义政治经济学对生产力有三个层次的内容：一是解放生产力，二是发展生产力，三是保护生产力。中国特色社会主义政治经济学理论体系的构建，就是要建立解放、发展和保护生产力的系统化的经济学说。

---

① 《经济学手稿（1857—1858）》，载《马克思恩格斯全集》第 46 卷（下），北京：人民出版社 1980 年版，第 222 页。

第一个层次是解放生产力。所谓解放生产力，就是根据我国所处的社会主义发展阶段的特征，推进改革开放，从根本上改变束缚生产力发展的经济体制。在这里，解放生产力是动力，发展生产力是目的。解放生产力所涉及的生产关系的调整，是中国特色社会主义经济制度的自我改革和完善，包括基本经济制度的改革和完善，资源配置方式的改革，国有企业的改革，基本分配制度的改革和完善，宏观调控体系的改革和完善等。这些内容会在后面详细分析。

第二个层次是发展生产力，涉及的是经济发展。尽管解放生产力，是发展生产力的动力，但它不能代替对发展生产力从而经济发展的研究。原因是发展生产力有自身的规律，也有自身的理论体系。根据马克思的概括，社会生产力的发展来源于三个方面："归结为发挥着作用的劳动的社会性质，归结为社会内部的分工，归结为智力劳动特别是自然科学的发展。"① 这几个方面正是研究发展生产力的重要理论依据。

第三个层次是保护生产力。这涉及经济发展同生态环境保护的关系。就如马克思所说："劳动生产率是同自然条件相联系的。这些自然条件都可以归结为人本身的自然（如人种等）和人的周围的自然。"② 土壤自然肥力越大，气候越好，劳动生产率越高。这正是保护生产力产生的生产力效果。从这一意义上说，环境和生态本身就是财富，青山绿水就是金山银山。保护生产力与绿色发展的理念相一致。绿色发展方式和生活方式，是永续发展的必要条件和人民对美好生活追求的重要体现。资源环境和生态在得到有效保护的条件下才能实现人与自然和谐共生，并实现可持续发展。

对发展和保护生产力的研究可以归结为经济发展理论研究。30 多年以来，中国特色社会主义政治经济学对经济发展做出了重大理论贡献。其中包括：中国特色社会主义现代化理论，经济发展方式及其转变理论，科学

---

① 马克思：《资本论》第 3 卷，北京：人民出版社 2004 年版，第 96 页。
② 马克思：《资本论》第 1 卷，北京：人民出版社 2004 年版，第 586 页。

技术是第一生产力理论，新型工业化和城镇化理论，用好国际国内两个市场、两种资源的开放理论，等等。

十八大以后我国经济发展进入新阶段，其特征是：一方面中国的经济发展摆脱了低收入阶段进入中等收入阶段，面临的发展问题已不是摆脱贫困问题，而是跨越"中等收入陷阱"，在实现全面小康基础上向现代化迈进的问题。另一方面，经济发展进入新常态。其表述就是习近平总书记在关于《中共中央关于制定国民经济和社会发展第十三个五年规划的建议》的说明中总结的：一是速度变化。增长速度从高速转向中高速，发展方式要从规模速度型转向质量效率型。二是结构优化。经济结构调整从增量扩能为主转向调整存量、做优增量并举。三是动力转换。发展动力从主要依靠资源和低成本劳动力等要素投入转向创新驱动。适应新常态就形成新发展理念，即创新、协调、绿色、开放、共享的发展理念。这是对经济新常态下推动经济发展实践的理论总结，成为中国特色社会主义政治经济学的最新理论成果。

在经济新常态下，需要寻求发展生产力的新动力，中国特色社会主义政治经济学指出了以下两个新动力。

一是创新的驱动力。最早提出创新思想的是马克思。① 最早直接提出创新概念的是熊彼特。但是即使在西方经济学中，如斯蒂格利茨所说，标准的市场经济模型"忽视了创新的作用"②。中共十八大提出创新驱动经济发展，十八届五中全会则明确提出"创新发展"的概念，并把它看作是引领发展的第一动力，发展的基点。其理论贡献在于：所谓转变发展方式，目标的发展方式是什么？不只是集约型，而是需要创新发展方式。内容包括：第一，创新发展是新的发展方式。其中科技创新起引领作用。第二，科技

---

① 弗里曼（C. Freeman）："马克思（1848 年）恐怕领先于其他任何一位经济学家把技术创新看作为经济发展与竞争的推动力。"《新帕尔格雷夫经济学大辞典》第 2 册，北京：经济科学出版社 1996 年版，第 2 册第 925 页。

② 约瑟夫·斯蒂格利茨：《社会主义向何处去》，周立群等译，长春：吉林人民出版社 1998 年版，第 159 页。

创新突出自主创新。科技创新从以跟踪为主转向跟踪和并跑、领跑并存的新阶段。第三，科技创新与产业创新对接，推动产业转向中高端。第四，产学研协同研发和孵化新技术，需要大众创新万众创业。显然，创新作为新的发展方式提出是中国发展理论的创新，也是中国特色社会主义政治经济学的理论创造。

二是消费的拉动力。政治经济学不能只是研究生产，还要研究消费；不能只是研究生产力，还要研究消费力，没有消费力的提高就没有生产力的提高。消费力是马克思在《资本论》中提出的重要概念。十八大明确提出要牢牢把握扩大内需这一战略基点，并把消费放在"三驾马车"协同拉动经济增长的首位，中共中央关于"十三五"规划建议又明确提出加快建立扩大消费需求长效机制，释放居民消费潜力。消费和消费力进入中国特色社会主义政治经济学的研究领域出于以下三方面考虑：第一，经济发展方式转变需要突出消费对增长的基础作用。经济增长由主要依靠投资、出口拉动转向消费、投资、出口协调拉动。其中排在第一位的消费需求是可靠的可持续的动力。第二，宏观经济的均衡关系实际上是生产力和消费力的均衡关系。第三，以人民为中心的经济学需要提高人民的消费水平，影响消费力的要素，收入和就业水平和社会保障程度，反映分配关系和分配制度的性质，积累和消费的比例关系是发展方式的综合反映。因此，中国特色社会主义政治经济学对生产力的研究不能脱离对消费力的研究。

基于社会主义初级阶段的社会主义本质要求，将解放、发展和保护生产力的三个层次问题结合起来研究，从而形成系统化的经济学说，可以说是中国特色社会主义政治经济学的开创性研究，有重大的理论和现实意义。它表明马克思主义政治经济学不只是谈姓社姓资的问题，仅仅是谈生产关系问题，还有丰富的解放、发展和保护生产力的内容。在此基础上形成的经济发展的新理念是对我们推动经济发展实践的理论总结。用新的发展理念来引领和推动我国经济发展，破解经济发展难题，必然能够开创经济发展新局面。这样，政治经济学不只是发挥思想教育功能，还是国家和企业经济决策和经济政策制定的指导。

三、　关于经济制度分析的创新理论

基本经济制度和基本收入制度是社会经济制度的基本方面。这方面理论创新的系统性经济学说构成中国特色社会主义政治经济学的核心内容。

所有制理论是马克思主义政治经济学的基本理论。社会主义基本经济制度一直被明确为社会主义公有制。而在社会主义初级阶段，为了发展生产力，需要从实际出发，寻求推动生产力发展从而推动社会主义初级阶段社会主义发展的新的动力和新的要素，使各种创造社会财富的源泉充分涌流。因此，以公有制为主体多种所有制经济共同发展，作为社会主义初级阶段的基本经济制度提了出来。

改革开放以来，在基本经济制度改革和完善中产生了一系列重大的理论成果，突出表现在以下三个方面：一是长期处于"制度外"的多种非公有制经济，如个体经济、私营经济、外商投资经济，进入了"制度内"，成为基本经济制度的组成部分。它们同公有制经济不是谁战胜谁的关系，而是平等竞争的关系。二是公有制经济实现形式的突破。过去的理论强调公有资产只能在公有制企业中经营。现在明确公有制经济是资产和资本的概念，并且明确公有制经济不完全是指公有制企业（包括国有企业和集体企业），而是指公有资产（国有资产和集体资产）。这意味着公有资产可以在各种类型的企业中经营，公有制可以有多种实现形式，包括股份制在内的混合所有制可以成为公有制的实现形式。三是公有制为主体的含义的突破。过去的理论把公有制为主体定义为公有企业在数量上为主体。现在公有制为主体也有了新的含义：公有资产在社会总资产中占优势；国有经济控制国民经济命脉，对经济发展起主导作用。按此理论，国有经济进行了有进有退的战略性调整，保持了国有经济对国民经济的控制力。

根据十八届三中全会精神，基本经济制度的改革和完善，既坚持"两个毫不动摇"，又坚持"两个不可侵犯"：毫不动摇地巩固和发展公有制经济并保证其主体地位，毫不动摇地鼓励、支持、引导非公有制经济发展；公有制经济财产权不可侵犯，非公有制经济财产权同样不可侵犯。在此基础上，主要在四个方面推进具有重大理论突破意义的改革：

一是，对各种所有制经济在负面清单基础上实行统一的市场准入制度，废除对非公有制经济各种形式的不合理规定，消除各种显性和隐性壁垒，制定非公有制企业进入特许经营领域的具体办法。这样非公有制在市场进入方面取得了与公有制经济的同等地位。

二是，国有资本、集体资本和私人资本相互融合所形成的混合所有制成为基本经济制度的实现形式。允许更多国有经济和其他所有制经济发展成为混合所有制经济。国有资本投资项目允许非国有资本参股，鼓励发展非公有资本控股的混合所有制企业。由此公有制为主体多种所有制经济共同发展，从企业外部发展到在同一个企业内部。

三是，农村集体所有的土地实行所有权、承包权和经营权三权分置，集体所有的承包土地的经营权可以流转。农民由此获得土地财产权收入。这是我国农村土地制度理论的重大突破。

四是，在混合所有制中公有制为主体有了新的体现。国有企业区分为公益类和商业类。商业类的公有制企业主要身处竞争性领域，更要关注公有资本运行效益。因此不追求在所在企业中控股，但要追求所在企业的增殖能力。这样，总体数量仍然较大的公有资本分布在增殖能力强的企业中，哪怕不控股，总体数量还是居主体地位。公益类的公有制企业不可能独霸天下，其投资项目允许非国有资本参股，其企业允许非国有资本入股。公有制在这里的主体地位就表现在在混合所有制中的控股地位。公有资本实际上所支配的资本就不只是自己的资本，还能支配参股和入股的非国有资本。当然，其控制力和支配力不只在其控股地位，更重要的是平等对待其他所有制经济并共享利益的吸引力。

总的来说，基本经济制度的改革和完善，解决了既能充分释放多种非公有制经济活力，又能坚持公有制的主体地位的重大理论和实践问题，是中国特色社会主义政治经济学取得的重大成果。

分配关系是生产关系的反面，随着公有制为主体多种所有制经济共同发展的基本经济制度的逐步形成，按劳分配为主，多种分配方式并存的基本收入分配制度也就相应建立。

在马克思主义政治经济学中，对社会主义基本收入制度有两个规定：第一，消灭剥削，共同富裕是社会主义的基本要求。第二，按劳分配是社会主义分配原则，这是因为社会主义条件下生产资料是公有的，只有劳动力属于私人所有。在现实的社会主义初级阶段基于以下两方面客观条件进行了理论突破：

首先，承认多种所有制经济的存在，意味着劳动以外要素如资本、技术和企业家等要素的所有权（全部或部分）属于私人的现实得到了确认。与此相应，所要建立的收入分配制度，不仅要刺激劳动效率，还要刺激资本、技术、管理等要素所有者的各种要素的投入；不仅需要尊重劳动，还要尊重创造和创业，尊重知识和人才。让劳动、资本、技术和管理等各种要素创造财富的活力充分迸发。

其次，在物质财富相对缺乏的社会主义初级阶段如何实现共同富裕？过去相当长的时期中共同富裕被理解为平均主义，其结果是共同贫困。邓小平明确提出共同贫困不是社会主义，并且提出允许一部分人先富起来的大政策。共同富裕被理解为富裕程度有先有后，以及先富帮后富的过程。各种非劳动要素按市场原则参与收入分配，也就提供了一部分人先富起来的机制。这种分配制度的形成充分体现了收入分配的效率原则。

多种生产要素参与收入分配的理论是随着改革的深入而不断进展的。

重大的理论成果主要有以下几个方面：

一是，多种生产要素按什么原则参与分配。从党的十四大到党的十六大都明确提出，确立劳动、资本、技术和管理等生产要素按贡献参与分配的原则。党的十七大报告和十八大报告都提出，健全劳动、资本、技术、管理等生产要素按贡献参与分配的制度。十八届三中全会又进一步提出：各种生产要素的报酬由各自的生产要素市场决定。这样，各种生产要素参与收入分配的份额，不只是取决于各自的投入，更要取决于各自的"贡献"和供求状况，也就是以市场原则进行分配，这是市场经济体制的现实体现。要素按贡献和市场原则参与分配，可以充分激发各种要素的活力，从总体上说是符合发展社会生产力这个社会主义本质要求的。由于多种要素充分发挥作用而增加了社会财富，劳动者绝对收入也较前明显增加。这也是符合劳动者利益的。

二是，在各种非劳动要素参与收入分配的背景下如何体现按劳分配为主体。不同的人拥有的要素存在很大差别，不可避免会产生收入差距。储蓄能力强的、技术水平高的、经营能力强的，致富能力也强。但是正如生产资料所有权可能混合一样，生产要素的所有权也可能混合。就是说，劳动投入不仅涉及直接生产过程中的劳动者的劳动，也包括不在生产现场但对生产起作用的技术人员、管理人员的劳动，也包括企业经营者从事的经营活动，这部分劳动根据马克思理论也是生产性劳动。即使是直接劳动者，也不完全只是简单的劳动力支出，也可能拥有技术要素，也就是相当于人力资本的复杂劳动的支出。显然，如果把技术人员和经营管理人员的劳动报酬都计入劳动报酬，按劳分配为主体还是能够得到体现的。其前提是坚持三个原则：一是复杂劳动得到更高的报酬，以体现技术和管理劳动的贡献。二是劳动报酬增长与劳动生产率提高同步。三是不能忽视劳动的复杂程度不高的劳动者在企业效率提高中的贡献。如果这三个原则能够得到贯彻，就可能在收入分配总量上体现按劳分配为主体。

三是，在生产一线的劳动者的报酬在收入中所占比重呈明显下降的趋势下如何克服贫富差距。撇开技术、管理等因素，单纯提供劳动的劳动者的报酬占比确实存在下降的趋势。十八届三中全会明确提出要体现公平正义，逐步实现共同富裕的要求。共享发展是中国特色社会主义的本质要求，体现以人民为中心。按此要求，需要完善基本收入制度，人民群众在民生改善中能够共享改革发展的成果，得到看得见利益，有更多的"获得感"。涉及以下几个方面：首先，突出权利的公平。其中包括：从体制上堵塞以权谋私的漏洞；反垄断行为，在公平竞争的市场上实现收入；创造条件让更多的群众拥有财产性收入。基本公共服务均等化，不仅要横向公平还要纵向公平，使低收入群体能平等地享用基本公共服务。其次，完善初次分配和再分配，提高居民收入在国民收入分配中的比重。改变长期认为的初次分配讲效率，再次分配讲公平的状况，明确初次分配和再分配都要处理好公平和效率的关系，再分配更加注重公平。第三，根据马克思经济学原理，实行按劳分配的原因是劳动还是谋生的手段①。作为谋生手段，劳动报酬的增长不只是限于劳动者的劳动贡献，还应该包含其谋生要求的内容。谋生的范围就是必要劳动的范围。必要劳动的范围有历史的和道德的因素。随着社会的进步、文化的发展，劳动者的必要劳动范围也扩大，相应的劳动报酬也有增长的趋势。第四，从社会主义的公平观考虑，劳动收入的差距主要由各自拥有的包括技术等方面的要素差异所致。因此，通过教育公平等途径缩小各个分配主体所拥有的要素差距，从而使普通劳动者也能得到复杂劳动的收入，分配结果的差距也可能进一步缩小。

可见，中国特色社会主义政治经济学的经济制度分析的任务，虽然也要分析和界定各种所有制经济的性质，但是着眼点不是不同所有制之间的斗争，而是服从于建设新社会的使命，寻求不同所有制经济平等竞争合作发展的有效路径，寻求劳动、知识、技术、管理和资本等各种要素的所有

---

① 《马克思恩格斯选集》第 3 卷，北京：人民出版社 2012 年版，第 365 页。

者各尽其能，各得其所，和谐相处的路径。目的是要使一切创造社会财富的源泉充分涌流，以造福于人民。

四、 关于经济运行分析的创新理论

经济运行层面主要涉及资源配置方式和供求关系的分析。其目标：一是效率，二是协调发展。这是经济持续健康发展的内在要求。在相当长的时期内，经济运行分析的话语权一直在西方经济学那里。中国的市场化改革推动了政治经济学的研究扩展到经济运行领域。尤其是社会主义市场经济理论的确立，夺回了经济运行分析的话语权。这是中国特色社会主义政治经济学的重大贡献。

最初的理论进展是明确社会主义市场经济是市场在国家的宏观调控下对资源配置起基础性作用，并在理论和实践上解决了社会主义公有制同市场经济的结合问题。国有企业产权制度改革、多种所有制经济发展、指令性计划的取消、市场价格的放开、外资的进入等等一系列改革，都有力地推动了社会主义市场经济的发展，其明显的效应是增强了经济活力，提高了资源配置的效率。

进一步的理论进展是，针对我国社会主义市场经济体制已经初步建立，对市场规律的认识和驾驭能力不断提高，十八届三中全会明确市场决定资源配置并要求更好发挥政府作用。这是社会主义市场经济理论的新突破。明确市场对资源配置的决定性作用，实际上是回归到了市场经济的本义。市场决定资源配置突出的是市场的自主性。这种自主性不仅表现为市场自主地决定资源配置的方向，同时也表现为市场调节信号即市场价格自主地在市场上形成，不受政府的不当干预。在实践中大力度推进了各级政府取消和下放行政审批权的改革。

新的资源配置格局对政治经济学提出的新课题是社会主义的要求如何

体现，政府如何更好发挥作用。新自由主义理论把政府和市场对立起来，以为搞市场经济就不能有政府作用，政府作用强大就不会有充分作用的市场。社会主义市场经济运行的实践对此做出了科学的回答。在市场经济前面冠以社会主义，这是中国特有的，不是标签，而是有实实在在的内容。其标志就是政府积极发挥作用。强政府不一定是弱市场，强政府和强市场的协同恰恰是社会主义市场经济运行的特征。所谓政府更好发挥作用主要体现在两个方面：

一是，政府和市场有明确的作用边界。对政府作用的领域，在不同的经济学家那里有不同的规定。有的主张政府在市场失灵的领域发挥作用。其中包括克服贫富两极分化，克服环境污染之类的外部性。有的指出，政府（国家）作为制度变迁的重要基石，其基本功能是保护有利于效率提升的产权结构。有的强调政府干预宏观经济，克服高失业和高通货膨胀之类的宏观失控。毫无疑问，政府的这些作用在社会主义市场经济中都需要。除此以外，根据中国国情，政府还需要发挥如下作用：第一，主导市场体系和市场机制的建设和完善。我国的市场经济由计划经济转型而来，市场体系和市场秩序的混乱现象更为严重，难以实现市场配置资源的有效性。市场配置资源是否有效，前提是市场机制是否完善。完善的市场经济不能自发形成，不能一放了之，政府必须承担起建设和完善市场的职能，包括建设完善的市场体系，建立统一开放的竞争秩序、公平透明的市场规则，同时还要承担好监管市场秩序的职能。第二，配置公共资源。市场对资源配置的决定性作用不能放大到市场决定公共资源的配置。公共资源配置是要满足公共需求，遵循公平原则，只能由政府决定。涉及国家安全和生态安全的，涉及环境保护方面的，涉及全国重大生产力布局、战略性资源开发和重大公共利益等项目，以及基本公共服务的配置，政府不只是进入，而且应该充分并且强有力地发挥作用。第三，推动发展。对于仍然处于社会主义初级阶段的发展中国家来说，发展仍然是硬道理。推动发展理应是政府的重要职能。例如，推动城乡发展一体化和城镇化、发展创新驱动型经济、经济结构调整、生态和环境建设、发展开放型经济等，都需要政府的规划和引导。

二是，政府作用机制同市场机制有效衔接。政府作用不但不能与市场的决定性作用相冲突，还要相配合。一方面政府提供公共服务要尊重市场规律，利用市场机制。另一方面必须由政府提供的公共服务，并非都要由政府部门生产和运作，有许多方面私人部门生产和营运更有效率，政府通过向私人部门购买服务的方式可能使公共服务更有效、更有质量，保护环境可利用排污收费和排污权交易之类的市场方式。再一方面政府配置公共资源主要是政策路径，其中包括利用收入分配政策促进社会公平主义，通过产业政策和负面清单引导产业结构转型升级，通过财政和货币政策调节宏观经济运行。政府调节宏观经济不是直接调节市场，而是对市场调节的宏观效应即价格总水平、就业总水平进行监控，在明确宏观经济的合理区间范围内国家不要随意出手调控，给市场的自主作用留出更大的空间。

显然，市场对资源配置起决定性作用同政府更好发挥作用是作为有机整体运行的。这是社会主义市场经济运行方式的成功创造，既解决了经济运行的活力和效率，又能实现社会主义的发展目标。将这种经济运行方式上升为系统性经济学说，就成为中国特色社会主义政治经济学标志性重大成果。

供求关系分析也是经济运行的重要方面。已有的经济学对供求关系的分析有政治经济学关注价值规律作用机制分析，西方经济学关注供给、需求同价格之间的平衡和不平衡关系分析。我国近期更为重视需求侧和供给侧的体制及相应的改革分析，也就为经济运行的政治经济学分析开拓了新境界。

30 多年来，转向市场经济体制实际上是在需求侧进行改革。其内容包括：在微观体制上强化市场竞争机制，突出市场需求导向，取消指令性计划等；在宏观体制上明确转向消费需求、投资需求和出口需求"三驾马车"协同拉动经济增长，宏观调控也转向财政和货币政策的总量需求调控。在此基础上，需求侧的着力点是完善需求管理，尤其是突出消费需求的拉动作用。实践中暴露的新问题是，转向了市场经济，只是靠需求并不能有效地拉动经济增长。这表明经济增长还需要供给侧发力。原因是与发达国家不同，发展中国家转向市场经济实现经济增长还需要解决供给侧的问题。

首先是推动有效供给。结构性供给短缺和过剩并存是发展中国家的特征。产品的质量问题、技术档次问题、效率问题、服务问题、食品卫生问题、产品安全问题都反映结构性短缺。与此同时又存在无效和低端的产能过剩。这些供给侧的问题不能因为转向市场经济就能自动解决，需求也拉不动有效供给。因此，供给侧改革的目标就是增强供给结构对需求变化的适应性和灵活性，提高供给体系的质量和效率。去库存、去产能就是腾出被无效和低端供给占用的资源增加有效供给。

其次是供给侧提供增长的动力。人们往往以为转向市场经济相应的经济增长的动力就由供给推动力转换为需求推动力，因此供给侧的动力作用被轻视。实际上，增长的动力不仅有需求拉动，也有供给推动。在需求侧缺乏充分的拉动力时，更要供给侧形成推动经济增长的动力。在供给要素中，除了物质要素投入外，还有技术、结构、效率、制度等要素。在物质资源和低成本劳动力方面的供给推动力消退时，不至于在供给侧就没有其他动力。全要素生产率的提高就可在很大程度上弥补要素投入的不足，创新驱动、结构调整、提高效率都可以成为新的供给推动力。实现路径就是结构性改革，主要涉及科技创新体制、精细化管理体制和激励性制度等。

第三是激励各个方面积极性。调动各方面积极性是中国特色社会主义政治经济学的重大原则，主要体现在供给侧的激励性体制机制。在一般情况下，需求侧突出的是市场选择，提供发展压力；而供给侧则突出的是经济激励，提供发展动力。例如，针对无效供给和低端供给，去产能、去库存、去杠杆、降成本，需求侧靠的是优胜劣汰的市场机制，供给侧则采取化解和优化重组的方式。再如，对速度下行压力，需求侧采取的是扩张性货币政策，供给侧则是采取给实体经济企业减税减息减负，调动积极性的办法，目的是释放企业活力。

从体制及改革的角度分别研究需求侧和供给侧的运行效率，反映中国关于经济运行理论研究的深入，将其成果上升为系统化的经济学说，也是中国特色社会主义政治经济学的重大进展。

综上所述，理论来源于实践，中国特色社会主义经济建设的伟大实践取得了成功。其中包括了经济制度、经济运行和经济发展等领域一系列重大理论创新，将这些成功实践和创新理论系统化就构成了中国特色社会主义政治经济学的理论体系。这个理论体系是动态的。中国特色社会主义事业在发展中，新的实践及创新的理论会不断丰富这个理论体系。

（原载于《经济研究》2016 年第 4 期）

新发展理念与中国特色社会主义政治经济学的新发展

习近平总书记提出的创新、协调、绿色、开放、共享的发展理念，是对新时期发展规律的思想凝练，标志着我们党对经济社会发展规律的认识达到了新的高度，是中国特色社会主义政治经济学理论和实践的深化，是发展当代中国马克思主义政治经济学的重要成果。

一、 经济发展是中国特色社会主义政治经济学的重要研究领域

中国特色社会主义政治经济学以人民为中心，就要以发展生产力、增进人民福祉为宗旨。由此就提出其研究对象问题。生产力和生产关系矛盾分析是马克思主义政治经济学的基本理论范式。其对资本主义经济的分析，研究对象的着力点是生产关系，目的是通过改变资本主义生产关系来解放生产力。而在进入社会主义社会后，任务是"尽可能快地增加生产力的总量"①。高于资本主义条件下的劳动生产率是社会主义战胜资本主义的条件。与此相应，政治经济学研究对象就不能只是研究生产关系，着力点要转向生产力，这是因为制约社会主义生产关系完善和发展的是生产力发展水平。如果政治经济学的对象只是限于生产关系，而不进入生产力领域，会使政

① 《马克思恩格斯文集》第 2 卷，北京：人民出版社 2009 年版，第 52 页。

治经济学研究的范围和领域越来越窄，对中国经济的解释能力及指导作用越来越小。与此同时，形形色色的经济学都在抢夺发展生产力领域的话语权，中国特色社会主义政治经济学不占领这个领域，也就失去了这个领域的话语权和指导权，最终把自己边缘化了。

研究经济发展实际上是研究发展生产力。研究生产力，研究什么？邓小平说过，一个是解放生产力，一个是发展生产力。需要把两个方面讲全了。习近平总书记又提出"牢固树立保护生态环境就是保护生产力、改善生态环境就是发展生产力的理念"①。这样，中国特色社会主义政治经济学对生产力的研究就有三个层次的内容：一是解放生产力，二是发展生产力，三是保护生产力。从广义来看，保护生产力属于发展生产力的范围，但针对我国在发展生产力的过程中，突出存在的破坏环境和生态的问题，因此有必要将保护生产力独立出来作为政治经济学研究的一个重要方面。这样，中国特色社会主义政治经济学理论体系的构建，就是要建立解放、发展和保护生产力的系统化的经济理论。这三个方面合起来就是经济发展理论。这样，经济发展理论就成为中国特色社会主义政治经济学的重要组成部分。中国特色社会主义政治经济学理论体系包含经济发展理论，是中国特色社会主义政治经济学理论体系的重大拓展。

中国的经济发展以中国特色社会主义政治经济学来指导，而不是由别的经济学来指导，其必要性在于两个方面：一方面，中国发展有其特殊的国情，任何外国的发展理论都难以正确指导和说明人口众多、城乡和地区发展极为不平衡的社会主义国家的发展问题。另一方面，中国的发展问题离不开生产关系分析，只有政治经济学既研究生产关系又研究生产力，二者结合在一起产生的理论才能准确指导中国经济发展。尤其是需要利用社会主义经济的制度优势推动经济发展。

---

① 新华社：《坚持节约资源和保护环境基本国策　努力走向社会主义生态文明新时代》，《人民日报》2013年5月25日。

经典的马克思主义政治经济学虽然没有直接以生产力为对象，但在联系生产力说明生产关系时提供了一系列的发展生产力理论，至少包括如下内容：劳动生产力的决定要素，这涉及"工人的平均熟练程度，科学的发展水平和它在工艺上应用的程度，生产过程的社会结合，生产资料的规模和效能，以及自然条件"[①]；提高劳动生产率的途径，这是"变革劳动过程的技术条件和社会条件，从而变革生产方式本身"[②]；社会生产力发展的来源，这"归结于发挥着作用的劳动的社会性质，归结为社会内部的分工，归结为脑力劳动特别是自然科学的发展"[③]；等等。这些理论为建立当代马克思主义的经济发展理论奠定了基础。

中国特色社会主义政治经济学以中国的发展理论讲中国故事，体现中国智慧。中国用不太长的时间从贫穷落后的农业大国一跃成为世界第二大经济体；近十四亿人口即将"一个不落"地全面进入小康社会；中国的经济增长率即使进入中高速增长仍然处于世界前列，已经成为世界经济的动力源。中国经济成功的原因，显然不能用其他国家的发展理论来说明，而需要说明如下问题：一是中国特色社会主义的经济制度解放了生产力，二是创造和选择的中国特色社会主义经济发展道路发展了生产力。这两个方面的理论概括就是中国特色社会主义政治经济学。习近平总书记在主持中共中央政治局就马克思主义政治经济学基本原理和方法论进行集体学习时，列举了我们党在探索社会主义建设道路过程中提出的独创性的观点，如统筹兼顾、注意综合平衡，以农业为基础、工业为主导、农轻重协调发展等重要观点。尤其是在党的十一届三中全会以来，形成的当代中国马克思主义政治经济学的许多重要理论成果，例如，关于树立和落实创新、协调、绿色、开放、共享的发展理念的理论，关于我国经济发展进入新常态的理

---

① 马克思：《资本论》第 1 卷，北京：人民出版社 2004 年版，第 53 页。
② 马克思：《资本论》第 1 卷，北京：人民出版社 2004 年版，第 366 页。
③ 马克思：《资本论》第 3 卷，北京：人民出版社 2004 年版，第 96 页。

论，关于推动新型工业化、信息化、城镇化、农业现代化相互协调的理论，关于用好国际国内两个市场、两种资源的理论，关于促进社会公平正义、逐步实现全体人民共同富裕的理论，等等。这些理论成果，是适应当代中国国情和时代特点的政治经济学，不仅有力指导了我国经济发展实践，而且开拓了马克思主义政治经济学新境界。

二、 新发展理念回应中等收入阶段的重大发展问题

坚持问题导向是马克思主义的鲜明特点。经济发展理论构建需要聆听时代的声音，回应时代的呼唤，研究解决重大而紧迫的问题，从而把握住历史脉络、找到发展规律，推动理论创新。正如恩格斯指出的：每一个时代的理论思维，都是一种历史的产物，"它在不同的时代具有完全不同的形式，同时具有完全不同的内容"①。发展理论的问题导向就是要明确处于什么阶段就有什么样的发展目标、发展方式，以及什么样的发展动力。

中国在低收入阶段向中等收入阶段迈进期间面临的发展问题，是摆脱贫困进入小康。发展的重要路径是推进工业化和城市化。这是在二元结构没有得到根本改造带着庞大的落后的农业的背景下进行的，而且不仅农村落后，城市也落后。在此背景下，中国的工业化和城市化不能重复西方走过的道路。中国农民创造了农村工业化和城镇化的道路，并且取得了成功。概括这些伟大创造和实践的经济发展理论就彰显了中国特色社会主义政治经济学的中国特色。

随着我国成为世界第二大经济体，经济发展也告别低收入阶段进入中等收入发展阶段。新的发展阶段面临以下新的重大发展问题：

首先，经济发展目标的转变问题。在低收入阶段的发展问题实际上只是增长问题，目标单一。而在进入中等收入阶段以后，发展就不只是增长

---

① 《马克思恩格斯选集》第 4 卷，北京：人民出版社 1995 年版，第 284 页。

问题，增长不等于发展。如果经济增长了，但是环境被破坏了，人民的健康受损了，贫富分化了，这种增长是无意义的。因此，经济发展比经济增长有更广泛的含义，涉及经济社会的各个层面，不仅是摆脱贫困，公平分配、增加社会福利、生态文明都要进入发展目标。经济发展所关心的是长期持续的经济增长，不仅包括数量和规模的增长，还包括实现持续经济增长所依赖的技术的进步、制度的优化和文化创新。

其次，中高速增长的可持续问题。进入中等收入阶段，经济就进入新常态，其中，增长速度从高速转向中高速。中国进入经济新常态发展最主要的原因如下：一是物质资源和环境资源的供给到了极限；二是随着农业劳动力转移速度放慢，低成本劳动力供给也到了极限；三是供求结构严重失衡，产生有效供给不足与无效供给和低端供给所产生的库存和过剩问题。显然，我国的增长速度转向中高速是不可避免的，但中高速得以可持续并建立在质量和效率基础上，需要转变经济发展方式。其方向就是习近平总书记提出来的"发展必须是遵循经济规律的科学发展，必须是遵循自然规律的可持续发展"。转变发展方式不只是转向集约型方式，更重要的是创新发展方式。创新发展方式主要涉及如下内容：一是产业结构的优化升级，也就是改变低收入阶段依赖禀赋资源比较优势的低端产业结构，依靠科技进步转向中高端的产业结构；二是发展驱动力转换，经济发展由主要依靠物质资源和低成本劳动力驱动转向创新驱动；三是追求经济增长的最小成本。只有在资源得到有效的利用、环境污染得到有效的控制、社会福利增进的基础上实现的增长才是有价值的。

再次，跨越"中等收入陷阱"问题。"中等收入陷阱"的主要症结在于发展模式问题。进入中等收入阶段后如不摆脱低收入阶段的发展模式，后果是，既无法在收入方面与低收入国家竞争，又无法在尖端技术研制方面与富裕国家竞争。这种发展模式导致中等收入陷阱的三大威胁：一是收入差距达到了库茨涅兹倒 U 型曲线的顶点；二是腐败问题也到了库茨涅兹倒 U

型曲线的顶点；三是环境污染问题也到了库兹涅茨倒 U 型曲线的顶点。随着文明程度的提高，居民针对这三大威胁的维权意识也大大增强。实践证明，并不是所有的国家和地区都会陷入这个陷阱。意识到了这个陷阱，就需要在正确的发展理论指导下通过发展来跨越它。

最后，经济发展的平衡性问题。我国的经济发展开创了中国特色新型工业化、信息化、城镇化、农业现代化"四化同步"的现代化道路。全面建成的小康社会是惠及全体人民的小康，而且全面小康涉及经济、社会、文化、政治和生态各个方面的协调发展。在低收入阶段为迅速摆脱贫困，追求 GDP 的快速增长，允许一部分地区一部分人先富起来，实际上是实行不平衡发展战略。进入中等收入阶段以后，不平衡问题突出，短板也显露。全面建成小康社会并推进现代化需要根据共享和协调的要求补齐短板：一是补齐农业现代化这个短板；二是补齐农村发展的短板，以克服城乡二元结构；三是补齐贫困地区和贫困人口的短板；四是补齐生态文明的短板；五是补齐人的发展的短板。这些短板如果不补齐，很难说全面建成小康社会，更难说进入高收入阶段了。

上述进入中等收入阶段后的重大发展问题，同时凸显了新阶段发展的难题：传统的依靠资源投入的发展动力衰减的难题，资源环境供给达到极限的难题，收入差距严重扩大的难题，经济结构严重失衡的难题，处于全球价值链低端的开放质量不高的难题，人民对经济发展的获得感不足的难题。破解这些难题需要发展理念的创新，习近平总书记提出的创新、协调、绿色、开放、共享五大新发展理念，基于对中国经济发展实践的理论总结，科学地回应了这些重大发展问题。创新是引领发展的第一动力，回应上述中高速增长的可持续问题。协调是持续健康发展的内在要求，回应上述国民经济的平衡性问题。绿色是永续发展的必要条件和人民对美好生活追求的重要体现，回应上述跨越中等收入陷阱问题。开放是国家繁荣发展的必由之路，回应上述中高速增长的可持续问题。共享是中国特色社会主义的本质要求，回应上述经济发展目标和跨越中等收入陷阱问题。显然，新发展理念是中国特色社会主义经济发展理论的重大创新。新发展理念贯彻到新阶段经济发展理论的构建中，必然推动一系列的理论创新。

三、 新发展理念对经济发展理论的贡献

创新、协调、绿色、开放、共享这几个词过去也常用，在已有的发展理论中也常用这几个范畴。现在作为新发展理念提出来，所有这些范畴则有更为深刻的内涵：首先，有深厚的政治经济学理论基础；其次，反映经济发展新阶段的新特征；再次，对经济发展理论创新提出了新目标。以下分别研究各个发展理念的内涵。

创新发展的理念推动发展动力理论的创新。最早的创新思想反映在马克思的《资本论》中。根据马克思的概括，"智力劳动特别是自然科学的发展"是社会生产力发展的重要来源[①]。进入中等收入阶段以后，随着资源和低成本劳动力方面的供给推动力消退，需求的拉动力尤其是消费需求的拉动力得到了高度重视，但不能就此以为经济增长的动力只是在需求侧，从而轻视供给侧的动力。影响实际增长率的潜在经济增长率的供给要素，除了物质和劳动力要素投入外，还有技术、结构、效率等方面的要素。现阶段消退的供给侧的推动力只是物质资源和低成本劳动力，而在供给侧还有其他动力可以开发，如创新驱动、结构调整、提高效率等。与此同时，世界上新一轮科技和产业革命蓄势待发，重大颠覆性技术不断涌现，谁在创新上先行一步，谁就能拥有发展的主动权。在此背景下提出创新发展的理念，所推动的发展动力理论创新可以概括如下：第一，创新是引领发展的第一动力，发展的基点。第二，创新是新的发展方式。现阶段所要转向的发展方式不是现成的，需要创新，包括创新驱动产业结构转向中高端，创

[①] 马克思：《资本论》第3卷，北京：人民出版社2004年版，第97页。

新驱动生产方式和消费方式，创新驱动绿色化。第三，创新发展的核心是科技创新。我国的科技创新已经从以跟踪为主转向跟踪和并跑、领跑并存的新阶段。第四，科技创新成为产业创新的动力，产业创新需要解决好与科技创新的有效对接，突出科技成果向生产力的转化，采取产学研协同创新方式研发和孵化新技术，形成大众创新万众创业氛围。

协调发展的理念推动发展结构理论的创新。马克思的社会再生产理论可以归结为协调发展理论。两大部类平衡理论就是要求部门之间在全面协调的基础上实现按比例发展。在由低收入阶段迈向中等收入阶段，为了充分释放生产力，推进工业化和城市化，实施不同区域的发展战略，沿海开放，这些实际上属于不平衡发展战略。进入中等收入阶段后，国民经济不平衡问题突出，需要适时转向协调发展，也就是转向平衡发展，增强发展的整体性。协调发展理念要求产业结构、城乡结构、区域结构以及相应的发展战略趋向均衡，其中包括拉动经济增长的消费、投资和出口的"三驾马车"作用的协调，三次产业的协调。针对存在的经济发展不平衡问题，按协调发展的理念着力补齐短板：第一，补齐农业现代化短板，促进新型工业化、信息化、城镇化、农业现代化同步发展；第二，补齐贫困地区短板，促进城乡区域协调发展；第三，补齐社会发展的短板，促进经济社会协调发展。

绿色发展的理念推动财富理论的创新。传统的财富观只是指物质财富。马克思当时就告诫：自然资源的"丰饶度往往随着社会条件所决定的生产率的提高而相应地减低……例如，我们只要想一想决定大部分原料产量的季节的影响，森林、煤矿、铁矿的枯竭等等，就明白了"[1]。在低收入阶段所推进的工业化、城市化、重工业化，不可避免地可能造成资源的耗竭及不可持续供给，由此形成发展的代价，这就是恩格斯指出的："我们不要过分陶醉于我们人类对自然界的胜利。对于每一次这样的胜利，自然界都对

[1] 马克思：《资本论》第3卷，北京：人民出版社2004年版，第289页。

我们进行报复。"① 如果人类不保持自身与自然的和谐统一，就会危及自身的生存发展。这种状况就是习近平总书记所指出的："人类社会在生产力落后、物质生活贫困的时期，由于对生态系统没有大的破坏，人类社会延续了几千年。而从工业文明开始到现在仅三百多年，人类社会巨大的生产力创造了少数发达国家的西方式现代化，但已威胁到人类的生存和地球生物的延续。"② 绿色发展理念强调人与自然和谐共生，它所推动的财富理论创新就在于明确生态和环境也是财富。干净的水、清新的空气、绿色的环境是宝贵财富，青山绿水就是金山银山。按此创新的财富理论，与西方国家当年的道路不同，中国的现代化不仅需要获取更多的物质财富，还要获取更多的生态财富，推动形成绿色发展方式和生活方式。人类的生产生活方式以最适宜的文明方式影响和介入自然，可以换取自然对生产力的最佳反馈。这正是改善生态环境就是发展生产力理念的体现，较可持续发展理论更进了一步。

开放发展的理念推动经济全球化理论创新。马克思当年在《资本论》中就揭示了"各国人民日益被卷入世界市场网"的经济全球化趋势③。改革开放以来，我国利用经济全球化机遇，发展开放型经济，充分利用国内和国外两种资源，开拓国内和国外两个市场，获得了全球化的红利。但是，同其他发展中国家一样，我国是以资源禀赋的比较优势嵌入经济全球化和全球价值链的，处于价值链的中低端。从总体上说，我国处于全球化的从属地位。现在中国成为世界第二大经济体，开放发展的理念则要求从世界经济大国地位出发，由经济全球化的从属地位转变为主导地位，需要调整相应的开放战略。一方面，进一步提升国际竞争力，提高开放型经济的质量和水平。国际分工要由比较优势转向竞争优势，攀升全球价值链中高端。

---

① 《马克思恩格斯文集》第 9 卷，北京：人民出版社 2009 年版，第 559～560 页。

② 习近平：《之江新语》，杭州：浙江人民出版社 2013 年版，第 119 页。

③ 马克思：《资本论》第 1 卷，北京：人民出版社 2004 年版，第 874 页。

另一方面，要积极参与并主导全球经济治理。包括通过"一带一路"、亚投行等路径积极参与全球经济治理，提高我国在全球经济治理中的制度性话语权，发挥在经济全球化中的主导作用。

共享发展的理念推动发展目的理论创新，体现以人民为中心的发展思想。马克思当年预见的未来社会是"生产将以所有人的富裕为目的"①。后来的政治经济学明确的社会主义生产目的也是最大限度地满足人民群众的物质和文化的需要。现在提出共享发展的理念，是中国特色社会主义的本质要求。我国实行了多年的允许一部分人先富起来的大政策，充分释放了发展的活力，但同时也伴有收入差距的扩大。在此基础上提出的共享发展理念，就是要在发展中共享，在共享中发展，实现改革和发展成果全民共享、全面共享、共建共享。人民群众分享改革发展的成果，得到看得见的利益，在民生改善中有更多的"获得感"。这是进一步深化改革发展的动力源泉所在。贯彻这种发展理念的发展具体体现在如下若干方面：第一，克服"为生产而生产"和片面追求高积累的发展理念，提高人民群众的消费力，突出消费对经济增长的拉动作用，本身就是经济发展的动力源泉。第二，完善基本收入制度，提高居民收入在国民收入分配中的比重。初次分配和再分配都要处理好公平和效率的关系，再分配更加注重公平。第三，基本公共服务均等化，不仅要横向公平还要纵向公平，使低收入群体能平等地享用基本公共服务。人民群众在民生改善中能够共享改革发展的成果，得到看得见利益。第四，在各种要素按贡献取得报酬的分配体制中，收入的差距主要由各自拥有的包括技术等方面的要素差异所致。通过教育公平等途径缩小各个参与主体所拥有的要素差距，从而使普通劳动者也能得到复杂劳动的收入，同时创造条件让广大居民获得更多的财产性收入，分配结果的差距也可能进一步缩小。第五，共享发展的基础是共建。人民是共享的主体，也是共建的主体。共享发展不能只是指望政府提供。现实中产

①《马克思恩格斯全集》第46卷（下），北京：人民出版社1980年版，第222页。

生的以"互联网+"所提供的分享经济应该成为共享发展的组成部分。

以上新发展理念分别对经济发展的目的、动力、可持续发展、经济结构和经济全球化方面的理论贡献,涉及现阶段经济发展理论的核心部分。其中每一个理念都有深厚的马克思主义政治经济学的理论基础。因此,新发展理念的提出开辟了中国特色社会主义政治经济学的新境界。基于社会主义初级阶段的社会主义本质要求,基于中等收入阶段的发展目标,将解放、发展和保护生产力结合起来形成系统化的经济学说,可以说是中国特色社会主义政治经济学的开创性研究,有重大的理论和现实意义。由此构建的经济发展理论可以充分体现中国特色、中国风格、中国气派。

(原载于《南京政治学院学报》2017 年第 1 期)

十八大以来需要进一步研究的几个
政治经济学重大理论问题

　　我国的改革和发展，实际上是在中国特色社会主义政治经济学取得重大理论进展上推进的。其中最明显的是：确认社会主义初级阶段；确认社会主义的本质是发展生产力，贫穷不是社会主义；确认公有制为主体多种所有制经济共同发展的基本经济制度；确认社会主义市场经济及相应的改革方向；确认公有制可以有多种实现形式；确认按劳分配为主体多种分配方式补充等等。这些重大理论突破推动了中国特色社会主义的伟大事业。这些得到确认的理论虽然还有进一步完善的必要，但可以成为研究中国特色社会主义政治经济学的基本理论前提。

　　中国特色社会主义事业还在进行中，中国特色社会主义政治经济学建设还在路上。十八大以来，经济改革和发展的深入不断提出新的深层次问题。这些问题有些是需要依据新情况新问题做出回答的，有些是需要在进入新的发展阶段后对已经熟知的理论进行重新认识。根据认识论，这些问题都不是孤立的，处于一定的相互关系中。这意味着中国特色社会主义政治经济学的创新和发展还需要回答并处理好以下几个重大的经济关系。

一、 公有制为主体和混合所有制的关系

　　公有制为主体多种所有制经济共同发展已被确认为社会主义初级阶段

基本经济制度。在基本经济制度框架内，所谓公有制为主体，不是指公有制企业为主体，而是指公有资本在社会总资本中占优势，国有经济控制国民经济命脉。社会主义公有制理论的这一重大突破，对发展非公有制经济和国有经济进行有进有退的战略性调整起到了重要作用。

十八届三中全会进一步提出，国有资本、集体资本和私人资本相互融合所形成的混合所有制是基本经济制度的实现形式。这个论断应该说是中国特色社会主义政治经济学的新突破。过去，人们会把基本经济制度解释为公有制企业与多种非公有制企业的外部并存，现在则是在同一个企业中公有资本同非公有资本的内部融合。在这种基本经济制度框架内进行改革，包括允许更多国有经济和其他所有制经济发展成为混合所有制经济。国有资本投资项目允许非国有资本参股，而且鼓励发展非公有资本控股的混合所有制企业。与此相应，基本经济制度中公有制为主体如何实现就面临着新课题。前一时期着力于研究公有制在多种所有制经济共同发展的框架内如何实现主体地位，现在则需要研究在混合所有制的框架内公有制为主体如何体现。

对公有制在混合所有制中的主体地位需要区分两个层面进行分析。现在对国有企业分为两类：一类是商业类，一类是公益类。不同类型的公有制企业的主体地位有不同的要求。

商业类企业主要身处竞争性领域，同其他所有制性质的资本一样，在这里的公有资本追求价值增殖。这意味着进入混合所有制企业的公有资本并不追求在所在企业中控股，但要追求所在企业的增殖能力。这样，总体数量仍然较大的公有资本分布在增殖能力强的企业中，哪怕不控股，由于其增值和增殖能力强，总体上还是居主体地位。

公益类企业保证公共利益，一般都是公有制企业经营。但公有资本也不可能独霸天下。在混合所有制中，公益性企业允许非国有资本参股入股，公益性项目也要吸引非公有资本参与。公有制在这里的主体地位就表现在其在混合所有制中的控股地位。只要保持公有资本在混合所有制经济中的控制力，实际上它所支配的资本就不只是自己的资本，还能支配参股和入股的非国有资本。其控制力和支配力不只在其控股地位，更重要的是以平等对待其他所有制经济并共享利益的吸引力，公有资本得到放大。在这里，公有制的主体地位是显然的。

二、 强市场和强政府的协同关系

经济体制改革的核心问题是处理好政府和市场的关系。新自由主义理论把政府和市场对立起来，以为搞市场经济就不能有政府作用，政府作用强大就不会有充分作用的市场。中国特色社会主义政治经济学依据中国的实践创造了强市场和强政府协同作用的理论。

已经建立的社会主义市场经济理论解决了社会主义经济制度与市场经济的结合问题。十八届三中全会又进一步确认使市场在资源配置中起决定性作用和更好发挥政府作用。这是社会主义市场经济理论的重大突破。明确市场对资源配置的决定性作用，实际是回归到市场经济本义。市场决定资源配置突出的是市场的自主性，这种自主性不仅表现为市场自主决定资源配置方向，也表现为市场调节信号即市场价格也是自主地在市场上形成，不受政府的不当干预。

在市场决定资源配置的场合所需要的政府作用，在不同的经济学家那里有不同的认识。[①] 新古典经济学认为，在市场失灵的领域需要政府发挥作用，其中包括克服贫富两极分化，克服环境污染之类的外部性。制度经济学则指出，政府（国家）作为制度变迁的重要基石，其基本功能是保护有利于效率的产权结构。宏观经济学明确指出，市场决定资源配置基本上是解决微观经济效益，宏观经济的总量均衡，克服高失业和高通货膨胀之类

---

① 约瑟夫·斯蒂格利茨：《社会主义向何处去》，周立群等译，长春：吉林人民出版社1998年版，第48页。

宏观失控，则要靠政府的宏观调控。所有这些政府作用，在社会主义市场经济中都需要。

明确市场对资源配置的决定性作用也就明确了在资源配置领域市场作用的"强"，但在社会主义经济中，不但不能像新自由主义认为的那样不要政府作用，而且还要求更好发挥作用，其前提是政府作用和市场作用有明确的边界。凡是市场能做的，比政府做得更好的都交给市场。

所谓强政府作用是指在应该发挥政府作用的领域，政府作用必须"强"。首先，不能把市场决定资源配置放大到决定公共资源的配置，公共资源的配置不能由市场决定，原因是公共资源配置是要满足公共需求，遵循公平原则，只能由政府决定。其次，针对市场失灵的领域政府作用必须强。涉及国家安全和生态安全的，涉及环境保护的，涉及全国重大生产力布局、战略性资源开发和重大公共利益等项目政府不只是进入，而且应该充分并且强有力地发挥作用。第三，对于我们这样的仍然处于社会主义初级阶段的发展中国家来说，发展仍然是硬道理。推动发展理应是政府的重要职能。例如，推动城乡发展一体化和城镇化，发展创新驱动型经济，经济结构调整，生态和环境建设，发展开放型经济等，都需要政府对公共资源的配置来推动和实现。政府配置公共资源主要是政策路径，其中包括利用收入分配政策促进社会公平正义，通过产业政策和负面清单引导产业结构转型升级，通过财政和货币政策调节宏观经济运行以及提供法制化的经济环境。

明确了市场对资源配置起决定性作用和政府作用的范围后，进一步的问题是如何更好发挥政府作用。其基本要求是政府行为本身也要遵守市场秩序。政府更好发挥作用的基本路径是政府作用机制要同市场机制衔接，政府配置公共资源同市场配置市场资源应该结合进行。在初次分配领域更多的是市场按效率原则条件，而在再分配领域则是政府按公平原则条件。在这种协同中，政府强不会限制市场的强。

三、 按劳分配为主体和要素按贡献和供求参与收入分配的关系

按劳分配是社会主义分配原则。公有制为主体多种所有制经济共同发展的社会主义初级阶段基本经济制度确立以后，按劳分配为主多种分配方式并存的基本分配制度也就得到了确认。这是中国特色社会主义政治经济学的重大理论突破。

生产要素参与收入分配是基于生产要素私人（或不同的所有者）所有的背景下提出的。目的是要让一切劳动、知识、技术、管理、资本的活力竞相迸发，让一切创造社会财富的源泉充分涌流。就多种生产要素参与收入分配来说，改革是不断深入的。从党的十四大到党的十六大明确提出，确立劳动、资本、技术和管理等生产要素按贡献参与分配的原则。党的十七大报告和十八大报告都提出，健全劳动、资本、技术、管理等生产要素按贡献参与分配的制度。十八届三中全会在坚持上述生产要素按贡献参与分配的基础上又提出：各种生产要素的报酬由各自的生产要素市场决定。这些提法表明，包括劳动在内的各种生产要素参与收入分配不再完全按其投入分配，而是按各种要素的"贡献"，并且还要按各自要素市场的供求来决定。由此提出的问题是，按劳分配如何在这种收入分配体制中实现主体地位。

就要素市场供求对分配的影响来说，各个要素按贡献参与收入分配，资本、劳动力、技术、管理等生产要素的报酬分别在各自的生产要素市场上决定，各种要素的市场供求关系，客观地体现在要素价格比例上。其效果是最稀缺的要素得到最节约的使用并且能增加有效供给，最丰裕的要素得到最充分的使用。对于有效地配置和使用生产要素起的积极作用是十分明显的。显然，要素参与分配，从总体上说是符合发展社会生产力这个社会主义本质要求的。由于多种要素充分发挥作用而增加了社会财富，劳动

者绝对收入也较前明显增加。这也是符合劳动者利益的。

再就不同要素的贡献来说，在各种生产要素参与收入分配的情况下，不同的人拥有的要素存在很大差别。允许一部分人先富起来意味着储蓄能力强的、技术水平高的、经营能力强的，致富能力也强。再加上这些要素的叠加，非劳动要素收入和劳动报酬的差距明显扩大。因此提出的理论问题是，如何体现按劳分配为主体。先需要澄清，不是像有些学者认为的，在公有制企业中实行按劳分配，而在非公有制企业中实行按非劳动要素投入分配。而是要明确，所谓按劳分配为主体指的是在可分配收入中劳动报酬在数量上为主体，还是在多种分配方式中收入的较大部分用于按劳分配。

按劳分配的社会主义性质表现为消灭了对劳动者的剥削。在确定当前阶段按劳分配为主体时需要明确，正如生产资料所有制可能混合一样，生产要素也是混合的。就是说，劳动投入不仅涉及直接生产过程中的劳动者的劳动，也包括不在生产现场但对生产起作用的技术人员、管理人员的劳动，其中也包括企业经营者从事的经营活动，即使是直接劳动者，也不完全只是简单的劳动力支出，也可能拥有技术等要素。通常讲的人力资本，在马克思主义经济学中就是指的这种复杂劳动。基于这种考虑只要坚持两个原则：一是复杂劳动得到更高的报酬，以体现劳动贡献；二是劳动报酬增长与劳动生产率提高同步。这样就能在收入分配总量上体现按劳分配为主体。

实际上，现在讨论按劳分配为主体更多的是关注生产一线的劳动者的报酬在收入中所占比重呈明显下降趋势的问题。这涉及体现社会公平正义的要求，缩小收入差距问题。在这方面需要明确的是，首先，在初次分配阶段就要根据社会主义要求处理好公平和效率的关系，不能忽视劳动的复杂程度不高的劳动者在企业效率提高中的贡献。其次，根据马克思经济学原理，社会主义社会之所以实行按劳分配，原因是劳动还是谋生的手段。[1]

---

[1]《马克思恩格斯选集》第3卷，北京：人民出版社2012年版，第365页。

作为谋生手段，劳动报酬的增长不只是限于劳动者的劳动贡献，还应该包含体现谋生要求的内容。谋生的范围就是必要劳动的范围。必要劳动的范围有历史的和道德的因素。随着社会的进步、文化的发展，劳动者的必要劳动范围也扩大，相应的劳动报酬也有增长的趋势。最后，从社会主义的公平观考虑，劳动收入的差距主要由各自拥有的包括技术等方面的要素差异所致。因此通过教育公平等途径缩小各个分配主体所拥有的要素差异，坚持机会的公平，分配结果的差距也可能缩小。[1]

四、 解放生产力和发展生产力的关系

坚持解放和发展生产力是马克思主义政治经济学的基本原理，也是中国特色社会主义政治经济学的重大原则。邓小平指出：一个是解放生产力，一个是发展生产力。需要把两个方面讲全了。中国特色社会主义政治经济学也需要把这两方面讲全，这与政治经济学研究对象和任务相关。马克思主义政治经济学研究对象是生产关系，对生产力也只是放在联系的地位，即联系生产力研究生产关系。这与其研究任务是解放生产力相关：揭示资本主义生产关系阻碍生产力发展，从而揭示其被社会主义所替代的必然性。现实中，社会主义替代资本主义的最大的制约是生产力落后，而不是生产关系的落后。因此，中国特色社会主义政治经济学研究社会主义建设和发展，不仅要研究生产关系，也要研究生产力。相应地，不仅要研究解放生产力，还要研究发展生产力。在这一领域的一系列重大突破，推动了中国特色社会主义经济制度的建立和完善。

明确社会主义的本质就是发展生产力，体现了中国特色社会主义政治经济学的重大进展。生产力和生产关系的矛盾分析，是马克思主义政治经济学的基本方法论。经济落后的国家在进入社会主义社会后，生产力和生

---

① 世界银行：《2006 年世界发展报告：公平与发展》，北京：清华大学出版社 2006 年版。

产关系的矛盾主要表现在生产力的相对落后，需要以发展生产力来发展社会主义生产关系。因此，中国特色社会主义政治经济学需要把对生产力的研究放在重要位置，以增进国民财富作为目标和归宿。如果政治经济学不研究生产力，也就放弃了自己对现实的经济建设的指导作用。

就解放生产力来说，涉及的是改革，涉及的是生产关系的调整。在这里，解放生产力的改革是动力，发展生产力是目的。就发展生产力来说，涉及的是经济发展。尽管改革解放了被束缚的生产力，从而极大地推动了生产力的发展，但它不能代替对发展生产力从而经济发展的研究。其原因是发展生产力有自身的规律，也有自身的理论体系。因此，中国特色社会主义政治经济学的重要特征是既注重完善生产关系，又突出发展社会生产力。

研究经济发展问题要从中国所处的发展阶段出发。可从两个方面去界定：一是生产关系的界定，处于社会主义初级阶段，由此出发在解放生产力方面取得一系列理论突破；二是经济发展阶段的界定，当前中国的经济发展不是低收入阶段的发展问题，而是进入中等收入阶段的发展问题。这意味着中国的发展已不是摆脱贫困问题，而是在实现全面小康基础上向现代化迈进的问题。

30多年来，中国特色社会主义政治经济学对经济发展做出了重大理论贡献，其中包括中国特色社会主义现代化理论，经济发展方式及其转变理论，科学技术是第一生产力理论，新型工业化和城镇化理论等。十八大以来取得的新的重大理论贡献，包括经济新常态理论，创新驱动经济发展理论，创新、协调、绿色、开放、共享的发展理念，绿水青山就是金山银山理论等。中国特色社会主义政治经济学从一定意义上说是解放和发展生产力的系统性经济学说。

五、 需求侧和供给侧的关系

在经济学中供给和需求是不可分割的两个方面，两者不只是平衡问题。供给和需求两侧有不同的运行规律和机制，因此政治经济学对这两侧都需要分别进行研究。

在我国不同的发展阶段，改革的侧重点会有不同。30 多年来，转向市场经济体制的改革，侧重点在需求侧。其内容包括：强化市场竞争机制，突出市场需求导向，取消指令性计划等，并且在进入买方市场背景下宏观经济转向消费需求、投资需求和出口需求"三驾马车"拉动增长，宏观调控也转向财政和货币政策的总量需求调控。

实践证明，在发展中国家，即使转向市场经济，只是靠需求并不能有效地拉动经济增长。在多年的需求侧改革并取得明显成效基础上，要从规模速度型发展方式转向质量效率型发展方式，实现可持续的增长，就需要在供给侧推动经济增长，突出在两个方面：首先是推动有效供给。结构性供给短缺是发展中国家的特征。产品的质量问题、技术档次问题、效率问题、服务问题、食品卫生问题、产品安全问题都反映这种结构性短缺。与此同时又存在无效的和低端的供给，如某些产品产能严重过剩。这些供给侧的问题需要通过供给侧的结构性改革来解决。其次是供给侧提供增长的动力。不能以为转向市场经济后，相应的经济增长的动力就由供给推动力转换为需求推动力，因而轻视供给侧的动力作用。增长的动力，不仅有需求侧要素，也有供给侧要素。在供给侧要素中，除了物质要素投入外，还有技术、结构、效率、制度等要素。在物质资源和低成本劳动力方面的供给推动力消退时，不至于在供给侧没有其他动力，创新驱动、结构调整、提高效率都可以成为新的供给推动力。尤其是在需求拉动没有充分的力量阻止经济下行的压力时，更要供给侧形成推动经济增长的动力。

坚持解放和发展社会生产力，坚持调动各个方面积极性，这是中国特色社会主义政治经济学的重大原则，也是供给侧结构性改革的重大原则。按此要求，供给侧结构性改革的着力点还在于发展，即增加有效供给，目标是提高供给体系的质量和效率，增强供给结构对需求变化的适应性和灵活性，提高全要素生产率。相应地供给侧改革主要涉及科技创新体制、精细化管理和激励性制度等方面的制度建设。

强调供给侧的结构性改革决不否认需求侧的作用，促进经济增长需要两侧共同发力。针对无效供给和低端供给，去产能、去库存、去杠杆、降成本，需求侧靠的是优胜劣汰的市场机制，供给侧则采取化解和优化重组的方式。再如对速度下行压力，需求侧采取的是扩张性货币政策，供给侧则是采取给实体经济企业减税减负，调动积极性的办法，目的是释放企业活力。这样，中国特色社会主义政治经济学对供给侧和需求侧的研究，前者突出发展动力研究，后者突出发展压力研究；前者突出激励机制研究，后者突出选择机制研究。

基于以上关于中国特色社会主义政治经济学重大进展的分析，可以发现中国特色社会主义事业在进行中，其理论也在发展中。新的实践产生新的理论，新的理论说明新的实践。由此形成的理论成果，是适应当代中国国情和时代特点的政治经济学，不仅有力指导了我国经济发展实践，而且开拓了马克思主义政治经济学新境界。

（原载于《南京大学学报（哲学·人文科学·社会科学）》2016 年第 2 期）

《资本论》和中国特色社会主义
经济学的话语体系

　　建设中国特色社会主义政治经济学是构建中国特色哲学社会科学体系和学术话语体系的重要组成部分。既要坚持马克思主义的理论指导，又要用中国理论阐释中国实践，立足中国实践升华中国理论。中国特色社会主义政治经济学作为马克思主义经济学中国化时代化的成果，是创新的理论，但不是凭空创造的，需要对中国经济改革和发展的实践进行理论概括。进行理论概括的经济学话语体系就是马克思《资本论》提供的马克思主义经济学范式。

一、《资本论》提供中国特色社会主义经济学话语体系的范式

　　任何一个学科都有自己的话语体系。一般说来，理论经济学的话语体系包括经济学的范式和所使用的经济学范畴。所谓经济学范式，涉及基本立场、基本原理和基本方法。

　　当今的经济学范式主要有两种：西方经济学范式和马克思主义经济学范式。这两种范式的经济学虽然都是研究经济问题，但两者的研究对象、层次和任务不尽相同。马克思主义政治经济学与西方经济学的区别，后者偏重于经济现象的描述，着重研究微观和宏观经济运行中各种经济变量之间的关系；前者偏重于经济关系本质的分析，研究人与人之间的社会关系，

它建立的各种经济范畴都反映一定的社会生产关系。后者注重经济运行分析，也会涉及经济制度的分析，但它把制度作为经济运行分析的前提；前者注重经济制度（包括经济体制）的分析，也会涉及经济运行，但对经济运行分析的重点是各种生产关系在经济运行中的配置和调整。这两个理论体系对分析经济过程有不同的理论和现实意义，不可替代，不能简单排斥，甚至可以相互学习。但就其成为何种经济学的话语体系，则是由某种经济学的特定的研究对象和任务决定的。

中国特色社会主义政治经济学，首先是政治经济学，其研究对象是由生产力发展水平决定的处于社会主义初级阶段的生产关系。其研究任务是在生产力发展基础上发展和完善公有制为主体多种所有制经济共同发展的基本经济制度，涉及的是经济的本质层次、制度层次的分析。由此决定，其话语体系要以马克思主义经济学范式为基础。

马克思主义经济学的范式，是由马克思的《资本论》建立的，概括地说，包括四个方面内容：第一，基本立场代表无产阶级根本利益；第二，研究对象是在一定生产力水平基础上的生产关系；第三，基本任务是阐述经济规律，尤其是社会主义代替资本主义的必然性；第四，研究方法是唯物辩证法和历史唯物主义。这种经济学范式必须贯穿到中国特色社会主义政治经济学的构建中，也是中国特色社会主义政治经济学的世界观方法论基础。就话语体系来说，《资本论》为构建中国特色社会主义政治经济学话语体系的贡献主要有以下三个方面：

一是《资本论》中建立的系统的经济学范畴。这些范畴在政治经济学教科书中得到了广泛使用，即使是在现代流行的西方经济学教材中也在一定程度上得到使用。尤其是《资本论》关于生产关系的话语系统，涉及社会主义和资本主义经济的规定性，包括公有制和私有制在内的各种所有制形式及其特征，各类经济规律，工资、地租、利息等分配范畴，涉及马克思主义经济学的基本规定，它们是中国特色社会主义经济理论体系中的核心范畴。

某些在《资本论》中被马克思所批判的产生资本主义罪恶的范畴在社会主义初级阶段不一定要全盘否定。例如，竞争、积累等造成两极分化，但在市场经济条件下，对资源配置效率提高的作用则是需要充分肯定的。再如，私人资本、剩余价值在资本主义分析中，在肯定其历史作用的同时，因其剥削劳动而被诅咒；而在社会主义初级阶段的经济分析中，有无个人财产和个人财产的多少都不能成为政治上先进和落后的标准，私人资本及其剩余价值作为多种所有制经济的一部分得到肯定。

二是《资本论》阐述的经济学基本原理。《资本论》在一定程度上说就是市场经济论。我国的经济体制在转向社会主义市场经济后，许多经济现象与《资本论》分析的经济现象相近。商品货币理论、竞争理论、资本积累理论、资本有机构成理论、资本循环和周转理论、社会总产品实现条件理论、平均利润率规律理论、流通费用理论、地租理论、信用经济理论、经济周期理论等，都可以成为中国特色社会主义经济学的话语体系的基础。

某些在《资本论》中分析资本主义的原理可以用于分析现阶段的社会主义经济。例如，资本原理，在相当长的时期内，在社会主义经济分析中不使用资本范畴，试图用资产、资金甚至社本等概念去代替它，如国有资产、国有资金，这些替代概念实践证明是不科学的。在马克思的原理中，资本有三个方面定义：首先，资本是一种生产关系，是资本雇佣劳动的关系；其次，资本的本性是实现价值增殖；第三，资本是作为生命体的运动，资本在运动中实现资本的增值。在现阶段，私人资本的这三个定义是完整的。而公有资本虽不包含其第一个定义，但后两个定义是不可或缺的。资本价值不增殖，不在运动中增值，何谓资本。不仅如此，公有的不称为资本，如何同私人资本合资或建立混合所有制。尤其是国资改革，国家对国有企业由管资产转为管资本，《资本论》关于资本原理的分析，更成为中国特色社会主义政治经济学的重要话语。而且，一旦资本在社会主义经济分析中得到确认，与资本相关的范畴，如固定资本、流动资本、虚拟资本等范畴自然进入中国特色社会主义经济学的话语体系。这表明，即使是分析资本主义的范畴，在抽去其资本主义关系后也能成为分析中国特色社会主义的话语。

三是《资本论》对未来社会的预见和规定。马克思身处资本主义社会，对替代资本主义社会后的未来社会做出了合乎逻辑的预测，其中有对社会主义经济制度的规定，如公有制、按劳分配、有计划按比例分配社会劳动等。这些都应成为中国特色社会主义政治经济学的话语。问题是某些在《资本论》中明确认为到未来社会中不再存在的经济范畴，而在社会主义初级阶段的实践中仍然起作用的经济范畴，仍然需要进入中国特色社会主义政治经济学的话语体系。例如，当时马克思设想未来社会可以直接分配社会劳动，不需要"价值"插手其中，而在现实中还存在商品货币，还需要由市场和价值规律来调节社会劳动分配。再如，马克思当时设想未来社会中个人收入分配只存在按劳分配，原因是其他生产要素都是公有的，而在现实中并不只是劳动要素私有，资本、技术、管理等要素都属于不同的所有者。在分配上不仅要坚持按劳分配，还需要确认各种生产要素参与收益分配。于是就需要《资本论》中所阐述的要素所有权参与收入分配的话语体系。这意味着中国特色社会主义经济学的话语体系不仅包括马克思对未来社会的预想，还包括《资本论》中不属于对未来社会预想的经济学的基本原理。这属于马克思主义经济学的中国化和时代化。

现实的经济学话语体系中有一种现象，许多本来就能用马克思主义经济学话语说明的问题，硬要用西方经济学来说明，似乎只有西方经济学才能说明，这是不公平的。如果不加偏见，可以发现一些西方经济学的概念和原理不仅可以在《资本论》中找到，而且《资本论》的话语对现实的解释更为准确。略举几例：关于市场配置资源的分析，西方经济学基本上是用帕累托改进来说明资源配置，而马克思在《资本论》中用价值规律作用来说明市场机制对社会劳动时间的分配，明确指出"商品的价值规律决定社会在它所支配的全部劳动时间中能够用多少时间去生产每一种特殊商品"①。再如，产权理论，现在一讲产权，人们便讲科斯理论。其实，在《资本论》中多处讲的所有权问题就涉及产权问题。第 1 卷第 2 章分析交换过程时就指出交换关系实际是所有权的让渡，彼此承认对方是私有者的这种具有契约形式的"法的关系，是一种反映着经济关系的意志关系"②。《资本论》第 1 卷第 23 章分析的资本集中及其并购形式，实际上就是企业代替市场和产权调整的理论。再如，企业治理，西方经济学运用队生产理论和委托－代理理论；《资本论》在分析协作中的监督管理时就全面分析了现在所讲的"队生产"理论中所分析的特点和监督的必要性："一切规模较大的直接社会劳动或共同劳动，都或多或少地需要指挥，以协调个人的活动""一旦从属于资本的劳动成为协作劳动，这种管理、监督和调节的职能就成为资本的职能""在同一资本指挥下共同工作的大量工人也需要工业上的军官（经理）和军士（监工），在劳动过程中以资本的名义进行指挥。监督工作固定为他们的专职"③。

　　当然，实践在发展，经济学的话语体系也在实践的发展中越来越丰富。马克思在 100 多年前写《资本论》时，社会主义经济及相关的话语体系只是在他合乎逻辑的推导中。实践中的社会主义需要面对新时代研究新问题、发现新规律、概括新理论。中国的实践需要用中国理论阐释，中国理论需要立足中国实践升华。尤其是需要科学说明，在一个经济文化都相对落后的国家中发展什么样的社会主义，如何建设社会主义。这意味着需要有产生于中国实践的话语体系，体现经济学理论的创新和发展。依据中国的当代实践创造的话语体系仍然归属于马克思主义经济学体系，其创新和发展

---

① 马克思：《资本论》第 1 卷，北京：人民出版社 2004 年版，第 412 页。

② 马克思：《资本论》第 1 卷，北京：人民出版社 2004 年版，第 103 页。

③ 马克思：《资本论》第 1 卷，北京：人民出版社 2004 年版，第 384～385 页。

是马克思主义经济学范式和话语体系内的创新，体现马克思主义经济学的中国化和时代化。

二、 以生产力和生产关系的话语体系说明社会主义初级阶段及其基本经济制度

生产力和生产关系及两者的统一，是马克思主义经济学的基本话语。生产力和生产关系的矛盾分析，是马克思主义经济学的基本方法论。每一个社会中的生产力和生产关系是一个统一的整体。生产关系是一定社会经济系统的内核，也是社会经济制度的本质属性。政治经济学是说明社会基本经济制度及其变动发展规律的经济学。

中国的社会主义发展存在一个初级阶段，是由生产力水平决定的。在这个阶段需要完成其他国家在资本主义条件下完成的生产的社会化、市场化和现代化的任务。社会主义初级阶段是中国经济学的新话语，但不是凭空提出的，可以在马克思经济学的话语体系中找到理论渊源。可以说，关于社会主义初级阶段话语的提出，是马克思主义经济学中国化和时代化的成果。

根据《资本论》的论述，发达的资本主义是社会主义的入口，资本主义社会生产力所达到的最高水平是"规模不断扩大的劳动过程的协作形式日益发展，科学日益被自觉地应用于技术方面，土地日益被有计划地利用，劳动资料日益转化为只能共同使用的劳动资料，一些生产资料因作为结合的社会劳动的生产资料使用而日益节省，各国人民日益被卷入世界市场网，从而资本主义制度日益具有国际的性质"①。这些可以说是社会主义最终取代资本主义的物质条件。我国脱胎于半殖民地和半封建社会，经过几十年

---

① 马克思：《资本论》第 1 卷，北京：人民出版社 2004 年版，第 874 页。

的发展，生产力水平还没有达到发达的资本主义国家的水平，这意味着社会主义物质基础还没有完全建立起来。建立社会主义的物质基础，"这需要有一定的社会物质基础或一系列物质生存条件，而这些本身又是长期的、痛苦的历史发展的自然产物"①。

在《资本论》中有一处关于中国社会生产方式的论述：资本主义以前的、民族的生产方式具有的内部的坚固性和结构，可从英国人同印度和中国的交往中明显地看出来。在中国，"小农业和家庭工业的统一形成了生产方式的广阔基础"②。其原因是农业和手工业的直接结合而造成的巨大的节约和时间的节省，对大工业产品进行了最顽强的抵抗。这意味着市场经济不发达和小农经济的强大造成了旧的生产方式稳固地保留下来。这也可以说是在社会主义初级阶段还存在自然经济生产方式的历史原因的话语。

正因为我国还处于社会主义初级阶段，是由生产力发展水平决定的，在这个阶段的主要任务就是发展生产力。相应地，处于初级阶段的社会主义的本质就是解放和发展生产力，消灭剥削，消除两极分化，逐步达到共同富裕。这个判断直接影响基本经济制度的选择和确立。

在马克思主义经济学范式中，社会的所有制结构构成社会基本经济制度。社会主义就是消灭私有制，这是社会主义发展目标。而在社会主义初级阶段被确认后，理论创新的一个重要方面就是明确：处于初级阶段的社会主义的根本任务不是完全消灭私有制，而是发展生产力。相应地，所有制结构就不能只是公有制，还应该包括各种类型的所有制，形成以公有制为主体多种所有制经济共同发展的基本经济制度。其中，公有制为主体是社会主义特征，多种所有制经济共同发展则是中国特色。

多种所有制经济共同发展同样可以在马克思《资本论》中发现理论渊源。马克思当时发现，西欧大陆与资本主义较为发达的英国相比，"不仅苦

---

① 马克思：《资本论》第 1 卷，北京：人民出版社 2004 年版，第 97 页。

② 马克思：《资本论》第 3 卷，北京：人民出版社 2004 年版，第 372 页。

于资本主义生产的发展，而且苦于资本主义生产的不发展。除了现代的灾难而外，压迫着我们的还有许多遗留下来的灾难，这些灾难的产生，是由于古老的陈旧的生产方式以及伴随着它们的过时的社会关系和政治关系还在苟延残喘"①。虽然这里指的是资本主义社会初期阶段的状况，但这些话语用到社会主义初级阶段说明，在社会主义初级阶段，不可避免地保留着前社会主义的各种生产方式。其原理就是马克思所说的："无论哪一个社会形态，在它所能容纳的全部生产力发挥出来以前，是决不会灭亡的；而新的更高的生产关系，在它的物质存在条件在旧社会的胞胎里成熟以前，是决不会出现的。"②

中国特色社会主义在基本经济制度方面不仅坚持了马克思主义的基本原理，还以中国的实践进行了理论和制度创新。这就是，多种非公有制经济，如个体经济、私营经济、外商投资经济从"制度外"进入了"制度内"，成为社会主义初级阶段基本经济制度的重要组成部分。在公有制为主体的条件下，着眼点不是公有制同非公有制之间的斗争，而是服从于建设新社会的使命，寻求不同所有制经济和谐合作发展的有效路径，创造平等竞争的市场环境，其中包括在负面清单基础上实行统一的市场准入制度，废除对非公有制经济各种形式的不合理规定，消除各种隐性壁垒，不仅准许民资进入竞争性领域，还要进入过去认为必须由国有制经济垄断的领域。中共十八届三中全会又进一步明确：国有资本、集体资本、非公有资本等交叉持股、相互融合的混合所有制经济，是基本经济制度的重要实现形式。

马克思的《资本论》没有提出"混合所有制"的话语，但提出了股份公司的概念和作用。其主要内容包括：第一，股份公司是私人资本社会化的途径，因而是社会主义入口。"资本主义的股份企业，也和合作工厂一样，应当被看作是由资本主义生产方式转化为联合的生产方式的过渡形式。"① 第二，在股份公司内，"职能已经同资本所有权相分离。为单个资本家或被当作资本家的人，提供在一定界限内绝对支配他人资本的权利。劳动也已经完全同生产资料的所有权和剩余劳动的所有权相分离。资本主义生产极度发展的这个结果，是资本再转化为生产者的财产所必需的过渡点，不过这种财产不再是各个互相分离的生产者的私有财产，而是联合起来的生产者的财产，即直接的社会财产。另一方面，这是所有那些直到今天还和资本所有权结合在一起的再生产过程中的职能转化为联合起来的生产者的单纯职能，转化为社会职能的过渡点"②。第三，股份公司提供更为有效的治理机制。"很大一部分社会资本为社会资本的非所有者所使用。这种人办起事来和那种亲自执行职能、小心谨慎地权衡其私人资本的界限的所有者完全不同。"③ 马克思在这里对股份制是作为向社会主义的过渡形式而提出来的。我国现阶段建立的混合所有制基本上都采取股份制形式，而且股份制还可以成为公有制的实现形式。马克思关于股份制的话语体系可以用来说明现阶段的股份制经济的产权特征、功能及运行。

三、 以商品经济和价值规律的话语体系说明社会主义市场经济

社会主义市场经济理论是中国特色社会主义经济学的重要部分，也是社会主义经济理论的重大创新。习近平总书记在说明市场对资源配置起决定性作用时指出："理论和实践都证明，市场配置资源是最有效率的形式。市场决定资源配置是市场经济的一般规律，市场经济本质上就是市场决定资源配置的经济。"对社会主义市场经济及其运行需要一系列的话语来

---

① 马克思：《资本论》第 3 卷，北京：人民出版社 2004 年版，第 499 页。
② 马克思：《资本论》第 3 卷，北京：人民出版社 2004 年版，第 495 页。
③ 马克思：《资本论》第 3 卷，北京：人民出版社 2004 年版，第 500 页。

说明。

有些人认为，市场经济理论只能用西方经济学的话语体系去说明，理由是在马克思的《资本论》中没有市场经济的概念，而且马克思经济学是说明经济关系本质的，不是说明经济运行的。实际情况不是这样。马克思在《资本论》使用最多的是"商品生产""商品交换""市场"等概念，《资本论》提供了较为完整的市场经济理论，我们现在所运用的市场经济的话语大都出自《资本论》。既有市场经济制度方面的话语，又有市场经济运行方面的话语，这对社会主义市场经济的话语体系有直接的影响。

首先是关于市场经济制度特征的话语。根据马克思的思路，商品经济在原始社会后期就已存在，而市场经济作为在全社会范围配置资源的经济，只是在进入资本主义时代后才产生。其制度特征就是在《资本论》中论述劳动力市场时指出的："这个领域确实是天赋人权的真正伊甸园。那里占统治地位的只是自由、平等、所有权和边沁。"具体地说，一是自由的契约经济。"他们是作为自由的、在法律上平等的人缔结契约的。契约是他们的意志借以得到共同的法律表现的最后结果。"二是平等。"用等价物交换等价物。"三是所有权。"他们必须彼此承认对方是私有者。这种具有契约形式的（不管这种契约是不是用法律固定下来的）法的关系，是一种反映着经济关系的意志关系。"① 这三个特征，不论是资本主义市场经济还是社会主义市场经济，作为市场经济都应该是共同的。

其次是关于市场决定资源配置的话语。市场经济的本义就是市场配置资源。市场如何配置资源，在马克思的《资本论》话语体系中，资源配置也就是社会所支配的劳动时间以这种或那种方式调整生产。资源有效配置的标准是社会必要劳动时间，有两个含义：一是每种商品的生产消耗的劳动时间是社会必要劳动时间，二是每个部门生产的商品总量消耗的劳动时间是社会必要劳动时间。"在私人劳动产品的偶然的不断变动的交换比例

---

① 马克思：《资本论》第 1 卷，北京：人民出版社 2004 年版，第 204 页。

中，生产这些产品的社会必要劳动时间作为起调节作用的自然规律强制地为自己开辟道路，就像房屋倒在人的头上时重力定律强制地为自己开辟道路一样。"① 这个规律就是价值规律。"要使一个商品按照它的市场价值来出售，也就是说，按照它包含的社会必要劳动来出售，耗费在这种商品总量上的社会劳动的总量，就必须同这种商品的社会需要的量相适应，即同有支付能力的社会需要的量相适应。"②

第三是关于市场机制的话语。在马克思的理论中，市场机制是价值规律的作用机制。与计划调节不同，市场调节资源配置"只是在事后作为一种内在的、无声的自然必然性起着作用，这种自然必然性可以在市场价格的晴雨表的变动中觉察出来，并克服着商品生产者的无规则的任意行动"。"独立的商品生产者互相对立，他们不承认任何别的权威，只承认竞争的权威，只承认他们互相利益的压力加在他们身上的强制。"③ 在这里，市场机制就包括了市场价格的晴雨表、竞争的权威对独立的商品生产者的影响。市场决定资源配置的基本条件和前提是充分竞争，具体表现在两个方面：一是"资本有更大的活动性，也就是说，更容易从一个部门和一个地点转移到另一个部门和另一个地点"。其前提是社会内部已有完全的贸易自由，消除了自然垄断以外的一切垄断；小农经营农业已被改造。二是"劳动力能够更迅速地从一个部门转移到另一个部门，从一个生产地点转移到另一个生产地点"。其前提是废除了妨碍劳动力流动的法律；工人抛弃了一切职业的偏见，对自己劳动的内容不关心。④

第四是关于信用和金融活动的话语。金融是现代经济的核心。在马克思那个时代，金融制度远没有现在这样发达，但在《资本论》中对信用和金融的论述还是为理解当今发达的金融体系奠定了基础。《资本论》关于金

---

① 马克思：《资本论》第 1 卷，北京：人民出版社 2004 年版，第 92 页。

② 马克思：《资本论》第 3 卷，北京：人民出版社 2004 年版，第 214 页。

③ 马克思：《资本论》第 1 卷，北京：人民出版社 2004 年版，第 412 页。

④ 马克思：《资本论》第 3 卷，北京：人民出版社 2004 年版，第 218 页。

融的话语体系主要涉及两个方面。一方面,从四个角度说明信用和金融的功能:一是从货币的职能尤其是支付手段和贮藏手段的职能来说明金融功能。二是从资本积聚的角度说明信用对资本集中的杠杆作用。信用制度的发展把大量分散的可供支配的资本集中起来,因此资本可以自由地在部门之间流动。三是从商业信用和银行信用的角度说明信用对社会再生产的扩展作用。由于信用的中介作用,信用制度可以使社会再生产的流通和政府突破时间和空间的限制,从而伸缩的再生产过程强化到极限。四是从信用形式上产生虚拟资本角度说明金融的扩张作用。一类是商业信用和银行信用使同一笔货币资本可以反复使用,同一些货币可以充当不知多少次存款的工具,同一货币能够执行多少次借贷资本的职能。另一类是债券、股票等证券形式的在收入资本化形式上产生虚拟资本。就如马克思所说:"人们把虚拟资本形成叫作资本化,人们把每一个有规则的会反复取得收入按利息率计算,把它算作是按这个利息率贷出的资本会提供的收入,这样就把这个收入资本化了。"① 另一方面,说明信用和金融所产生的市场和宏观问题。信用制度具有助长买空卖空和投机交易的功能。信用会成为生产过剩和商业过度投机的主要杠杆。在宏观经济中,也就是在再生产过程的全部联系都是以信用为基础的生产制度中,信用与经济周期性波动密切相关。"只要信用突然停止,只有现金支付才有效,危机显然就会发生。"② 而且经济危机的重要表现形式是货币危机。"在信用收缩或完全停止的紧迫时期,货币会突然作为唯一的支付手段和真正的价值存在,绝对地商品相对立。"③货币危机就是不可避免的。

第五是关于虚拟经济和实体经济的话语。现代市场经济分析离不开对虚拟经济和实体经济相关性的分析,尤其是近年来发生的金融危机大都是

① 马克思:《资本论》第3卷,北京:人民出版社2004年版,第528页。
② 马克思:《资本论》第3卷,北京:人民出版社2004年版,第555页。
③ 马克思:《资本论》第3卷,北京:人民出版社2004年版,第584页。

虚拟经济的过度膨胀造成的。因此，正确处理虚拟经济和实体经济的关系是中国特色社会主义经济学不可或缺的内容。马克思的《资本论》关于虚拟资本和现实资本的分析提供了分析虚拟经济和实体经济的话语。一是虚拟资本运行和现实资本运行的分离。这种分离有两个方面。一方面，在资本最低限额提高的条件下，达不到投入实体经济最低资本限额的资本往往是进入资本市场或信用渠道。一种情况是，"以信用形式交给大产业部门的指挥人去支配"。另一种情况是，"大量分散的小资本被迫走上冒险的道路：投机、信用欺诈、股票投机、危机"①。另一方面，证券所筹集的资本进入企业运行，形成现实资本的运行。但证券作为所有权证书存在，实际上代表对于未来收益的索取权，因此可以进入市场流通。一方面它们的"市场价值会随着它们有权索取的收益的大小和可靠程度而发生变化"。另一方面它们的"市场价值部分地有投机性质，因为它不是由现实的收入决定的，而是由预期得到的、预先计算的收入决定的"②。利息率变化、进入市场的证券数量、投机心理、虚假信息、操纵市场等因素都会导致其市场价值远远脱离其现实资本的价值。二是证券市场实际上是投机性市场。在股份制中，由于财产是以股票的形式存在的，所以它的运动和转移纯粹变成了交易所赌博的结果。"在创立公司、发行股票和进行股票交易方面再生产出了一整套投机和欺诈活动。"③ "随着投机和信用事业的发展，它还开辟了千百个突然致富的源泉。"④ 三是虚拟资本投机过度就产生金融危机。《资本论》指出了证券买卖远远超过社会需要的限度，是信用和货币危机的基础，原因是在膨胀的虚拟资本中，"有惊人巨大的数额，代表那种现在已经败露和垮台的纯粹欺诈营业；其次，代表利用别人的资本进行的已告失败的投机；最后，还代表已经跌价或根本卖不出去的商品资本，或者永远不会实现的

①马克思：《资本论》第3卷，北京：人民出版社2004年版，第279页。
②马克思：《资本论》第3卷，北京：人民出版社2004年版，第530页。
③马克思：《资本论》第3卷，北京：人民出版社2004年版，第497页。
④马克思：《资本论》第1卷，北京：人民出版社2004年版，第651页。

资本回流"①。马克思在 100 多年前揭示的这些问题在现代的虚拟经济领域
中比比皆是，因此提出了加强金融监管尤其是对虚拟资本市场加强监管的
必要性。

党的十八届三中全会通过的全面深化改革的决定所指出的市场对资源
配置起决定性作用的论断，以及与此相应的建设统一开放竞争有序的市场
体系，建立公平开放透明的市场规则和改革市场监管体系，实行统一的市
场监管等改革内容，都可以从以上《资本论》关于市场经济的一系列论述
中得到科学的论证。

四、 以生产关系和分配关系的话语体系说明社会主义初级阶段的分配制度

在马克思关于未来社会的话语体系中，社会主义社会的个人消费品分
配只是实行按劳分配。而我国的改革实践中已经明确，在社会主义初级阶
段的分配制度是按劳分配为主体多种分配方式并存，尤其是从党的十四大
起，与确认社会主义市场经济同步，提出允许属于个人的资本等生产要素
参与收益分配。党的十六大提出，确立劳动、资本、技术和管理等生产要
素按贡献参与分配的原则。十八届三中全会在坚持上述生产要素按贡献参
与分配基础上，又提出了新的要求：各种生产要素的报酬由各自的生产要
素市场决定。对此，有的学者认为，这种生产要素按贡献取得报酬的话语
是源自西方经济学中的克拉克的边际生产力理论。研究马克思的《资本论》
可以发现，即使马克思当时预想的未来社会中只有按劳分配，没有其他分
配方式，也不可否认现阶段的多种分配方式仍然属于《资本论》的话语
体系。

---

① 马克思:《资本论》第 3 卷，北京：人民出版社 2004 年版，第 555 页。

　　首先是关于生产与分配相互关系的话语。《资本论》用专章考察分配关系和生产关系，明确指出："一定的分配关系只是历史地规定的生产关系的表现。"① 分配关系的历史性质就是生产关系的历史性质，"分配关系不过表现生产关系的一个方面"②。按此原理，既然社会主义初级阶段公有制为主体多种所有制经济共同发展的基本经济制度得到确认，按劳分配为主体多种分配方式并存的分配制度就是自然而然的了。

　　其次是关于要素分配是所有权实现的话语。凡是生产都需要劳动者与各种生产要素结合。马克思的劳动价值论认为，劳动是价值创造的唯一源泉，但"劳动并不是它所生产的使用价值即物质财富的唯一源泉，真像威廉·配第所说，劳动是财富之父，土地是财富之母"③。参与生产的各种要素参与生产成果的分配的必要性是由要素的所有权决定的。所谓要素参与分配，实际上是要素所有权在经济上的实现，也就是新创造的价值在不同要素所有者之间的分配。"这个价值的一部分属于劳动力的所有者，另一部分属于或归于资本的所有者，第三部分属于或归于地产的所有者。因此，这就是分配的关系或形式，因为它们表示出新生产的总价值在不同生产要素的所有者之间进行分配的关系。"④ 显然，工资、利息、地租分别是劳动力、资本和土地所有权在经济上的实现。这就同克拉克的要素的边际生产力理论有了原则的区别。在马克思的设想中，未来社会的生产资料公有，只有劳动力是劳动者所有的，其他要素如资金、劳动、技术、管理等都是公有的，相应地，就只存在按劳分配。而在现实中的社会主义初级阶段，不仅是劳动力属于私人所有，而且资本、技术、管理等要素都属于不同的所有者（包括私人）所有。收入分配就是各种要素的所有权的实现。为了足够地动员各种要素投入经济发展过程并迸发出创造财富的活力，就要在

① 马克思：《资本论》第 3 卷，北京：人民出版社 2004 年版，第 998 页。
② 马克思：《资本论》第 3 卷，北京：人民出版社 2004 年版，第 1000 页。
③ 马克思：《资本论》第 1 卷，北京：人民出版社 2004 年版，第 57 页。
④ 马克思：《资本论》第 3 卷，北京：人民出版社 2004 年版，第 993 页。

收入分配体制上承认要素报酬。不仅要刺激劳动效率，还要刺激资本、技术、管理等要素所有者的各种要素的投入。其路径就是根据资本、劳动、资源、技术和管理等要素在生产过程中的投入和贡献取得相应的报酬。至于劳动与各种生产要素按贡献参与分配的路径，根据《资本论》的话语体系，可分配的部分为新创造价值（v＋m）。劳动要素的报酬为 v，其中不仅包括在生产现场的劳动者的报酬，也包括属于"总体工人"的管理者和技术人员的劳动报酬。非劳动生产要素则是参与 m 的分配，它们的贡献也主要在剩余产品的增加上。至于十八届三中全会所做出的要素报酬由各自的生产要素市场决定，出处也是《资本论》："利润分割为利息和本来意义的利润是由供求，从而由竞争来调节的，这完全和商品的市场价格是由它们来调节的一样。"[1] 经理的薪金，"同任何别种劳动的价格一样，是在劳动市场上调节的"[2]。

第三是关于按劳分配和劳动报酬的话语。社会主义初级阶段的按劳分配与马克思的设想一致性在于劳动还是谋生手段，多劳多得，少劳少得。但按劳分配的现实方式和环境与马克思设想有一定的距离，最为突出的是，在市场经济条件下，分配还要采取货币形式，而不是发劳动券，同时还存在多种非劳动生产要素参与收入分配。这种状况在许多方面与《资本论》的分析非常接近。相应地，《资本论》中关于收入分配的话语可以用于现实的按劳分配分析。首先是按劳分配所采取的货币工资形式有两种，一种是计时工资，一种是计件工资。两者相比，计件工资可以提供十分确定的计算劳动强度的尺度。因此，马克思指出："既然劳动的质量和强度是由工资形式本身来控制的，那么对劳动的监督大部分就成为多余的了。"[3] 我国现实中的承包制就是这种思想的体现。其次是工资水平的决定因素。在多种

① 马克思：《资本论》第 3 卷，北京：人民出版社 2004 年版，第 398 页。

② 马克思：《资本论》第 3 卷，北京：人民出版社 2004 年版，第 495 页。

③ 马克思：《资本论》第 1 卷，北京：人民出版社 2004 年版，第 636 页。

非劳动生产要素参与收入分配的条件下，如何保证按劳分配为主体，如何保证劳动报酬的必要增长。马克思关于劳动力价值的分析尽管是对资本主义分配而言的，但抽去其生产关系，作为必要劳动（必要产品）的内涵，对社会主义初级阶段的收入分配还是有重要指导意义的。马克思在比较国民工资时所指出的，决定工资水平的必要劳动因素包括"自然的和历史地发展起来的首要的生活必需品的价格和范围，工人的教育费用，妇女劳动和儿童劳动的作用，劳动生产率，劳动的外延量和内涵量"①。很显然，随着社会的进步，劳动报酬有增长的趋势。第三是复杂劳动创造的价值多倍于简单劳动，因此其劳动报酬也高于简单劳动。马克思不仅承认这种差别，还要求适应大工业的技术基础，加强对劳动者及其子女的教育而成为"全面发展的个人"②。这也是我国现阶段解决现实中由劳动者的技术和受教育程度差别所产生的分配的不公平问题的重要路径。

五、 以发展生产力和扩大再生产的话语体系说明新阶段的经济发展

经济发展就是发展生产力。人们一般认为马克思主义经济学是研究生产关系的，即使研究生产力也主要是指生产关系适应生产力水平，通过调整生产关系来适应和促进生产力发展。因此，讲到社会主义初级阶段的经济发展，话语体系只能来自西方发展经济学。实际上，马克思关于生产力和生产关系的分析，既有生产关系的内容，又有生产力的内容，尤其是在《资本论》中揭示的资本主义生产关系同生产力的矛盾所包含的社会生产力发展的话语体系可以成为社会主义初级阶段经济发展理论的基础。

首先是关于社会生产力的话语。对于经济增长要素，西方经济学以经

---

① 马克思：《资本论》第 1 卷，北京：人民出版社 2004 年版，第 644 页。
② 马克思：《资本论》第 1 卷，北京：人民出版社 2004 年版，第 561 页。

济增长模型来说明，马克思所指出的生产力要素更为全面。马克思在《资本论》中指出了决定劳动生产力的要素包括"工人的平均熟练程度，科学的发展水平和它在工艺上应用的程度，生产过程的社会结合，生产资料的规模和效能，以及自然条件"①。基于此，他将社会生产力发展的来源概括为三个方面："归结于发挥着作用的劳动的社会性质，归结为社会内部的分工，归结为脑力劳动特别是自然科学的发展。"② 马克思《资本论》从简单协作到工场手工业分工再到机器大工业，对每一种生产方式都进行了细致的包含技术层面和社会分工层面的分析。所有关于生产力要素和生产力发展来源的话语可以成为当今发展经济的话语的基础。近年来，经济发展理论的重大进展是，明确科学技术是第一生产力，人才是第一资源。这些提法都是有马克思主义经济学的话语基础的。

其次是关于经济发展方式的话语。马克思在《资本论》中所明确区分的扩大再生产的两种方式就是对经济发展方式的最早区分。一种区分是外延的扩大再生产和内涵的扩大再生产之分。"如果生产场所扩大了，就是在外延上扩大；如果生产资料效率提高了，就是在内涵上扩大。"③ 另一种区分是将农业中的耕作方法区分为粗放经营和集约化耕作两种。"一个家庭可以粗放耕作比如 100 英亩，每英亩的产量虽然不大，但 100 英亩将提供相对多的剩余产品。"④ 而集约型耕作，"无非是指资本集中在同一块土地上，而不是分散在若干毗连的土地上"⑤。现在的经济发展方式的内涵比马克思当时的区分和规定更为丰富和广泛，但对现阶段经济发展方式的研究仍然与当时《资本论》的话语有着明显的延续性。

───────────────

① 马克思:《资本论》第 1 卷，北京：人民出版社 2004 年版，第 53 页。理论界对生产力要素有两要素和三要素之说，卫兴华教授不认同，他认为生产力要素应该用这里引用的劳动生产力的内容。

② 马克思:《资本论》第 3 卷，北京：人民出版社 2004 年版，第 96 页。

③ 马克思:《资本论》第 2 卷，北京：人民出版社 2004 年版，第 192 页。

④ 马克思:《资本论》第 3 卷，北京：人民出版社 2004 年版，第 756 页。

⑤ 马克思:《资本论》第 3 卷，北京：人民出版社 2004 年版，第 760 页。

第三是关于创新发展的话语。在当前的经济新常态下，经济发展需要转向创新驱动，其中科技创新起着引领作用。对创新的话语，人们一般归功于熊彼特，其实最早的创新思想可追溯到马克思的《资本论》。[①] 一是关于管理和制度创新的话语。包括协作所产生的生产力及相应的管理，工场手工业分工所产生的生产力及社会分工。二是关于科技创新的话语。《资本论》中多处提到"智力劳动特别是自然科学的发展"是生产力发展的重要来源。主要涉及以下方面：首先是科学技术对生产力的决定作用。劳动生产力的决定要素中包含科学的发展水平和它在工艺上应用的程度。大工业的基础是革命的，表现为"科学日益被自觉地应用于技术方面"[②]。在机器生产中，每个分工环节"由力学、化学等等在技术上的应用来解决"。三是科技创新及应用科技创新成果需要足够的投入。制度创新，如"由协作和分工产生的生产力，不费资本分文。它是社会劳动的自然力"。可是，科技创新，"正像人呼吸需要肺一样，人要在生产上消费自然力，就需要一种人的手的创造物。要利用水的动力，就要有水车，要利用蒸汽的压力，就要有蒸汽机。利用自然力是如此，利用科学也是如此。电流作用范围内的磁针偏离规律，或电流绕铁通过而使铁磁化的规律一经发现，就不费分文了。但要在电报等方面利用这些规律，就需要有极昂贵的和复杂的设备"[③]。

第四是关于协调发展的话语体系。协调发展是新常态下经济发展的新理念，其中的重要方面是结构协调。马克思的社会再生产理论可以归结为协调发展理论。社会再生产的中心问题是社会总产品的市场实现问题，涉及各个部门的比例关系。两大部类平衡理论就是要求部门之间在全面协调的基础上实现按比例发展。针对资本主义条件下社会再生产比例失调所产

---

① 弗里曼（C. Freeman）在解释"创新"词条时，明确指出："马克思（1848 年）恐怕领先于其他任何一位经济学家把技术创新看作为经济发展与竞争的推动力。"《新帕尔格雷夫经济学大辞典》第 2 卷，北京：经济科学出版社 1996 年版，第 925 页。

② 马克思：《资本论》第 1 卷，北京：人民出版社 2004 年版，第 874 页。

③ 马克思：《资本论》第 1 卷，北京：人民出版社 2004 年版，第 444 页。

生周期性经济危机的必然性，马克思提出了集体理性和共同控制的话语。这就是"在资本主义生产内部，各个生产部门之间的平衡表现为由不平衡形成的一个不断的过程，因为在这里，全部生产联系是作为盲目的规律强加于生产当事人，而不是作为由他们的集体的理性所把握、从而使这种理性支配的规律来使生产过程服从于他们共同的控制"①。这句话倒过来就是说，自觉实现各个生产部门的平衡，需要集体理性的规律来使生产过程服从于共同的控制。因此，在未来社会中，"社会必须预先计算好，能把多少劳动、生产资料和生活资料用在这样一些产业部门而不致受任何损害，这些部门，如铁路建设，在一年或一年以上的较长时间内不提供任何生产资料和生活资料，不提供任何有用效果，但会从全年总生产中取走劳动、生产资料和生活资料"②。后来建立的社会主义社会普遍试图通过计划经济来实现这个要求，付出了效率低下的代价。现在由计划经济转向市场经济，不意味着放弃各个部门按比例发展的要求，而是需要解决在市场经济背景下实现全面协调发展的新路径。这正是马克思主义经济学中国化的重要课题。

第五是关于绿色发展的话语。绿色发展就是要求建立资源节约型和环境友好型社会，涉及人与自然的和谐。马克思从经济上将外界自然条件分为两大类：一类是生活资料的自然富源，如土壤的肥力、渔产丰富的水等；另一类是劳动资料的自然富源，如奔腾的瀑布、可以航行的河流、森林、金属、煤炭等。这两类自然富源在不同的发展阶段上起着不同的决定性作用。"在文化初期，第一类自然富源具有决定性的意义；在较高的发展阶段，第二类自然富源具有决定性的意义。"③ 这也可以解释处于不同发展阶段的地区差别的自然条件原因。在其他条件不变的情况下，"剩余劳动量随劳动的自然条件，特别是随土壤的肥力而变化"④。但是，自然资源的"丰

---

① 马克思：《资本论》第 3 卷，北京：人民出版社 2004 年版，第 286 页。

② 马克思：《资本论》第 2 卷，北京：人民出版社 2004 年版，第 349 页。

③ 马克思：《资本论》第 1 卷，北京：人民出版社 2004 年版，第 586 页。

④ 马克思：《资本论》第 1 卷，北京：人民出版社 2004 年版，第 587 页。

饶度往往随着社会条件所决定的生产率的提高而相应地减低……例如，我们只要想一想决定大部分原料产量的季节的影响，森林、煤矿、铁矿的枯竭等，就明白了"①。马克思批判资本主义农业的任何进步，"都不过是掠夺劳动者的技巧的进步，而且是掠夺土地的技巧的进步，在一定时期内提高土地肥力的任何进步，同时也是破坏土地肥力持久源泉的进步"②。马克思在人与自然的关系上使用了人支配自然的概念，其内涵涉及三个方面：一是适应自然。自然条件的差异性和它的自然产品的多样性，形成社会分工的自然基础，并且通过人所处自然环境的变化，促使他们自己的需要、能力、劳动资料和劳动方式趋于多样化。二是控制自然。"社会地控制自然力，从而节约地利用自然力，用人力兴建大规模的工程以便占有或驯服自然力。——这种必要性在产业史上起着最有决定性的作用。"③ 三是依靠科学实现循环经济。"化学的每一个进步不仅增加有用物质的数量和已知物质的用途，从而随着资本的增长扩大投资领域。同时，它还教人们把生产过程和消费过程中的废料投回到再生产过程的循环中去，从而无需预先支出资本，就能创造新的资本材料。"④ 虽然马克思在关于人与自然关系的分析中较为突出人的作用，但他在这里关于人与自然的经济分析的话语对我们今天研究可持续发展是有重要价值的。

第六是关于共享发展的话语。可以从《资本论》对资本主义生产方式的批判中得到人民群众共享发展成果的思想和话语，涉及为什么而发展，以什么为发展动力。资本主义产生经济危机的直接原因是生产和消费的矛盾，根本原因还在于其生产目的不是为了人民。"因为资本的目的不是满足需要，而是生产利润，因为资本达到这个目的所用的方法，是按照生产的规模来决定生产量，而不是相反，所以，在立足于资本主义基础的有限的

---

① 马克思：《资本论》第3卷，北京：人民出版社2004年版，第289页。

② 马克思：《资本论》第1卷，北京：人民出版社1975年版，第553页。

③ 马克思：《资本论》第1卷，北京：人民出版社2004年版，第587~588页。

④ 马克思：《资本论》第1卷，北京：人民出版社2004年版，第698~699页。

消费范围和不断地力图突破自己固有的这种限制的生产之间，必然会不断发生冲突。"① 这里不仅指出了生产目的问题，还提出了消费力概念。在资本主义条件下，社会消费力"取决于以对抗性的分配关系为基础的消费力；这种分配关系，使社会上大多数人的消费缩小到只能在相当狭小的界限以内变动的最低限度。其次，这个消费力还受到追求积累的欲望扩大资本和扩大剩余价值生产规模的欲望的限制"。因此，"生产力越发展，它就越和消费关系的狭隘基础发生冲突"②。其结果是爆发生产过剩的危机。《资本论》的这些论述反过来就是要求社会主义条件下的经济发展目的是满足人民群众日益增长的物质和文化需要，既要从根本上改变对抗性分配制度，又要克服"为生产而生产"和片面追求高积累的发展理念。同时也表明，消费拉动经济增长，消费力同生产力概念同等重要。共享发展提高人民群众的消费力，本身就是经济发展的动力源泉。

当然，中国特色社会主义经济的实践比当年马克思创作《资本论》的时代更为丰富多彩。中国特色社会主义经济学作为其理论概括的话语体系必然有许多创新和创造。这些创新的理论和话语不是凭空臆造的，而是基于马克思主义经济学的基本原理和分析工具，结合当代中国社会主义经济发展的实践所形成的科学认识，既有马克思主义经济学的基本理论支撑，又能准确地反映客观现实，还同马克思主义经济学所指明的发展方向一致。正因为如此，保持了马克思主义经济学在我国经济改革和经济建设领域的指导思想的理论基础地位。

（原载于《经济学家》2016 年第 1 期）

---

① 马克思：《资本论》第 3 卷，北京：人民出版社 2004 年版，第 285 页。

② 马克思：《资本论》第 3 卷，北京：人民出版社 2004 年版，第 273 页。

马克思主义经济学在社会主义初级阶段的时代化和中国化

马克思主义中国化的课题，最早是毛泽东在 1938 年六届六中全会上提出来的。针对当时党内存在的教条主义，毛泽东指出：马克思列宁主义的伟大力量，就在于它是和各个国家具体的革命实践相联系的。离开中国特点谈马克思主义，只是抽象的空洞的马克思主义。因此，使马克思主义在中国具体化，使之在其每一表现中带着必须有的中国的特性，按照中国的特点去应用它，成为全党亟待了解并亟须解决的问题。在现阶段推进马克思主义经济学的中国化的意义在于：研究改革开放以来我们党所建立的中国特色社会主义的经济制度和理论所体现的马克思主义经济学的中国化，对中国特色社会主义经济发展进程中新鲜经验做出新的理论概括，永葆中国化马克思主义科学理论的旺盛生命力。

一、 马克思主义经济学时代化体现其经济学范式的演进

中国共产党在新民主主义革命时期推进马克思主义中国化产生的理论成果是毛泽东思想。在当今时代推进马克思主义中国化的必要性在于：在一个经济文化落后的国家建设什么样的社会主义，如何建设社会主义。这样，马克思主义经济学中国化就涉及两个方面：一是马克思主义经济学与中国的基本国情结合，二是马克思主义与当今时代的发展社会主义经济的

任务结合，这就是马克思主义经济学的时代化。

马克思主义经济学的时代化从一定意义上说是马克思主义经济学范式的与时俱进。就是说，既要坚持马克思主义经济学的范式，又要体现在马克思主义经济学范式框架内研究目标、任务和内容的时代化。所谓范式，涉及理论体系的基本结构、基本功能、基本范畴和基本方法。就经济学来说，当今世界的经济学范式大体上涉及马克思主义经济学与西方经济学两大体系。与西方经济学范式不同，马克思主义经济学范式主要有以下特征：第一，其研究对象是在一定生产力水平基础上的生产关系；第二，其研究的基本任务是阐述经济规律，尤其是社会主义代替资本主义的必然性；第三，其基本的研究方法是唯物主义辩证法及以此为基础的抽象法；第四，其基本的经济范畴是在《资本论》中建立的。在此范式的框架内，马克思主义经济学的发展，时代化、中国化有很大的空间。

马克思主义中国化有个时空观，在空间上就是要求马克思主义与中国实际结合，在时间上就是要求马克思主义时代化。毛泽东思想作为马克思主义中国化的理论成果，是要回答在一个半殖民地半封建的东方大国，如何进行新民主主义革命和社会主义革命的问题。而在进入社会主义阶段以后，马克思主义时代化，是要系统回答在中国这样一个十几亿人口的发展中大国建设什么样的社会主义、怎样建设社会主义等一系列重大问题。

马克思主义经济学即马克思创立的政治经济学。研究马克思主义经济学的时代化，需要研究政治经济学的阶段性及在每个阶段的使命。就政治经济学研究的对象阶段而言，政治经济学一般区分为资本主义部分和社会主义部分。其任务是在经济特征上阐述社会性质，分清什么是资本主义，什么是社会主义。如果要研究其时代性，就需要将政治经济学区分为处于资本主义社会的政治经济学和处于社会主义社会的政治经济学，两者均包括资本主义和社会主义部分。处于不同时代的政治经济学有不同的历史使命，与此相应，就有不同时代的马克思主义经济学中国化的内容。

马克思在他所处的资本主义时代创立的政治经济学，历史使命是推翻这个社会，因此政治经济学的基本任务是揭示资本主义经济的基本矛盾，寻找这个社会的掘墓人。他以严格的理论逻辑揭示社会主义代替资本主义的必然性，并预见代替资本主义的未来的社会主义经济的基本特征。进入社会主义社会后，政治经济学的使命就要改变，不再是推翻所处的社会，而是要建设所处的社会。其经济分析任务不是寻找社会的掘墓人，而是寻找社会的建设者。这样，政治经济学面对资本主义社会是阶级斗争的武器，而在当今的社会主义社会则是经济建设的理论指导。显然，马克思主义经济学时代化反映政治经济学历史使命的变化。

马克思主义经济学时代化，不意味着马克思主义经济学会随着所面对的时代的改变而改变指导思想的理论基础地位。不能因为马克思主义经济学产生于资本主义阶段而否认它在社会主义阶段的作用。政治经济学有明确的阶级性，有明确的世界观和社会指向。马克思主义经济学在它创立之日起就明确告示，它是代表无产阶级利益，是社会主义代替资本主义的经济学。我们国家就是根据马克思主义经济学揭示的发展规律建立起社会主义经济制度的。在这个基础上需要继续走社会主义的发展道路，因此需要马克思主义经济学继续起指导作用，而且马克思创立的政治经济学中所使用的基本范畴、基本原理、基本方法，尽管基本上是用于分析当时的资本主义经济的，但其基本的研究范式完全可以应用到现实的社会主义经济分析中来。

马克思主义经济学时代化，意味着需要以当代的实践进行理论创新。具体地说，马克思创立的政治经济学对未来社会基本特征的设想或基本规定性，对后来社会主义国家的实践起了方向性指导作用，但是有两个方面原因还需要中国的创造。一方面，马克思当时预见的社会主义经济制度与现实的社会主义实践存在很大的差别。在半殖民地和半封建社会基础上建立起来的社会主义中国，在实践马克思关于社会主义的要求时，就不能教条式地搬用这些规定。另一方面，马克思当时只是规定未来社会基本特征，并没有对未来社会的经济体制做具体规定，这也需要中国创造。因此，现实的社会主义经济制度和经济体制的中国创造过程，就是马克思主义关于社会主义的基本原理与中国的实践相结合过程，也是马克思主义政治经济学的现代化和中国化的任务。

根据马克思主义的世界观，真理都是相对的，科学的任何发现都不能穷尽真理。面对所要分析的社会主义经济，马克思主义经济学时代化意味着需要根据时代赋予的使命研究新问题、发现新规律、概括新理论。

1. 提供增强社会主义经济竞争力和影响力理论。从时空观分析，《资本论》是在资本主义社会研究资本主义，而且当时还没有出现社会主义国家。他所预见的社会主义经济同资本主义经济是在时间上继起的两个社会。而现时代社会主义和资本主义空间中并存，这种并存空间不仅在国际，也存在于国内，两种不同性质的经济有共同的经济活动背景。因此，一方面，许多经济组织、方式、规则和秩序都有趋同的趋势；另一方面，不同性质的经济彼此间存在着学习和竞争。在此背景下，马克思主义经济学不仅需要阐述社会主义经济制度的优越性，更要寻求增强社会主义经济的竞争力和影响力的途径。

2. 提供发展先进社会生产力理论。生产力和生产关系的矛盾分析，是马克思主义政治经济学的基本方法论。面对资本主义经济，马克思主义经济学关注的是资本主义生产关系阻碍生产力发展的矛盾分析，由此提出社会主义取代资本主义的必然性。经济落后的国家在进入社会主义社会后，生产力和生产关系的矛盾主要表现在生产力的相对落后，需要以发展生产力来发展社会主义生产关系。因此，马克思主义经济学需要把对生产力的研究放在重要位置，以增进国民财富作为目标和归宿。事实上，马克思建立的政治经济学用了很大篇幅研究生产力。例如，从简单协作到工场手工业分工再到机器大工业，马克思对每一种生产方式都进行了细致的生产力层面的分析。根据马克思的概括,社会生产力的发展来源于三个方面:"归结为发挥着作用的劳动的社会性质,归结为社会内部的分工,归结为智力劳动特别是自然科学的发展。"① 显然,马克思主义的生产力理论,是研究社会主义条件下发展生产力从而推动社会主义生产关系发展的重要依据。

3. 提供合作和和谐发展理论。处于资本主义阶段的政治经济学,作为推翻资本主义的指导思想所分析的劳资矛盾、社会主义和资本主义的矛盾是对抗性的。因此,政治经济学成为阶级斗争的学说。而在社会主义阶段的马克思主义经济学,虽然也要分析和界定各种所有制经济的性质,但是着眼点不是不同所有制之间的斗争,而是服从于建设新社会的使命,寻求不同所有制经济平等竞争合作发展的有效路径,寻求劳动、知识、技术、管理和资本等各种要素的所有者各尽其能、各得其所、和谐相处的路径。目的是要使一切创造社会财富的源泉充分涌流,以造福于人民。如果说传统的政治经济学理论着眼于矛盾和斗争的话,现代政治经济学则着眼于合作和和谐。

以上关于马克思主义经济学时代化所涉及的内容,反映了马克思主义经济学范式的历史演进。马克思创立的经济学对未来社会的经济制度和经济发展破了题,发展中国特色社会主义的实践则是解了这些题。正因为如此,产生于资本主义社会的马克思主义经济学在当今的社会主义社会仍然有旺盛的生命力,保持着在我国经济建设和改革开放中的指导思想的理论基础地位。

二、 确认社会主义初级阶段是马克思主义经济学中国化的出发点

马克思主义经济学的中国化就是要求马克思主义经济学同中国的基本国情相结合。中国的基本国情就是中国的社会主义所处的发展阶段。这是

---

① 马克思:《资本论》第 3 卷,北京:人民出版社 2004 年版,第 96、285 页。

马克思主义经济学中国化的出发点。

马克思主义经济学所揭示社会主义最终取代资本主义的物质条件是其生产力水平达到并超过资本主义的水平。因此，发达的资本主义经济是社会主义的入口。与此相应，马克思主义经济学所预见的社会主义经济的基本特征也是以此为基础的，如生产资料全社会公有制、以国家为主导的计划经济、单纯的按劳分配等。我国在改革开放以前的经济体制实践了这种理论模式，结果是经济效率低下、人民生活普遍贫困。改革开放一开始，以邓小平理论为代表对这种超阶段的社会主义经济模式的反思牵动了对社会主义发展阶段的思考。

马克思主义经济学在说明社会主义替代资本主义必然性时，有以下关于这种必然性的物质基础的论述：

首先是马克思在说明建立作为未来社会的自由人联合体经济时，特别指出："这需要有一定的社会物质基础或一系列物质生存条件，而这些本身又是长期的、痛苦的历史发展的自然产物。"①

其次是马克思在分析生产力和生产关系矛盾运动时指出："无论哪一个社会形态，在它所能容纳的全部生产力发挥出来以前，是决不会灭亡的；而新的更高的生产关系，在它的物质存在条件在旧社会的胞胎里成熟以前，是决不会出现的。"②

第三是列宁根据当时俄罗斯社会主义革命的实践指出，高于资本主义条件下的劳动生产率是社会主义战胜资本主义的条件。

以上论述都是从生产力发展水平和新的生产关系的物质存在条件来说明社会主义经济制度建立的物质基础的。达到并超过资本主义国家所达到的生产力水平，是社会主义的物质基础。

将上述经济学原理中国化，就是说，我国是在经济文化都处于落后水

---

① 马克思：《资本论》第 1 卷，北京：人民出版社 1975 年版，第 97、18、553 页。
② 《马克思恩格斯选集》第 2 卷，北京：人民出版社 1995 年版，第 33 页。

平的基础上建立社会主义经济制度的。虽然经济社会发展水平超过了旧中国，但与资本主义发达国家相比经济社会发展水平还相对落后。这意味着社会主义的物质基础还不完全具备，而且前资本主义的生产方式仍然存在。这就需要经过一个历史阶段，为实现成熟的完全的社会主义创造物质基础。这就是社会主义初级阶段。它不是泛指任何国家进入社会主义都会经历的起始阶段，而是特指我国在生产力落后，商品经济不发达条件下建设社会主义必然要经历的特定阶段。显然，社会主义初级阶段概念的提出及我国仍然处于社会主义初级阶段的界定，是马克思主义经济学中国化的重大成果。

依据上述界定的基础上，马克思主义经济学中国化的一个重要方面是科学认识实践中的社会主义：一是抛弃对社会主义的教条式理解；二是以实践检验过去对社会主义的认识；三是以中国的创造发展中国特色社会主义。因此，产生的中国化的社会主义界定就是邓小平所说的，贫穷不是社会主义。为了实现共同富裕，必须允许一部分地区一部分人先富起来。社会主义的本质就是解放和发展生产力，消灭剥削，消除两极分化，逐步达到共同富裕。在这里，马克思主义经济学在社会主义的规定性上的中国化取得明显进展。首先，社会主义本来属于生产关系的范畴，把发展生产力作为社会主义的本质要求和根本任务提出来，这是针对社会主义初级阶段而言的。其次，消灭剥削、共同富裕是社会主义的基本要求，这个要求"逐步达到"，意味着可以在社会主义初级阶段允许一部分地区和一部分人先富起来。这里对实践中的社会主义的规定，可以说是马克思主义经济学中国化的重大成果。

确认社会主义初级阶段的政治经济学范式的意义就在于研究的对象明确限于社会主义初级阶段经济。社会主义初级阶段主要矛盾被明确界定为，人民日益增长的物质文化需要同落后的社会生产之间的矛盾。由此主要矛盾决定，社会主义初级阶段的根本任务是发展生产力，以满足人民群众物质文化需要，建设社会主义的物质基础。邓小平强调不能只讲发展生产力，应该把解放生产力和发展生产力两个方面讲全了。这就明确了社会主义初级阶段发展中国特色社会主义事业的两大任务：

第一是解放生产力，这就是根据我国所处的社会主义发展阶段的特征，推进改革开放，从根本上改变束缚生产力发展的经济体制。对社会主义提出中国特色不是降低社会主义的要求，而是要使现阶段的社会主义制度安排适应生产力发展水平，并有利于生产力的发展。具体地说，原有的社会主义经济制度有一部分是超越了社会主义发展阶段的，过早地实行这种经济制度不是促进而是严重阻碍生产力的发展。经济改革就是要对这一部分超阶段的经济制度进行改革，以适应社会主义初级阶段的基本国情。

其次是发展生产力。根据社会主义初级阶段的主要矛盾和主要任务，党的中心工作转向经济建设，并且提出现代化的发展目标和路径。邓小平从我国人口多、底子薄的国情出发，提出了现代化建设的三步走战略步骤。第一步，解决人民的温饱问题；第二步，到20世纪末，国民生产总值比1980年翻两番，人民生活达到小康水平；第三步，到21世纪中叶，人均国民生产总值达到中等发达国家水平，人民生活比较富裕，基本实现现代化。党的十六大报告又提出全面小康的概念，要求在21世纪头20年全面建设惠及十几亿人口的小康社会，到21世纪中叶基本实现现代化。在这里，以人民的生活水平作为现代化建设各个阶段的标准，并将全面小康社会建设包含在现代化的进程中，并作为现代化的具体阶段来推进，可以说是中国特色的现代化道路。

显然，社会主义初级阶段理论及与此相关的社会主义的界定，不是凭空想象出来的，源于马克思主义基本原理，立足于中国国情，是马克思主义经济学中国化的成功案例。30多年来，在改革开放的推动下基本形成的党在社会主义初级阶段的基本理论、基本路线、基本纲领、基本经验，都是马克思主义经济学中国化的重要成果。现在，充满生机和活力的中国特色社会主义的制度体系基本确立，经济现代化水平也大大提高。特别是经济总量进入世界第二大经济体。但是即便如此，我们仍然要准确把握社会主义初级阶段基本国情，继续根据社会主义初级阶段理论推进改革和发展。这就是胡锦涛同志"七一"讲话所强调的："我国仍处于并将长期处于社会主义初级阶段的基本国情没有变，人民日益增长的物质文化需要同落后的社会生产之间的矛盾这一社会主要矛盾没有变，我国是世界上最大的发展中国家的国际地位没有变。发展仍然是解决我国所有问题的关键。"

三、 经济改革推动经济制度层面马克思主义经济学中国化

改革开放是马克思主义经济学中国化的强大动力，改革开放的成就检验马克思主义经济学中国化的成果。原因是中国所进行的改革开放是以中国化马克思主义的理论范式指导的，而不是像有些人所希望的在规范化、标准化的市场制度范式（新自由主义的范式）下推进的。

改革开放的实践提出理论创新的课题，理论创新实际上就是马克思主义经济学中国化，由此产生的政治经济学研究领域的重大突破推动了改革开放。

1. 建立社会主义初级阶段的基本经济制度。我国的社会主义处于初级阶段的一个重要背景就是马克思当时发现的相对落后的国家，"不仅苦于资本主义生产的发展，而且苦于资本主义生产的不发展。除了现代的灾难以外，压迫着我们的还有许多遗留下来的灾难，这些灾难的产生，是由于古老的陈旧的生产方式以及伴随着它们的过时的社会关系和政治关系还在苟延残喘"①。这就是说，前资本主义的生产方式没有被资本主义生产所消灭，而在社会主义初级阶段仍然存在。

社会主义的最终目的是消灭私有制，在全社会建立完全的公有制。而

---

① 马克思：《资本论》第 1 卷，北京：人民出版社 1975 年版，第 97、18、553 页。

在社会主义初级阶段，发展社会主义经济最为重要的是，从实际出发，寻求推动生产力发展从而推动社会主义初级阶段社会主义发展的新的动力和新的要素，使各种创造社会财富的源泉充分涌流。因此，以公有制为主体多种所有制经济共同发展，作为社会主义初级阶段的基本经济制度被提了出来。公有制是社会主义的特征，但在社会主义初级阶段，生产资料公有化的程度不可能很高。不仅公有制有多种形式，各种公有制形式也有不同的实现形式和经营方式。在这方面，马克思主义经济学中国化有两大理论成果：

第一个成果是，在社会主义初级阶段的基本经济制度包括的多种非公有制经济，如个体经济、私营经济、外商投资经济，被列入社会主义基本经济制度，意味着长期处于"制度外"的多种非公有制成分进入了"制度内"，成为基本经济制度的组成部分。在改革实践中，非公有制经济进入的领域越来越大，连过去认为必须由国有制经济垄断的领域也准许外资和民资进入，如零售业、外贸、金融保险、通讯业等。发展的趋势是，只要是不影响国家安全的，不违反国家法律的领域都将允许非公有制经济进入，当然市场准入同是否占支配地位不是同一个概念。

第二个成果是，公有制经济不是指公有制企业（包括国有企业和集体企业），而是指公有资产（国有资产和集体资产），并进而承认国有资本和集体资本都属于公有制经济。国有资本和集体资本被赋予了资本属性，马克思主义经济学关于资本的价值增殖的本性同样提给了公有制经济。公有制理论的这个重大突破又牵动了一系列的理论和实践的进展，为公有制经济改革开辟了广阔的空间。

一是公有制为主体的含义的突破。过去的理论强调企业所有制性质的纯粹性，公有制为主体被定义为公有企业在数量上为主体。现在从资产性质和归属的意义上定义公有制经济，公有制为主体也有了新的含义：公有资产在社会总资产中占优势；国有经济控制国民经济命脉，对经济发展起主导作用。按此改革思路，国有经济进行了有进有退的战略性调整，保持了国有经济对国民经济的控制力，有效地加强并改善了国家对经济的宏观调控。

二是公有制经济实现形式的突破。过去的理论强调公有资产只能在公有制企业中经营，现在明确公有制经济是资产和资本的概念。这意味着公有资产可以在各种类型的企业中经营，也可以在同一个企业中与各种非公有制资本合作和合资。这样，公有制可以有多种实现形式，包括股份制在内的混合所有制可以成为公有制的实现形式。在实践中，现有的公有制企业通过吸收私人资本改制为混合所有制企业；农业集体经济转变为混合所有制形式的合作经济，私人企业也通过吸收公有资本改制为混合所有制企业。公有制企业也同外资合资建立中外合资企业。这样，公有制为主体多种所有制经济共同发展，从企业外部发展到在同一个企业内部。这类企业发展的方向也就明确为建立产权明晰、科学管理的现代企业制度。

现在，我国以公有制为主体多种所有制形式共同发展的社会主义初级阶段的基本经济制度基本形成。在这里，公有制为主体是社会主义的制度特征，多种所有制形式的共同发展则是现阶段的中国特色。胡锦涛同志"七一"讲话明确认为，公有制为主体多种所有制经济共同发展是中国特色社会主义制度体系中的基本经济制度。这是对改革开放所形成的这种基本经济制度的肯定。坚持这个基本经济制度意味着需要毫不动摇地巩固和发展公有制经济并保证其主体地位，毫不动摇地鼓励、支持、引导非公有制经济发展。

2. 建立社会主义市场经济体制。经济体制是建立在基本经济制度基础之上的。根据马克思当时的设想，未来社会是完全的公有制，与此相应的经济体制就是计划经济体制。现在确认了公有制为主体、多种所有制经济共同发展的基本经济制度，与此相应的经济体制就是社会主义市场经济。在这方面，随着改革的深入，马克思主义经济学中国化的成果突出在以下方面：

（1）马克思的《资本论》可以说是市场经济论。根据马克思主义经济学原理，市场作为对资源配置起基础性调节作用的机制，通过等价交换、供求关系、竞争和风险等机制，配置资源的效率是最高的，企业个体是充满活力的。一旦社会主义市场经济得到确认，《资本论》中阐述的一系列市场经济原理就可以在现阶段的经济体制安排中得到应用。商品货币理论、竞争理论、资本积累理论、资本有机构成理论、资本循环和周转理论、社会总产品实现条件理论、平均利润率规律理论、流通费用理论、地租理论、信用经济理论、经济周期理论等，对我国现阶段的经济研究和经济实践都有明显的指导作用。

（2）在市场经济前面冠以社会主义，这是中国特有的，也是史无前例的。解决社会主义同市场经济的对接，需要通过马克思主义经济学中国化的途径进行创造。市场经济不是没有弊病的。根据马克思主义经济学对市场经济弊端的批评，社会主义市场经济体制的制度设计是，市场在国家的宏观调控下发挥基础性的调节作用。在这里，国家宏观调控市场有两大目标：一方面是针对市场机制本身的缺陷而安排的。一是弥补市场调节的不足，如解决市场调节无力解决的宏观经济均衡问题；二是克服市场调节的负面效应，如克服市场上因垄断等原因而产生的效率下降问题。另一方面是由社会主义制度本身的要求而提出的，尤其是要克服由市场调节所产生的两极分化问题，实现社会公平正义。

显然，关于社会主义市场经济理论的提出，尤其是关于社会主义同市场经济有效对接的理论和机制，可以说是马克思主义经济学中国化在经济体制方面的成功创造。既解决了经济运行的活力，又能实现社会主义的发展目标。

3. 建立按劳分配为主体多种分配方式并存的收入分配体制。分配关系是生产关系的反面，社会主义初级阶段及其基本经济制度得到确认，也就推动了马克思主义经济学在收入分配领域的中国化。

首先是收入分配体制的突破。在马克思那里，按劳分配是社会主义分配原则。而在现实中，公有制为主体多种所有制经济的基本经济制度得到了确认，按劳分配为主体多种分配方式并存的收入分配制度也就得到了确认。这种收入分配结构不只是指在公有制企业中按劳分配，在其他类型的企业中非按劳分配，更为重要的是各种生产要素参与分配。在原有的马克思主义经济学框架中，在社会主义条件下，只有劳动要素属于私人所有，因而存在劳动力所有权及相应的按劳分配。而在社会主义初级阶段，马克思主义经济学中国化的一个重大进展是，劳动以外要素如资本、知识、技术和企业家等要素的所有权（全部或部分）属于私人的现实也逐步得到了确认。与此相应的分配制度安排所要解决的，就不仅要刺激劳动效率，还要刺激资本、技术、管理等要素所有者的各种要素的投入；不仅需要尊重劳动，还要尊重创造和创业，尊重知识和人才。相应的体制创新就是资本、技术、管理等各种非劳动要素按贡献取得报酬。在此制度下，让劳动、资本、技术和管理等各种要素创造财富的活力充分迸发。

其次是公平正义和共同富裕路径的确定。公平正义和共同富裕是社会主义的基本要求。但在物质财富相对缺乏的社会主义初级阶段如何实现共同富裕，则是需要进行理论创造的。在过去相当长的时期中，共同富裕被理解为平均主义，其结果是共同贫困。邓小平明确提出共同贫困不是社会主义，并且提出允许一部分人先富起来的大政策。共同富裕被理解为富裕程度有先有后，以及先富帮后富的过程。各种非劳动要素按市场原则参与收入分配，也就提供了一部分人先富起来的机制。允许一部分人先富起来的大政策实际上体现效率优先兼顾公平的原则。现在这种先富政策实施了30年，其产生的贫富差距扩大的效应已经越来越明显。为了扭转收入差距进一步扩大的趋势，在公平和效率的关系上，就要改变效率优先的原则，突出社会主义的公平原则和共同富裕目标，解决大多数人富起来的问题。

这就是改变长期认为的初次分配讲效率，再次分配讲公平的观点，明确初次分配和再分配都要处理好公平和效率的关系，再分配更加注重公平。与此相应的收入分配体制改革需要突出解决按劳分配为主体的问题。其具体措施就是，在国民收入分配中提高居民收入在国民收入中的比重；在初次分配中提高劳动报酬在收入分配结构中的比重，同时创造条件让更多的群众拥有财产性收入。这种体制提高效率与促进社会公平的效应正在显现。

以上三个方面实际上形成了社会主义初级阶段中国特色社会主义经济制度的基本内容。胡锦涛同志"七一"讲话对改革开放所形成的充满生机和活力的体制机制给予了充分的肯定：符合我国国情，顺应时代潮流，有利于保持党和国家活力、调动广大人民群众和社会各方面的积极性、主动性、创造性，有利于解放和发展社会生产力、推动经济社会全面发展，有利于维护和促进社会公平正义、实现全体人民共同富裕，有利于集中力量办大事。

四、 转变经济发展方式推动经济发展层面马克思主义经济学中国化

确认社会主义初级阶段的主要矛盾是人民日益增长的物质文化需要同落后的社会生产之间的矛盾，也就提出了发展生产力的根本任务。马克思在当时不可能对一个经济相对落后的国家提出明确的经济发展思想，但是，他的发展生产力、提高效率和富裕人民的思想，可以成为在经济发展领域马克思主义经济学中国化的基础。中国自改革开放以来创造的经济奇迹，不仅靠体制机制的创新，还靠发展观的科学以及相应的发展战略的正确。从邓小平提出发展是硬道理，到江泽民提出发展是第一要务，再到胡锦涛提出发展是第一要义，体现科学发展观产生的脉络。

1. 关于经济发展方式转变。在马克思主义经济学中有外延的扩大再生

产和内涵的扩大再生产之分。他在分析级差地租Ⅱ时将农业中的耕作方法区分为粗放经营和集约化耕作两种方法。由此，长期以来人们把经济增长方式区分为粗放型和集约型。

进入 21 世纪，我国社会主义现代化建设进入了一个新的发展阶段，经济社会发展呈现出一系列重要特征：虽然我国经济保持平稳较快增长，农村工业化和城市化进程加快，人民生活总体上达到小康水平，但是长期积累的结构性矛盾和粗放型经济增长方式尚未根本改变。能源、资源、环境的瓶颈制约日益突出；农业基础薄弱，农村发展滞后，农民收入不高问题突出；自主创新能力不强；区域、城乡之间经济社会发展不平衡现象依然存在，城乡贫困人口和低收入人口尚有相当数量。针对这些矛盾和问题，需要更新发展理念、创新发展模式。

党的十六大提出转变经济增长方式。党的十七大根据科学发展观将增长方式改为发展方式，明确提出经济发展方式的转变要求。其基本原因是增长不等于发展，发展方式转变比经济增长方式转变有更为丰富的内容。"十二五"规划则进一步提出以加快转变经济发展方式为主线，并且明确了五方面内容：经济结构战略性调整是主攻方向，科技进步和创新是重要支撑，保障和改善民生是根本出发点和落脚点，建设资源节约型、环境友好型社会是重要着力点，改革开放是强大动力。显然，发展方式的这种转变已经远远超出了集约型增长方式的内容，范围更广，要求更高。其背景是我国的 GDP 总量达到世界第二大经济后，就有必要也有可能从根本上克服GDP 崇拜，停止长期实施的投资推动的 GDP 赶超战略。根据科学发展观，转变经济发展方式的目标是走"生产发展、生活富裕、生态良好"的文明发展道路。转变经济发展方式的这些要求，从不同的方面体现马克思主义经济学的中国化。

2. 关于以人为本的经济发展。马克思在说明导致经济危机的资本主义生产的矛盾时明确指出："因为资本的目的不是满足需要，而是生产利润，因为资本达到这个目的所用的方法，是按照生产的规模来决定生产量，而不是相反，所以，在立足于资本主义基础的有限的消费范围和不断地力图突破自己固有的这种限制的生产之间，必然会不断发生冲突。"① 在进入社会主义社会后，明确社会主义生产目的是满足人民群众日益增长的物质和文化需要，也就是要克服"为生产而生产"的发展理念。现在，科学发展观又明确以人为本，可以说是马克思主义经济学中国化的重要体现。

首先，保障和改善民生成为转变经济发展方式的根本出发点和落脚点。在这里，以人为本不仅是发展的目的，还是发展的手段。人民群众能够公平地分享发展的成果，就能支持发展。特别是"十二五"规划明确将经济发展目标由单纯追求 GDP 转向追求人民幸福，反映人民群众的根本要求。

其次，人才资源成为发展的第一资源。在经济发展的决定性要素上，明确以人为本就是以人才为本。这是对马克思主义经济学关于生产力要素理论的发展。在此基础上形成了国家的人才强国战略。

第三，关于经济增长的拉动力，明确以经济发展由主要依靠投资、出口拉动转向消费、投资、出口协调拉动。消费需求成为排在第一位的经济增长拉动力，是以人为本发展观的体现。

3. 关于经济增长的创新驱动。在马克思的理论中，"智力劳动特别是自然科学的发展"是生产力发展的重要来源，因此有科学技术也是生产力的论断。邓小平进一步提出在现代经济发展中，"科学技术是第一生产力"。

基于上述科学论断，经济发展理论的重大创新是把科技创新提高到经济发展方式的高度。党的十六大明确提出转变经济增长方式的内容是由主要依靠增加物质资源消耗向主要依靠科技进步、劳动者素质提高、管理创新转变。这种转变后来又概括为由物质投入推动转向创新驱动。十七届五中全会关于"十二五"规划的建议将科技进步和创新明确为加快转变经济发展方式的重要支撑。

---

① 马克思：《资本论》第 3 卷，北京：人民出版社 2004 年版，第 96、285 页。

过去对转变经济增长方式的提法是由粗放型增长方式转向集约型增长方式。集约型增长方式的基本内涵是指集约使用物质要素，提高要素使用的效率。尽管集约型增长方式包含了技术进步的作用，但没有摆脱物质要素推动经济增长的架构。而创新驱动的增长方式不只是解决效率问题，更为重要的是依靠无形要素实现要素的新组合，是科学技术成果在生产和商业上的第一次应用和扩散，是创造新的增长要素。因此，创新驱动的经济增长方式与集约型增长方式的区别就成为重要的研究课题。

依靠科技力量转变经济发展方式，最关键的是要大幅度提高自主创新能力。增强自主创新能力，根据胡锦涛的概括，主要涉及三大能力，即原始创新能力，集成创新和引进消化吸收再创新能力。依靠自主创新推动经济发展方式转变的落脚点是构建完整的创新体系和现代产业体系。这里涉及从知识创新到技术转移再到规模化生产能力的提升。所有这些就成为创新驱动的关键性内容。

4. 关于全面协调和可持续发展。社会再生产理论是马克思主义经济学的重要组成部分。社会再生产的中心问题是社会总产品的市场实现问题，涉及各个部门的比例关系。针对资本主义条件下社会再生产比例失调所产生周期性经济危机的必然性，马克思特别强调在未来社会中，"社会必须预先计算好，能把多少劳动、生产资料和生活资料用在这样一些产业部门而不致受任何损害，这些部门，如铁路建设，在一年或一年以上的较长时间内不提供任何生产资料和生活资料，不提供任何有用效果，但会从全年总生产中取走劳动、生产资料和生活资料"①。这实际上指出了社会主义社会全面协调各个部门之间比例关系的要求。后来建立的社会主义社会普遍试图通过计划经济来实现这个要求，但付出了效率低下的代价。在打破了计划经济体制，转向市场经济体制后，就提出了在市场经济背景下实现全面协调发展的新课题。

---

① 马克思：《资本论》第 2 卷，北京：人民出版社 2004 年版，第 349 页。

首先，经济结构调整是加快转变经济发展方式转变的主攻方向。我国地区之间、部门之间的发展水平本来就存在较大的差距，改革开放以来实行允许一部分人一部分地区先富起来的政策，因此产生的效应是部门之间、地区之间的差距更为严重。针对这种状况，科学发展观明确提出全面协调发展的要求，实现部门之间、地区之间全面协调发展。其路径一方面是统筹兼顾，其中包括经济发展由主要依靠第二产业带动转向依靠第一、第二、第三产业协同带动；另一方面是先富帮后富。例如，解决地区差距，实施西部大开发战略；解决城乡差距，建立以工促农、以城带乡长效机制，实施城乡经济社会发展一体化战略。

其次，建立资源节约型、环境友好型社会作为转变经济发展方式的重要着力点。马克思在批判资本主义时指出："资本主义农业的任何进步，都不过是掠夺劳动者的技巧的进步，而且是掠夺土地的技巧的进步，在一定时期内提高土地肥力的任何进步，同时也是破坏土地肥力持久源泉的进步。"① 这意味着在进入社会主义社会后，经济发展应该避免这种掠夺肥力之类的破坏生态和环境的所谓的"进步"，这就提出了通过科学发展实现可持续发展的问题。其基本要求是人与自然相和谐，中央关于"十二五"规划的建议则明确把建立资源节约型、环境友好型社会作为转变经济发展方式的重要着力点。其经济学意义就在于经济发展和人口、资源、环境相协调，保证资源和环境能一代接一代地永续发展。发达国家是在完成工业化时提出可持续发展要求的。我国是在工业化还没有完成，特别是某些地区刚开始推进工业化时提出可持续发展要求的。由此，经济发展理论需要解决在工业化进程中节能减排、减少碳排放的问题。

综上所述，我国作为发展中的大国一跃成为世界第二大经济体的奇迹，归结为经济发展的中国道路、经济改革的中国模式的成功，表明不走西方国家的发展道路，不采用西方经济模式，走中国特色社会主义道路同样能

---

① 马克思：《资本论》第1卷，北京：人民出版社1975年版，第97、18、553页。

取得经济上的成功。实践也证明，中国特色社会主义道路，是实现社会主义现代化的必由之路，是创造人民美好生活的必由之路。

马克思主义经济学中国化内容非常广泛，既涉及对社会主义现阶段的阶段性认识，又涉及对现阶段经济制度的认识，还涉及经济发展层面的科学认识。所有这些认识之所以称为马克思主义经济学中国化，是因为这些理论不是凭空臆造的，而是基于马克思主义经济学的基本原理和分析工具，结合当代中国社会主义经济发展的实践所形成的科学认识。这既有马克思主义经济学的基本理论支撑，又能准确地反映客观现实，还同马克思主义经济学所指明的发展方向一致。

（原载于《经济学动态》2011 年第 10 期）

中国共产党在革命、建设和改革中
经济思想的形成和发展

　　中国共产党从 1921 年诞生到 2011 年已走过 90 年的光辉历程。其中民主革命 28 年，社会主义建设（含过渡时期和改革开放时期）62 年。在中国共产党的思想宝库中，不仅有丰富的政治思想、军事思想，还有丰富的经济思想。中国共产党的经济思想是随着革命和建设的实践而不断丰富和发展的，但作为最根本的指导思想又有其继承性和连续性。研究中国共产党的经济思想，可以从中发现我们今天正在建设和发展的中国特色社会主义，是有其经济思想上的深厚的历史渊源和连续性的。

　　中国共产党的历史，是马克思主义普遍真理同中国实际相结合以探求革命和建设的中国道路的历史，其中主要是正确和成功的经验，也包括错误和失败的教训。研究中国共产党的经济思想史可以发现，党在革命和建设的每个阶段，都在寻求中国特色的发展道路。中国特色就是要从中国历史和现实的实际出发，为谋取人民群众的最大利益而奋斗。在民主革命时期，从中国国情出发，提出了新民主主义革命的道路。在民主革命胜利前夕和中华人民共和国成立初期，党中央提出了与建立新民主主义社会相适应的新民主主义经济纲领。在向社会主义过渡时期，党中央所提出的社会主义改造的总路线以及具体的社会主义改造途径也是中国道路。改革开放以来，走中国特色社会主义道路，形成了经济制度、经济体制和经济发展的中国模式。

一、 新民主主义经济思想

中国共产党在中华人民共和国成立前的 28 年，一直从事新民主主义革命斗争，其直接目的是建立以新民主主义经济为基础的新民主主义社会制度。服从于这一任务，形成了新民主主义经济思想。在各个不同的历史时期，服从于当时的中心任务，党的经济思想也有不同的着重点。在新民主主义革命时期，党的经济思想服从于革命战争，因此同党的政治思想、军事思想较紧密地结合在一起。在新民主主义革命时期，党又直接领导了根据地的经济建设。这意味着党的经济思想在许多方面是在实践中产生并且得到了实践的检验。

中国共产党领导的新民主主义革命，不同于其他国家的社会主义革命，走了一条符合中国国情的道路。面对半殖民地半封建社会时期的中国，中国共产党人从经济上进行了国情和阶级分析，明确了新民主主义革命的性质、对象、任务和前途，以及明确了革命的领导力量、依靠力量和同盟军。首先，在半殖民地半封建的中国进行的革命不能一步进入社会主义革命，必须分两步走，第一步是民主革命，第二步是社会主义革命。其次，中国的民主革命不是资产阶级领导的旧民主主义革命，而是无产阶级领导的人民大众的反帝反封建的新民主主义革命。对待资本主义，只反对官僚资本主义，而不反对民族资本主义，相应地，要消灭的是帝国主义在华的掠夺性经济、封建地主经济和官僚资本主义经济。党的新民主主义经济思想充分体现了马克思主义经济学说同中国实际的结合。在新民主主义时期，要发展社会主义性质的国营经济和具有社会主义因素的合作社经济，在条件成熟时，这是向社会主义转变的必要的经济条件，蕴含了马克思主义科学社会主义的思想。

毛泽东同志为新民主主义经济理论的建立做出了杰出的贡献，从而使这一理论成为毛泽东思想的重要组成部分。党在新民主主义革命的各个时期，服从于各个时期中心任务的需要提出了一系列的经济思想和相应的经济政策，其中的一条主线就是逐步形成清晰的新民主主义经济纲领和新民主主义社会经济形态的理论。在第一次国内革命战争时期，毛泽东的《中国社会各阶级的分析》一文，明确了中国的半殖民地半封建社会的特征和各个阶级对革命的态度。党在土地革命战争时期，明确提出了土地革命是中国革命的根本内容，是中国革命新阶段主要的社会经济的内容。开展土地革命，是团结农民和小资产阶级广大群众夺取民主革命胜利的关键环节。① 党在抗日战争时期，明确了阻碍中国社会生产力发展的三个主要力量为帝国主义、官僚资本主义和封建主义，从而初步提出了新民主主义三大经济纲领：大银行、大工业、大商业收归新民主主义共和国所有，允许和保护民族资本主义经济的存在和发展，没收地主的土地归农民所有。三大经济纲领的提出，确立了新民主主义经济体系的大致框架，标志着中国共产党新民主主义经济思想初步形成。

特别需要指出的是，在当时我们党领导的农村革命根据地，实际上开始了发展新民主主义经济的实践。其主要经济成分是国营经济（国营工业、商业、银行、邮电和交通等）、合作社经济（生产、消费、粮食、信用、耕牛、肥料等合作社）和私人经济（个体农业、个体手工业、私人资本主义工业等）。

抗日战争胜利之后，中国人民面临着两种命运、两种前途的尖锐斗争。毛泽东于1947年12月所做的《目前形势和我们的任务》报告中进一步明确地提出了新民主主义革命的三大经济纲领，这就是：没收封建地主阶级的土地归农民所有，没收蒋介石、宋子文、孔祥熙、陈立夫为首的垄断资本归新民主主义国家所有，保护民族工商业。其内容比以前提出的更具体。对四大家族的官僚垄断资本要进行没收即剥夺，而对作为民族资本主义经

_____

① 《毛泽东选集》第 1 卷，北京：人民出版社 1991 年版。

济的民族工商业要保护其存在和发展。在这一时期，我党还重视建立和发展新民主主义社会的国营经济，使之成为新民主主义国家国民经济的领导力量。1949 年 3 月，在七届二中全会上毛泽东指出，国营经济是社会主义性质的，合作社经济是半社会主义性质的，加上私人资本主义，加上个体经济，加上国家和私人合作的国家资本主义经济，这些就是人民共和国的几种主要的经济成分，这些就构成新民主主义的经济形态。① 毛泽东的这个表述，可以说是关于新民主主义经济形态的最科学、最完整的定义。它明确说明新民主主义由 5 种经济成分构成（即国营经济、合作社经济、个体经济、民族资本主义经济、国家资本主义经济）。在中华人民共和国成立前夕制定的《中国人民政治协商会议共同纲领》（以下简称《共同纲领》）中，再次明确了我国新民主主义经济的上述 5 种经济成分，并且要求国家在经营范围、原料供给、劳动条件、财政金融政策等方面，对多种经济成分予以调剂，以促进其各得其所、共同发展。当时提出的建设方针是"公私兼顾、劳资两利、城乡互助、内外交流"，以达到发展生产、繁荣经济的目的。《共同纲领》强调国营经济是社会主义性质的经济，要对有关国家经济命脉和足以操纵国计民生的事业统一经营。

经济思想理论来源于经济实践，并随着经济实践的发展而发展。新民主主义经济思想作为一种崭新的经济思想，是适应新民主主义各个阶段革命和建设的实践需要而提出，又随着新民主主义革命和经济建设的发展而发展的。我党在新民主主义革命各个不同阶段所提出的新民主主义经济思想的各个方面、各个要点，构成了系统而完整的新民主主义经济思想和理论体系。

研究毛泽东和党在民主革命时期以及在中华人民共和国成立初期的新民主主义经济思想，对正确把握中国特色社会主义经济理论依然具有理论和实践意义。在党的历经 90 年的经济思想史中，始终把国营（后称为国

---

① 《毛泽东选集》第 4 卷，北京：人民出版社 1991 年版，第 1430 页。

有）经济定性为社会主义经济，明确其在国民经济中的领导作用。然而，我国目前已进入社会主义初级阶段的后半期，但否定国有经济和公有制的私有化思潮却大行其道。有人否定我国国有经济是社会主义经济，否定国有经济的必要性和作用，宣扬"国退民进"，反对国有经济掌握国民经济命脉，而把资本主义性质的私营经济和其他非公有制经济确定为社会主义经济。这种观点显然是错误的，它背离马列主义、毛泽东思想、邓小平理论，也背离了我国宪法。

二、 向社会主义过渡时期的经济思想

1949 年 10 月中华人民共和国成立，标志着中国开始进入新民主主义社会。由此开始到 1956 年，我们党的中心工作是在迅速恢复国民经济后开展大规模的经济建设，并进行社会主义改造。在这一时期，中国共产党经济思想发展的主线，是由新民主主义向社会主义过渡的经济思想的形成和发展。以毛泽东为核心的中央领导集体，将马克思主义经济学说同中国具体实际相结合，创造性地开辟了一条有中国特色的社会主义改造道路。尽管在这一时期我们党的经济思想也有过一些偏差，在实践中出现过某些失误，目前理论界对社会主义改造的早晚也存在不同见解，但和平改造毕竟顺利完成了。

在中华人民共和国成立前夕和成立之初，我们党依据对国情的经济分析，明确的意见是建立新民主主义社会。1949 年 9 月，党中央主持制定的第一届新政协会议通过的《共同纲领》，提出了新民主主义社会的经济任务，这就是：发展新民主主义经济，稳步地变农业国为工业国；发展工农业生产，促进经济繁荣；多种经济成分分工合作，各得其所，以促进整个社会经济的发展。

新民主主义社会的时间到底有多长？早在民主革命时期，毛泽东同志

在《新民主主义论》中讲过，新民主主义的"时间是相当地长"。① 1949 年中华人民共和国成立前夕，党中央还不赞成把社会主义的前途写进《共同纲领》中去，认为"这是相当长的将来的事情"②。刘少奇同志在中华人民共和国成立后还曾提出确立新民主主义新秩序的意见。可以看出，当时是把新民主主义社会同向社会主义的过渡时期作为有联系而又有区别的过程看待的。只有到新民主主义社会的后期才会提出向社会主义过渡的任务。但在实践中，到 1952 年年底，国民经济基本恢复，党中央就提出我国进入向社会主义社会过渡的时期，开始了社会主义改造的进程。

党在过渡时期的总路线是国家工业化和实现国家对农业、手工业和资本主义工商业的社会主义改造。国家工业化的重点是发展重工业，这反映在第一个五年计划中。党在向社会主义过渡时期对经济思想的最大贡献是走了一条有中国特色的社会主义改造道路。在我国进行社会主义改造时，已有的理论是剥夺理论，已有的样板是苏联斯大林时代实行的资本主义企业的国有化和对农民、小资产阶级的强制集体化，其明显的代价是牺牲和破坏了生产力。我们党在推进三大改造时接受了这一教训，延续了在新民主主义时期对民族资产阶级和农民作为革命同盟军的认识，不走其他国家的强制道路，在保护和促进生产力的前提下推进社会主义改造。

首先是对资本主义工商业的社会主义改造。进入社会主义改造阶段，意味着工人阶级和资产阶级的矛盾上升为国内的主要矛盾。但我国的民族资本主义工商业具有两面性。党的政策不是通过没收其资本直接消灭，而是进行和平改造和引导，也就是马克思和恩格斯曾经提出但此前没有实现过的"赎买"政策。为此创造了委托加工、计划订货、统购包销、委托经销代销、公私合营、全行业公私合营等一系列从低级到高级的国家资本主义的过渡形式，实现了对整个资产阶级的赎买。

---

①《毛泽东选集》第 2 卷，北京：人民出版社 1991 年版。

②《刘少奇选集（上）》，北京：人民出版社 2004 年版，第 435 页。

其次是对个体农业和个体手工业的社会主义改造，它遵循了自愿互利、典型示范和国家帮助的原则，创造了从互助组到半社会主义性质的初级生产合作社，再发展到社会主义性质的高级生产合作社的改造道路与发展形势。毛泽东当时还提出了农业合作化的进程应同农业的技术革命（农业机械化）的进程相适应的思想。

1956 年，我国基本完成了社会主义改造任务，建立起社会主义的基本经济制度。此时，"一五"计划胜利完成，国家工业化也取得了突破性的进展，为当代中国的发展进步奠定了制度基础。显然，中国的社会主义改造有明显的中国特色，"三大改造"的道路可以说是中国创造，其效果也非常明显。这么大的生产关系的调整，没有破坏生产力，而且能够得到广大人民群众的支持，也得到了民族资产阶级的认同，没有出现列宁所说的过渡时期阶级斗争更加尖锐和残酷的事实。这与我国在民主革命和社会主义革命中，始终没有把民族资产阶级作为阶级敌人对待有关。党把民族资本主义作为新民主主义经济的组成部分，把民族资产阶级作为团结的对象。中华人民共和国国旗是五星红旗，原本的含义是：大星星代表中国共产党，4 个围绕的星星代表工人阶级、农民阶级、民族资产阶级和城市小资产阶级。民族资产阶级懂得，只有接受共产党的领导，接受改造，才是唯一的出路。这就是陈云同志在 1956 年第一届全国人大会议上所总结的，企业的私有制向社会主义公有制的改变，这在世界上早已出现过，但是采用这样一种和平方法使工商界如此兴高采烈地来接受这种改变，则是史无前例的。①

党中央在提出过渡时期总路线时，头脑还是清醒的。毛泽东同志曾预计需要经过三个五年计划的时间才能走完过渡时期，应该说这种意见是符合我国当时实际的。可是在 1955 年夏季以后，由于党中央过高地估计了社会主义改造的形势，加速了社会主义改造的步伐，犯了要求过急、工作过

---

① 《陈云文选》第 2 卷，北京：人民出版社 1995 年版，第 309～310 页。

粗、改变过快的错误，以致这种在过短的时间内所完成的社会主义改造遗留了一些有长期消极影响的问题，也导致后来发展的困难。特别是，"三大改造"最终是要使公有制成为我国唯一的经济基础，急于搞单一的公有制，存在超越新民主主义制度的问题。当然，这些缺点和错误与社会主义改造的巨大成就相比，毕竟还是支流。社会主义改造的巨大成就便是消灭了剥削制度和剥削阶级，确立了社会主义制度。这是我国几千年来最深刻、最伟大的社会变革。

三、 社会主义经济建设道路的探索

在 1956 年社会主义改造基本完成、社会主义制度基本建立以后，党面临着如何继续前进、如何发展社会主义建设事业的问题。中国共产党在中华人民共和国成立初期曾经在许多方面学习苏联经验，仿效苏联建立自己的经济体制。但以毛泽东为代表的中国共产党人很快就发现，苏联的经验并不完全成功，中国的社会主义道路，像民主革命道路一样，必须由中国人自己来寻找。这一时期党的经济思想的主线是对社会主义经济建设道路的探索。

毛泽东 1956 年 4 月发表的《论十大关系》，在初步总结我国社会主义建设经验的基础上，吹响了探索适合我国国情的社会主义建设道路的号角。该文所分析的十大关系中与经济相关的有 5 个，如重工业和轻工业、农业的关系，沿海工业和内地工业的关系，经济建设和国防建设的关系，国家生产单位和生产者个人的关系，中央和地方的关系等。[1] 该文实际上是针对苏联长期优先发展重工业之类的单纯追求速度的发展战略提出不同的看法，强调部门之间、地区之间协调发展和统筹兼顾各方面利益关系的思想，试图在中国开辟一条同苏联道路有所不同的社会主义工业化道路。这就是毛

---

[1]《毛泽东文集》第 7 卷，北京：人民出版社 1999 年版。

泽东在 1960 年 6 月中央政治局扩大会议上写的《十年总结》所指出的，前八年照抄外国的经验，但从 1956 年提出十大关系起，开始找到自己的一条适合中国的路线。①

党的八大明确提出，社会主义制度在我国已经基本上建立起来，国内主要矛盾已经不再是工人阶级和资产阶级的矛盾，而是人民对经济、文化迅速发展的需要同当前经济、文化不能满足人民需要的状况之间的矛盾，全国人民的主要任务是集中力量发展社会生产力。党的八大关于我国主要矛盾和主要任务的表述应该说在党的经济思想史上具有开创性的意义。

对中国发展道路的探索也包括在指导思想上犯了大的错误并导致经济建设的破坏性后果的教训总结。党的八大闭幕后不久，就出现了指导思想上的"左"的错误。工作重心偏离了党的八大的精神，在 1958 年轻率地发动了"大跃进"和农村人民公社化运动，党的指导思想出现了以高指标、瞎指挥、浮夸风和"共产风"为主要标志的"左"倾错误。再加上当时的自然灾害和苏联政府背信弃义地撕毁合同，我国国民经济在 1959—1961 年发生了严重困难，造成重大损失。毛泽东和刘少奇曾将其归结为"三分天灾，七分人祸"。1960 年冬，党中央和毛泽东开始纠正农村工作中的"左"倾错误，并且决定对国民经济实行"调整、巩固、充实、提高"的方针，从而使国民经济在 1962—1966 年得到了比较顺利的恢复和发展。

以毛泽东为首的党中央在 20 世纪 60 年代为克服三年困难和纠正"左"倾错误，提出了国民经济调整的思想。针对"大跃进"时期刮"共产风"、否认商品货币关系等"左"倾思想及其产生的后果，在毛泽东的倡导下，中央领导同志学习斯大林的《苏联社会主义经济问题》和苏联《政治经济学》教科书社会主义部分，在此基础上思考中国的经济建设道路。毛泽东提出了不仅对当时而且对中国的长远发展都起着重要影响的经济思想。

首先是重视对社会主义经济规律的研究。毛泽东明确认为，我国还存

---

① 中共中央文献研究室：《建国以来毛泽东文稿》第 9 册，北京：中央文献出版社 1996 年版。

在和需要发展商品生产，在有些问题上不赞同斯大林的观点，主张国家卖给农民的农业机械等生产资料也是商品，强调价值规律的作用，提出了"价值规律是个伟大的学校"的名言。虽然他不承认价值规律对生产的调节作用，但强调在等价交换和经济核算方面利用价值规律。刘少奇也提出了许多生产资料可以作为商品进行流通的观点。

其次是国民经济综合平衡的思想。为贯彻当时实行的"调整、巩固、充实、提高"的方针，毛泽东提出以农业为基础，以工业为主导的思想；陈云提出计划指标必须切合实际，建设规模必须同国力相适应，人民生活和国家建设必须兼顾，制定计划必须做好物资、财政、信贷综合平衡的观点；薄一波提出发展国民经济要掌握好积累与消费比例关系的观点。

再次是萌发改革经济体制的思想。邓小平提出关于整顿工业企业，改善和加强企业管理的观点；朱德提出要注意发展手工业和农业多种经营的观点；邓子恢提出农业中要实行生产责任制的观点。

党在总结和纠正这一时期的"左"倾错误和贯彻"调整、巩固、充实、提高"方针时，提出了不少至今仍有指导价值的经济思想，实际上也是对社会主义经济建设的中国道路的思考。尤其是艰辛探索社会主义建设规律，对后来中国特色社会主义道路和经济理论的形成，应该说有着渊源关系。

我国在社会主义改造基本完成以后，长期处于"左"的政治运动之中，搞"阶级斗争为纲"，使我国在一个较长的时期中没有能够集中精力发展经济，因此，对中国特色社会主义发展道路的探索屡屡中断，不少现在看来正确的理论没有在实践中得到贯彻，以至于后来发展到"文化大革命"，使中国经济社会的发展受到了重大损害。

四、 中国特色社会主义的经济思想

1978 年召开的党的十一届三中全会毅然摒弃了"以阶级斗争为纲"这

个不适用于社会主义社会的"左"的错误方针，真正开始把党和国家的工作重点转向以经济建设为中心。同时，我们党在新的历史条件下开辟了探索中国特色社会主义的历史进程，形成了中国特色社会主义理论。这一理论曾由毛泽东思想探索，由邓小平理论奠立并由党中央和马克思主义理论工作者继续发展。中国特色社会主义理论是马克思主义中国化的伟大成果，而作为其理论核心的中国特色社会主义经济思想和理论是马克思主义政治经济学在当代的新发展。

（一）关于经济制度和经济体制的中国模式的探索

对经济制度和经济体制的中国模式的探索及其经济思想的创新与发展，是从实际出发科学认识实践中的社会主义和正确认识所处发展阶段的结果。

就科学认识实践中的社会主义来说，1978 年十一届三中全会召开前有一场真理标准的讨论，邓小平高度评价和肯定了这场思想解放运动，对实践中的社会主义认识涉及三个方面的思想解放：一是抛弃对马克思主义关于社会主义理论的教条式理解，并完整准确地理解毛泽东思想；二是以实践检验过去对社会主义的认识；三是从中国实际出发，走中国自己的路，创建和发展中国特色社会主义。基于这些认识，邓小平明确提出贫穷不是社会主义，社会主义的本质就是解放和发展生产力，消灭剥削，消除两极分化，最终达到共同富裕。为了实现共同富裕，必须允许一部分地区一部分人通过诚实劳动和合法经营先富起来。在邓小平理论中，坚持社会主义方向就是在生产关系上坚持两个重要方面：一是以公有制为主体，二是不搞两极分化。不搞两极分化，就是要逐步实现共同富裕。

就我国所处的发展阶段来说，十一届三中全会前，我国在建设社会主义中出现失误的根本原因之一，就在于在基本经济制度和经济体制建设中，超越了我国所处的社会主义发展阶段。正确认识我国社会所处的历史阶段，是建设中国特色社会主义的首要问题。邓小平理论的一个重要贡献是依据现阶段的生产力水平，确认我国现在处于社会主义初级阶段。根据中央的解释，社会主义初级阶段，不是泛指任何国家进入社会主义都会经历的起始阶段，而是特指我国在生产力落后、商品经济不发达条件下建设社会主义必然要经历的特定阶段。社会主义初级阶段所要解决的主要矛盾，是人民日益增长的物质文化需要同落后的社会生产之间的矛盾。因此，根本任务是发展生产力。邓小平强调，不能只讲发展生产力，应该把解放生产力和发展生产力两个讲全了。邓小平的社会主义本质理论，既是对马克思主义科学社会主义的回归，又是发展与创新。说是"回归"，是因为马克思主义创始人一再讲过，在社会主义制度下，要大力发展生产力，以所有人的富裕为目的，要使所有劳动者过最美好最幸福的生活。以往"左"的一套背离了这一根本原理。说是"发展与创新"，一是在马克思主义发展史上第一次将社会主义概括为这样的本质内容，二是第一次提出社会主义还要解放生产力。解放生产力的针对性，既是指向僵化的不利于生产力发展的传统经济体制，也是指向"左"的理论与实践对生产力发展造成的障碍。

为了解放和发展生产力，实现共同富裕，中国共产党提出，改革束缚生产力发展的僵化的经济体制，调整所有制结构，允许和鼓励非公有制经济发展。由此形成的基本经济制度和经济体制的中国模式具有以下特点：

一是根据社会主义初级阶段理论，建立公有制为主体多种所有制经济共同发展的基本经济制度。毫不动摇地巩固和发展公有制经济，毫不动摇地鼓励、支持、引导非公有制经济发展，既不搞单一的公有制，又反对搞私有化。这使发展生产力增添了新的要素。

二是根据经济体制改革的理论，建立市场在国家的宏观调控下对资源配置起基础性调节作用的社会主义市场经济体制。这种经济体制由于把社会主义制度的优越性同市场经济的灵活性和效率性结合起来，从而形成了充满活力、富有效率的经济体制与机制。

三是根据分配制度改革的理论，适应社会主义初级阶段所有制结构的特点，建立多种分配方式并存的收入分配体制。与公有制为主体相对应，实行按劳分配为主体；与多种所有制共同发展相对应，实行多种分配方式并存。也就是除公有制经济中实行按劳分配方式外，私营、外资企业实行按要素所有权分配，让资本、技术、管理等要素充分发挥其在创造财富中的作用。

四是根据国有经济为主导并搞活国有经济的理论，在国有经济中实行两权分离、进行战略性调整的基础上，有进有退，保持国有经济对国民经济的控制力。我国宪法规定，国家保障国有经济的巩固和发展。应有效加强并改善国家运用国有经济对经济进行的宏观调控。

(二) 关于经济发展的中国道路的新探索

中国自改革开放以来创造的经济奇迹，不仅来自经济体制和机制的创新，还来自发展观的科学以及相应的发展战略的正确。几代中央领导从最先提出发展是硬道理，到第一要务，再到第一要义，体现科学发展观产生的脉络。在十七届五中全会上，中央关于"十二五"规划建议在说明科学发展观时，又进一步明确，坚持发展是硬道理的本质要求，就是要坚持科学发展。这条道路概括地说，是又好又快的科学发展道路，具体表现在以下几个方面：

一是中国特色的现代化道路。周恩来在"文化大革命"还没有结束的困难条件下，明确提出"四个现代化"的发展目标。十一届三中全会以后，经济建设成为工作重心，现代化成为经济发展的目标。邓小平从我国人口多、底子薄的国情出发，提出现代化建设具有阶段性，这就是"三步走"战略步骤。第一步，解决人民的温饱问题。第二步，到20世纪末，国民生产总值比1980年翻两番，人民生活达到小康水平。第三步，到21世纪中叶，人均国民生产总值达到中等发达国家水平，人民生活比较富裕，基本实现现代化。然后，在这个基础上继续前进。后来，他用"温饱""小康"

"富裕"作为经济发展的三步战略目标，使人民能够生动地、直观地认识和切身感受到这个目标的实现过程。党的十六大报告明确提出，到21世纪中叶基本实现现代化，其中头20年全面建设惠及十几亿人口的全面小康社会。全面小康社会作为现代化进程中的一个阶段，意义非常重大。发展中国家的现代化有必要遵循现代化的一般规律，既遵循先行现代化的国家所经过的基本路线，但又必须结合本国的国情及新的国际国内经济社会政治环境，走出具有自己特色的现代化道路。将全面小康社会建设包含在现代化的进程中，并作为现代化的具体阶段来推进，是将其作为中国特色的现代化道路的重要组成部分。

二是中国特色的新型工业化道路、农业现代化道路和城镇化道路。城乡二元结构是发展中国家的典型特征，我国更为突出，因此改变"三农"的落后状态是中国经济发展的重点。加强农业的基础地位，是中国共产党的一贯思想。我国从1979年起，先是推进以农民家庭承包责任制为内容的农村改革，从家庭财产和经营制度上推动农民生产和经营的积极性。紧接着对苏南农村出现的乡镇企业，邓小平称为"异军突起"，由此在全国广大农村开始了在农村推进工业化和以城镇化推进城市化的进程，这是与其他国家明显不同的工业化、城市化道路。实践证明，这条道路符合中国国情，不但加快了工业化和城市化的进程，避免了其他国家所产生的城市病，而且明显带动了农业和农村的发展。在此基础上，党的十七大根据科学发展观提出了在新的历史起点上"统筹城乡发展，推进社会主义新农村建设"的要求，指明了中国特色的城乡统筹推进农业现代化道路。其重要路径是，建立以工促农、以城带乡的长效机制，形成城乡经济社会发展一体化新格局。

三是"生产发展，生活富裕，生态良好"的文明发展道路。在改革开放的推动下，我国的经济发展速度明显加快，城市化、工业化取得明显进展，产业结构水准明显提升，人民收入水平明显提高。

与此同时也产生了新的矛盾和问题，包括环境污染问题、收入差距过分扩大问题、地区和部门之间发展不平衡问题等。这些问题有的原来就存在，但在快速发展时矛盾更加突出。在此背景下提出科学发展观，是用以解决在新的历史阶段发展什么、怎么发展以及怎样发展得更好的问题。党的十六大报告提出新型工业化道路，党的十七大根据科学发展观提出"生产发展，生活富裕，生态良好"的文明发展道路，更为突出发展的质量和效益，突出又好又快，突出人民分享发展成果，突出可持续发展。

四是转变经济发展方式的道路。党中央早就提出实现经济体制和经济增长方式两个转变的思想，强调经济增长由粗放型转为集约型。1995年所制定的"九五"规划中，提出要从根本上转变经济增长方式。2005年中共中央关于制定"十一五"规划的建议再次强调要转变经济增长方式。党的十七大报告将转变经济增长方式改为转变经济发展方式，具有重要的理论和实际意义。经济增长是经济发展的前提和基础，而经济发展涵盖更多的内容。

根据转变发展方式和科学发展的要求，经济增长要由主要依靠投资、出口拉动向依靠消费、投资、出口协调拉动转变，由主要依靠第二产业带动向依靠三大产业协同带动转变，由主要依靠增加物质资源消耗向主要依靠科技进步、劳动者素质提高、管理创新转变。十七届五中全会关于"十二五"规划的建议则在转变经济发展方式前面加上了"加快"两个字，强调以科学发展为主题，以加快转变发展方式为主线，并且进一步明确了转变经济发展方式的内涵。第一是将经济结构战略性调整作为主攻方向，第二是将科技进步和创新作为重要支撑，第三是将保障和改善民生作为根本出发点和落脚点，第四是将建设资源节约型、环境友好型社会作为重要着力点。转变经济发展方式，是实现科学发展的核心内容。科学发展，是以人为本，统筹兼顾，全面协调可持续发展，发展的成果要惠及广大人民。当前，中央把保障和解决民生问题提到更加突出的地位。

五是建立内外联动、互利共赢、安全高效的开放型经济体系。改革开放不久，邓小平就做出了对外开放的重大决策，把它明确为一项长期的基本国策。由此打开了国门，开始融入全球化经济。紧接着设立深圳等特区，开发开放沿海城市，发展外向型经济。20世纪90年代初，中央又决定开发开放上海浦东新区，在发展开放型经济上先行先试，带动了全国的全方位开放。各地纷纷建立开发区，大力引进、利用外资和扩大出口。1997年党的十五大进一步明确对外开放是要更好地利用国内国外两个市场、两种资源，鼓励经济特区、上海浦东新区在体制创新、产业升级、扩大开放等方面继续走在前面，发挥对全国的示范、辐射、带动作用。特别是强调正确处理对外开放同独立自主、自力更生的关系，维护国家经济安全。十六大关于协调发展的5个统筹包括统筹对外开放和国内发展。十七大则明确提出了完善内外联动、互利共赢、安全高效的开放型经济体系，形成经济全球化条件下参与国际经济合作和竞争的新优势。这样，我国的对外开放不仅对国际资源和国际市场予以充分利用，同时也使我国的经济在参与国际竞争中增强了国际竞争力。胡锦涛同志在党的十七大报告中，把坚持独立自主同参与经济全球化结合起来，作为我国巩固和发展社会主义的十大"宝贵经验"之一。

六是把效率与公平结合起来。关于效率与公平的关系，特别是分配领域中的效率与公平的关系，中央文件中的提法改变过多次。从十三大报告的"促进效率提高下体现社会公平"；到十四大报告的"兼顾效率与公平"；到十四届三中全会的"效率优先，兼顾公平"；到2001年中央印发的《公民道德建设实施纲要》提出效率与公平相协调、相统一、相结合；到党的十六届四中全会正式放弃优先和兼顾的提法，强调注重社会公平，解决收入差距过大问题，逐步实现共同富裕；到十六届六中全会提出在经济发展的基础上"更加注重社会公平"；再到十七大明确提出"初次分配和再分配都要处理好效率和公平的关系，再分配更加注重公平""把提高效率同促进社会公平结合起来"。胡锦涛同志将这种效率与公平相结合的关系也作为十大"宝贵经验"之一，并强调实现社会公平与正义是发展中国特色社会主义的重大任务。从发展过程来看，收入差距过分扩大，正是初次分配不公平的结果，很难通过再分配来缓解和实现公平，在我国社会保障制度不健全、不完善的条件下更是如此。生产重效率，分配重公平，是社会主义应有之义。公平分配制度有利于提高劳动和生产效率。为了缩小和扭转收入差距过分扩大、出现贫富分化趋势，需要改革分配制度，提高低收入者的收入水平。

我国作为发展中的大国一跃成为世界第二大经济体的奇迹，可归结为经济发展的中国道路和经济改革的中国模式的成功，表明不走西方国家的发展道路，不采用西方经济模式，走中国特色社会主义道路，同样能取得经济上的成功。

恩格斯曾经说过，"我们的理论是发展着的理论"①。每一个时代的理论思维，都是一种历史的产物，"它在不同的时代具有完全不同的形式，同时具有完全不同的内容"②。中国共产党经济思想发展的历史证明了这一点。无论是在新民主主义革命时期，还是社会主义建设时期，还是当今的改革开放时期，我们党都坚持从中国实际出发，从人民群众的最大利益出发，选择最适合自己发展的道路。而且这种选择不是静态的、固定不变的，而是随着实践的发展不断发展完善的。正因为如此，中国共产党才能真正成为先进生产力和人民群众利益的代表，站在改革和发展的前列，并将改革、发展与稳定相统一，领导中国人民不断开创中国特色社会主义的伟大事业。

（原载于《经济理论与经济管理》2011年第6期，合作者卫兴华）

---

① 《马克思恩格斯选集》第4卷，北京：人民出版社1995年版，第681页。
② 《马克思恩格斯选集》第4卷，北京：人民出版社1995年版，第284页。

发展马克思主义政治经济学的几个问题

马克思主义政治经济学是中国特色社会主义理论的重要理论基础。在新的历史条件下，我们要深入总结中华人民共和国成立以来特别是改革开放以来社会主义经济建设以及改革开放的历史经验，进一步推进马克思主义政治经济学的创新与中国化。

一、 关于政治经济学的研究对象

对政治经济学的研究对象一直存在不同观点。《资本论》等经典理论对资本主义经济的分析以生产关系为对象，学术界对此是基本认可的。而在进入社会主义社会后，由于面临着发展生产力的根本任务，由此就提出生产力能否成为政治经济学研究对象的问题。正在推进的经济改革对政治经济学提出的重大问题是，经济制度和经济体制尽管主要是生产关系问题，但作为制度和体制不可避免地涉及上层建筑，而且又有大量的经济运行问题。由此提出的问题是上层建筑和经济运行能否成为政治经济学的研究对象。

应该说，政治经济学作为一门经典的经济学科，其研究对象在创立时就是明确的。面对某个社会的社会经济关系，面对生产力和生产关系之间的社会基本矛盾，政治经济学致力于研究生产关系，研究一定社会生产关系产生、发展和灭亡的规律。由于生产力对生产关系的产生、发展和灭亡起着决定性作用，因此政治经济学研究生产关系必然要研究生产力。这样，政治经济学的研究对象可一般地规定为研究一定生产力水平基础上的生产关系，或者说是研究一定社会的生产力和生产关系的相互关系。马克思主义经济学面对资本主义经济关系的分析，是要说明其生产关系对生产力的阻碍作用；而面对社会主义初级阶段经济关系的分析，是要说明以发展生产力推动社会主义经济关系的发展问题。

马克思主义政治经济学以生产作为研究的出发点，原因是生产包含了生产力和生产关系，生产以及随生产而来的产品交换和分配是一切社会经济制度的基础。马克思当时所研究的生产主要限于物质资料生产，服务业也只是限于生产过程在流通领域继续的部分，如运输、包装、保管等。而经济发展到现代，服务业发展迅速，服务领域不断扩大，服务产品成为社会财富越来越大的部分，服务也越来越多地进入劳动者的消费范围。服务业也作为第三产业，与工业和农业并列进入国内生产总值的核算。这样，服务业也就进入了政治经济学研究的视野。马克思关于物质生产领域中经济关系分析的逻辑和方法同样可以用于服务领域的政治经济学研究。

政治经济学以生产关系为对象，但不排斥对生产力的研究，是在与生产关系的相互作用中研究生产力。马克思指出："不论生产的社会的形式如何，劳动者和生产资料始终是生产的因素。但是，二者在彼此分离的情况下只在可能性上是生产因素。凡要进行生产，它们就必须结合起来。"① 如果抽去各种社会生产的社会形式，生产就是劳动者和生产资料的自然的或技术的结合方式。政治经济学考察的是对生产关系产生决定性影响的生产力问题。现阶段对生产力的研究有两个方面值得注意：

一是关于推动生产力发展的动力和源泉。生产力要素包含劳动者、劳动资料、生产工具和劳动对象等要素，生产力的发展水平体现在这些要素的质量上，其中劳动者是生产力中首要的、能动的和最为活跃的因素。而

---

① 马克思：《资本论》第2卷，北京：人民出版社2004年版，第44页。

在现实中，又有科学技术是第一生产力的说法。这同生产力三要素的规定有无矛盾？回答这个问题需要区分生产力要素和发展生产力的源泉。推动生产力发展的源泉和动力涉及协作、社会分工、科学技术等。就如马克思所说，生产力发展"归结为发挥着作用的劳动的社会性质，归结为社会内部的分工，归结为脑力劳动特别是自然科学的发展"①。随着社会经济的发展，对生产力发展起决定性作用的源泉也会发生变化。例如，社会分工曾经对社会生产力的进步起过决定性作用，现在仍然起着重要的作用。在现阶段，科学技术对生产力发展的决定性作用越来越明显，成为第一生产力。科技的作用不仅表现为劳动者、生产资料等生产力要素质量的提高，而且作为内生的要素直接推动生产力水平的提高。

二是关于先进社会生产力。各个社会发展阶段都会存在多层次的生产力水平，生产力的发展水平存在时间和空间的差别。在时间上，生产力发展水平的每一阶段都具有相对于前一阶段的先进性，每一阶段又具有相对于后一阶段的落后性；在空间上，不同国家、不同地区生产力的发展水平会有很大的差别。这就有先进生产力和落后生产力的差别。政治经济学对不同层次生产力的研究，特别关注该社会占主导的生产力，这种生产力影响该社会生产关系性质。由于每个社会都存在多种层次的生产力，一定社会生产关系必须为多层次生产力提供发展的空间，特别是要为发展先进的社会生产力提供充足空间，建立与代表先进生产力发展方向的生产关系，可以解放和发展生产力，释放先进社会生产力的发展潜力和能量。

我国的经济改革可以说是生产关系的调整和完善，因此作为生产关系实现形式的经济制度、经济体制就成为政治经济学研究对象的现实载体。对经济制度和经济体制的研究又会牵动政治经济学研究对象的拓展。

首先，虽然上层建筑不是政治经济学的研究对象，但是根据马克思关于经济基础和上层建筑关系的分析，政治经济学研究生产关系的总和即经

---

① 马克思：《资本论》第 3 卷，北京：人民出版社 2004 年版，第 96 页。

济基础时，也会在一定范围联系上层建筑，特别是产权制度作为反映社会性质的根本性制度，很大部分属于上层建筑。当然，经济改革所推进的经济制度的调整，虽然牵动上层建筑的变化，但从根本上说，还是反映生产关系的属性。政治经济学所要研究的上层建筑主要是保护产权和规范经济运行的法律制度、行政干预、公共财政和干预市场的宏观调控政策等。

其次，经济体制和与经济体制安排相关的经济运行进入政治经济学的视野。按照一般的理解，与生产力发展相关的经济效率的高低与生产关系相关，经济效率低就应该从生产关系的不适应来说明。实际情况是，经济效率反映资源配置的效率，反映经济运行的质量，效率高低并不完全由生产关系来说明，而是由经济体制来说明。经济体制是指某一社会生产关系的具体形式，它不完全是围绕经济制度而建立的，而主要是围绕资源配置建立的现实的经济形式。因此，经济体制的变革，既要反映经济制度的本质要求，还需要反映经济运行的效率和质量的要求。就反映经济制度的要求来说，必须根据社会主义初级阶段基本经济制度的要求改革经济体制。由于经济运行的质量和效率不完全出自经济制度，很大程度上是资源配置问题，因此，即使是建立了适应生产力发展的经济制度，但作为其实现形式的经济体制，并不一定都能适应生产力发展的要求，而需要适时调整和改革。在现阶段提高经济运行的效率和质量的有效途径是，以市场机制作为资源配置的基本方式，也就是建立市场经济体制。市场经济体制要反映社会主义经济制度的本质要求，就要同社会主义经济制度相结合。这是在坚持社会主义基本制度的前提下，在经济运行机制方面寻求新的制度安排。

二、 关于政治经济学的阶级性和任务

前一时期，受"普世价值"的影响，经济学界也产生淡化政治经济学阶级性的倾向，强调其提供超阶级的一般经济学理论的一面。实际上，以

生产关系为对象的政治经济学涉及经济关系和经济利益，其阶级性是显然的。

马克思在创立马克思主义政治经济学时，充分揭示了政治经济学的阶级性。马克思指出，代表资产阶级利益的"政治经济学所研究的材料的特殊性质，把人心中最激烈、最卑鄙、最恶劣的感情，把代表私人利益的复仇女神召唤到战场上来反对自由的科学研究"①。马克思创立的政治经济学，公开主张和维护无产阶级利益，为无产阶级和全人类的解放事业服务。他依据劳动价值论，建立了科学的剩余价值理论，发现了资本主义剥削的秘密，由此找到资本主义社会的掘墓人，敲响了资本主义的丧钟。马克思主义政治经济学的阶级性，不仅表现在对资本主义的批判，还在于为无产阶级揭示了理想社会。这就是被马克思称为"自由人联合体"的社会主义社会和共产主义社会。马克思在批判资本主义经济关系过程中，合乎逻辑地推导出未来社会的基本经济特征，反映无产阶级对未来社会的向往和为之奋斗的决心。在社会主义社会建立起来以后，马克思主义政治经济学又提供建设新社会的理论武器，反映广大人民群众的根本利益。

政治经济学的本质属性，在不同历史发展时期有着不同的要求。对旧社会，它是批判的武器，目标是埋葬这个社会。在新社会，它是建设的指南，目标是建设这个社会。由于现实的社会主义国家与资本主义国家并存，由政治经济学的阶级性决定，它还保留着对资本主义的批判职能。

认识政治经济学的任务必须关注马克思的一段话："无论哪一个社会形态，在它所能容纳的全部生产力发挥出来以前，是决不会灭亡的；而新的更高的生产关系，在它的物质存在条件在旧社会的胎胞里成熟以前，是决不会出现的。"② 这里有两层含义：第一，任何生产关系的产生和发展都取决于其物质条件即生产力的发展水平，这就是生产关系一定要适合生产力

① 马克思：《资本论》第1卷，北京：人民出版社2004年版，第10页。
②《马克思恩格斯选集》第2卷，北京：人民出版社1995年版，第33页。

性质。第二，一定社会的生产关系是相对稳定的，只要它能容纳生产力的发展，就会继续存在并发挥作用。我们可以依据马克思的这个重要原理认识现代资本主义和实践中的社会主义，特别是由此出发认识社会主义初级阶段的生产关系安排。

马克思主义政治经济学是不断发展的科学。每一个时代的理论思维，都是一种历史的产物，"它在不同的时代具有完全不同的形式，同时具有完全不同的内容"①。马克思主义政治经济学不仅随着时代的变化与时俱进，而且在不同的国家也有不同的发展。

马克思当时分析的社会主义和资本主义是时间上继起的两种社会制度。相应地，马克思所建立的政治经济学是处于资本主义社会的政治经济学，其研究对象包括他当时所处的资本主义经济和所设想的未来的社会主义经济。而在现阶段，资本主义与社会主义是在空间上并存的两种社会制度。因此，政治经济学研究的社会主义经济是实践中的社会主义经济，分析的资本主义经济也不只是前社会主义的资本主义经济，而是与社会主义并存的现代资本主义经济。

政治经济学分析资本主义的任务，是揭示资本主义经济的内在矛盾，特别是揭示其生产关系对生产力的阻碍作用，揭示资本主义被社会主义代替的历史必然性。从这一意义上说，政治经济学提供了阶级斗争的思想武器。从马克思创立政治经济学到今天，资本主义经济又发展了多年，当代资本主义经济出现了许多新的现象。政治经济学对资本主义经济的分析也要与时俱进。政治经济学对于资本主义的分析，不只是一般地研究其走向灭亡的历史必然性，还注重研究当代资本主义的新现象和新问题，揭示其新的规律。

首先，要对资本主义经济的继续存在和发展做出科学的解释。这同样要用生产力和生产关系的矛盾运动来说明。第一，继第一次产业革命以后，

---

①《马克思恩格斯选集》第 4 卷，北京：人民出版社 1995 年版，第 284 页。

几次重大的科学技术革命都发生在发达的资本主义国家，生产力的发展水平达到了前所未有的高度。第二，资本主义为了缓和阶级矛盾，采取了一系列调整生产关系的措施，在一定程度上适应了生产力的发展。以公司制为特征的现代企业制度的建立、发达的资本市场的形成、政府对经济的适度干预、科技创新机制的完善等，都是适应现代生产力发展的经济形式的调整。

其次，要揭示资本主义经济出现的新矛盾，坚定社会主义必然代替资本主义的信念。尽管从总体看，发达资本主义国家的生产力水平高于社会主义国家，但社会主义代替资本主义的客观趋势并没有改变。这是因为：其一，社会主义代替资本主义是一个长期的、曲折的和艰巨的过程。面对社会生产力发展的客观要求，资本主义为延缓自身的灭亡进程所进行的生产关系的调整和改良，实际上离马克思所设想的未来社会的生产关系更近。其二，尽管资本主义生产关系对现代生产力的发展还有较大的伸展和调整的空间，但是，资本主义生产方式所固有的生产的社会化与生产资料私人占有之间的基本矛盾不会改变。无论资本主义生产关系如何调整，只要它是私有制，必然会走到尽头。政治经济学不仅要研究资本主义范围内调整后的生产关系相应的经济形式，更要关注其在资本主义私有制范围内不可调和的新矛盾。2007年下半年以来，由美国次贷危机所引发的世界性金融危机和经济危机，就显示了资本主义所固有的制度性弊端。

再次，研究发达的资本主义国家与社会化大生产相适应的经济形式和经济组织。在资本主义与社会主义两种社会制度空间并存的条件下，许多经济活动和经济组织存在相互学习和相互融合的过程。社会主义国家的生产力要赶上并超过现代资本主义国家的水平，本身也包含学习和借鉴资本主义国家在适应社会化大生产方面行之有效的经济形式和经济组织。这种适应和促进生产力发展的经济形式和经济组织，虽然产生并成熟在资本主义国家，但这是人类社会共同的财富，完全可以为社会主义国家借鉴和利用。

三、 关于马克思主义政治经济学的中国化

应该说，马克思创立的政治经济学对未来社会基本特征的设想或基本规定性，对后来社会主义国家的实践起了方向性指导作用，但是有两个方面原因需要中国的创造：一方面，马克思当时预见的社会主义经济制度与现实的社会主义实践存在很大的差别。在半殖民地和半封建社会基础上建立起来的社会主义中国，在实践马克思关于社会主义的要求时，就不能教条式地搬用这些规定。另一方面，马克思当时只是规定未来社会的基本特征，并没有对未来社会的经济体制做具体规定，这也需要中国创造。因此，现实的社会主义经济制度和经济体制的中国创造过程，就是马克思主义关于社会主义的基本原理与中国实践的结合过程，也是马克思主义政治经济学的现代化和中国化的过程。

首先，以发展社会生产力为目标建立社会主义的经济学理论。社会主义生产的目的就是最大限度地满足人民群众不断增长的物质和文化需要。发展生产力固然需要不断完善生产关系及其与之相适应的上层建筑，但在实践中仅仅调整生产关系是不够的。在半殖民地半封建社会基础上进入社会主义社会后，面对的现实问题是生产力发展水平没有达到社会主义的要求。因此，实践马克思关于社会主义规定性的基本途径，是创造实现这些规定性的经济条件，特别是依靠发展生产力创造实现社会主义规定性的物质基础。这样，政治经济学的社会主义部分是经济建设的经济学，就不仅仅是改革和完善社会主义经济制度和经济体制，还要研究生产力，寻求促进发展先进社会生产力、增进国民财富的途径。与此相适应，对政治经济学的学习和研究要由以阶级斗争为纲转向以经济建设为中心。政治经济学要成为经济建设的理论指导。解放和发展生产力，增进国民财富，达到共同富裕，就成为政治经济学研究的使命。

其次，从实际出发探寻社会主义初级阶段的经济制度。经典的社会主义经济制度是在发达的资本主义社会基础上建立起来的。实践中的社会主义不是产生于发达的资本主义社会，而是处于社会主义初级阶段，生产力水平不高，社会主义生产关系也不成熟。这样，政治经济学的历史任务就是以马克思主义政治经济学的基本理论和方法为指导，对社会主义初级阶段的经济规律进行研究，探求社会主义初级阶段的基本经济制度及其实现形式。

再次，总结我国社会主义经济建设的实践，构建中国特色社会主义经济理论体系。中国特色社会主义实践需要中国特色社会主义理论的指导。从 1949 年算起，我国 60 多年来社会主义经济发展的实践，几经波折。从 1978 年的十一届三中全会算起，我国结束阶级斗争为纲转向以经济建设为中心也有 30 多年的实践。在这 30 多年中，作为经济建设指导思想的邓小平理论、"三个代表"重要思想和科学发展观构成了中国特色社会主义的理论体系。这是中国化的马克思主义。依据中国特色社会主义理论体系，全面总结我国社会主义建设的经验和教训，特别是改革开放以来中国特色社会主义建设的成功实践，在此基础上构建中国特色社会主义经济理论体系，就成为政治经济学的现实任务。

政治经济学所要做的以上工作，实际上是推进马克思主义经济学的中国化。在中国这样的发展中大国建设社会主义，没有现成的理论和经验，需要将马克思主义的基本理论与中国社会主义建设的实际相结合，推进马克思主义的中国化，并以中国化的马克思主义来指导中国特色社会主义伟大事业。概括起来，马克思主义经济学中国化的成果突出表现在以下几个方面：

首先是社会主义初级阶段基本经济制度理论。发展中国特色社会主义实际上是依据中国的基本国情建设社会主义。这个国情就是中国长期处于社会主义初级阶段。在这个阶段，人民群众日益增长的需要同落后的社会生产力之间的矛盾是社会的主要矛盾。社会主义初级阶段的历史任务是逐步摆脱不发达状态，基本实现社会主义现代化，由农业人口占很大比重、主要依靠手工劳动的农业国逐步转变为非农业人口占多数、包括现代农业和现代服务业的工业化国家。建设中国特色社会主义不是改变社会主义制度，也不是降低社会主义的要求，而是要使现阶段的社会主义制度安排适应现阶段的生产力发展水平，并有利于生产力的发展，从而推动社会主义事业的发展。从我国社会主义处于初级阶段出发，建立社会主义初级阶段的基本经济制度，也是一种制度创新。其意义是寻求推动生产力发展从而推动社会主义发展的新的动力和新的要素，动员存在于社会主义初级阶段的多元化经济和多种要素，使各种创造社会财富的源泉充分涌流。由此形成的社会主义初级阶段的基本经济制度既坚持了科学社会主义的基本原则，又根据我国的实际和时代特征赋予其鲜明的中国特色，体现了马克思主义基本原理同推进马克思主义中国化的结合，坚持社会主义基本制度同市场经济的结合，提高效率同促进社会公平的结合。

其次是社会主义市场经济理论。在一个长期实行计划经济体制的国家发展中国特色社会主义需要解放思想，推进改革，创新充满活力、富有效率的体制机制。与其他转型国家不同，中国的改革不是完全放弃公有制、全盘私有化。在明确社会主义初级阶段以后，改革的目标就设定在建立社会主义市场经济体制，让市场对资源配置起基础性调节作用上。与此相应牵动的改革，就是发展多种所有制经济，资本、技术、管理等要素参与收入分配，允许居民取得财产性收入，以股票市场为代表的各类要素市场得以开放并趋向完善。所有这些，不仅成为发展生产力的强大动力，而且丰富了中国特色社会主义理论的内容。

再次是社会主义条件下的经济发展理论。在一个经济落后的国家发展中国特色社会主义需要解决发展问题，需要以经济建设为中心，以科学发展观为指导。将全面小康社会建设包含在现代化的进程中，并作为现代化的具体阶段来推进，可以说是中国特色的现代化道路。在农业国基础上建设社会主义必然要推进以工业化、城市化为主要内容的现代化。我国的经济发展实践创造了中国特色的新型工业化道路、中国特色的农业现代化道路、中国特色的城镇化道路。中国经济发展的实践为形成一种科学的完善的发展理论奠定了基础，科学发展观明确提出：发展是第一要义，以人为本是核心，全面协调可持续是基本要求，统筹兼顾是根本方法。在科学发展观的指引下，实现了经济发展方式向又好又快发展的转变。实践证明，中国特色社会主义作为当代社会发展进步的旗帜，既规定了我国发展的目标，又指引了发展的道路。我国的改革开放和全面建设小康社会是中国特色社会主义的伟大实践。

最后是社会主义条件下对外开放理论。在一个长期处于封闭和半封闭的国家发展中国特色社会主义需要建立开放型经济。发展生产力，需要利用国际资源和国际市场。服从于发展社会生产力特别是先进社会生产力的目标，社会主义国家需要借鉴资本主义发达国家的先进技术和管理经验，需要积极参与国际经济合作和竞争，以增强自身的国际竞争力。需要通过对外开放吸引外国资本的进入，需要采用一切有利于发展生产力的经济形式，哪怕是在资本主义经济中采取的经济形式。

综上所述，中国特色社会主义是马克思主义中国化的伟大成果。在它的指引下，我国的经济体制实现了向社会主义市场经济的转型，国民经济转向又好又快发展的科学发展轨道，人民生活水平正在由总体小康转向全面小康。所有这些转型产生了明显的解放和发展生产力的效应。实践证明，中国特色社会主义经济理论，是指引我国社会主义制度进一步完善和发展的指导思想和根本保障。用中国化的马克思主义政治经济学指导中国的经济建设，必将取得更加辉煌的成就。

（原载于《政治经济学评论》2010 年 1 月第 1 卷第 1 期）

中国经济运行与发展的理论创新

学好用好政治经济学

2014 年 7 月 8 日，习近平总书记在主持召开经济形势专家座谈会时强调，各级党委和政府要学好用好政治经济学，自觉认识和更好遵循经济发展规律，不断提高推进改革开放、领导经济社会发展、提高经济社会发展质量和效益的能力和水平。为什么要学好用好政治经济学？这是由政治经济学的学科性质和功能决定的。首先，政治经济学作为一门研究经济关系及其运行规律的科学，是观察和分析经济社会的望远镜和显微镜。其次，政治经济学以社会生产关系为对象，以生产关系适合生产力发展为己任，是当前推动经济改革的理论武器。再次，政治经济学着力研究经济发展规律，是实现经济科学发展和可持续发展的理论指导。所谓学好，指的是认知，也就是对政治经济学揭示的客观经济规律的认知；所谓用好，指的是实践，按经济规律办事。两者合起来就是依据政治经济学原理，实现中国经济发展的知行合一。按此要求，首先是学什么，这涉及两个方面：一是学好马克思主义经济学原著，二是学好中国化的马克思主义经济学。其次是用什么，也涉及两个方面：一是运用生产关系适应生产力的发展理论指导经济改革，二是运用政治经济学揭示的经济规律指导经济发展。

一、学好马克思主义经济学原著，创新中国化的马克思主义经济学

政治经济学是观察和分析经济社会的望远镜和显微镜，是政治经济学

作为马克思主义的三个组成部分之一，有鲜明的阶级性、明确的世界观、社会指向和科学的方法。马克思主义经济学对旧社会是批判的武器。进入社会主义社会后，它的使命就转向建设新社会。我国根据马克思主义经济学揭示的发展规律建立起社会主义经济制度后，需要继续走社会主义的发展道路。毫无疑问，马克思主义经济学继续起指导作用，其基本功能是建设和发展新社会的指南。

学好用好政治经济学需要原原本本地学习马克思主义经济学原著。马克思主义经济学的经典著作以《资本论》为代表。习近平在视察中国人民大学《资本论》教学和研究中心时指出，《资本论》作为最重要的马克思主义经典著作之一，经受了时间和实践的检验，始终闪耀着真理的光芒。当前，以马克思的《资本论》为教材学好政治经济学，重点是准确掌握马克思主义经济学的基本范式，涉及以下几个方面：一是学习《资本论》严密的理论逻辑和科学的经济思维，以科学的世界观和方法论观察现实经济过程经济现象并剖析其本质。二是在我国当前全面深化经济改革的背景下，学习系统的市场经济理论。《资本论》虽然没有直接使用市场经济的概念，但就其阐述的经济理论来说，可以说是系统的市场经济论，尤其是其中关于价值规律作用的分析，可以说是最为全面准确的市场决定资源配置的理论分析。三是《资本论》对资本主义经济内在矛盾的分析，包括剩余价值理论所揭示的资本主义剥削的秘密，资本积累理论所揭示的剥夺者最终被剥夺的历史趋势，再生产理论所揭示的资本主义社会再生产矛盾，平均利润率下降规律理论揭示的资本过剩和生产过剩以及由此所造成的周期性危机，剩余价值分割理论揭示的不同职能资本家之间的矛盾，资本主义总过程理论描述的经济危机产生的根源等。按照这个思路学习政治经济学，可以深刻认识资本主义经济的运行规律和固有矛盾，科学认识当代资本主义经济出现的新矛盾，坚定社会主义必然代替资本主义的信念。四是《资本论》关于生产力和生产关系矛盾运动的分析，既包括了生产关系一定要适合生产力性质的分析，也包括了生产力本身发展规律的分析，如社会劳动生产率提高的要素和路径，社会分工，生产与交换、分配和消费的关系，资本积累的途径，社会再生产的必要条件，管理的二重性，虚拟经济与实体经济的关系等。所有这些都可以成为建设新社会的指南。最后，更为重要的是，马克思主义经济学原著所提供的政治经济学的基本范式、基本立场和基本观点是当今创新和发展政治经济学的理论来源和方法论基础。

在100多年前创立的马克思主义经济学在揭示资本主义被社会主义替代的客观必然性时，合乎逻辑地预测了未来的社会主义的经济关系。应该说其对未来社会基本经济特征的设想或基本规定性，对后来社会主义国家的实践起了方向性指导作用。但是，马克思创立政治经济学时并没有经历过社会主义社会的实践，因此他在当时预见的或设想的社会主义与实践中的社会主义，特别是在半殖民地和半封建社会基础上建立起来的社会主义的中国，存在很大的差别。

第一，从时空观分析，马克思是在资本主义社会研究资本主义，当时还没有出现社会主义国家。他所预见的社会主义经济同资本主义经济是在时间上继起的两个社会，而现时代社会主义和资本主义空间中并存。这种空间并存不仅在国际，也存在于国内。这样，马克思主义经济学中国化面对的课题是：一方面，两种不同性质的经济有共同的经济活动背景，许多经济组织、方式、规则和秩序都有趋同的趋势；另一方面，不同性质的经济彼此间存在矛盾和竞争。在此背景下，马克思主义经济学中国化的任务不仅需要阐明社会主义经济制度的优越性，更要寻求增强社会主义经济的竞争力和影响力以及最终战胜资本主义的途径。

第二，从物质基础分析，马克思当时认为，发达的资本主义是社会主义的入口，这与发达的生产力水平相关。而中华人民共和国是在半殖民地和半封建社会基础上建立起来的，由落后的生产力水平所决定，社会主义

的物质基础没有建立起来，因此发展社会主义需要经过一个社会主义初级
阶段，在这个阶段完成其他国家在资本主义条件下完成生产的社会化、市
场化和现代化的任务。这个阶段发展社会主义的根本任务是发展生产力。
与此相应，在社会主义初级阶段的社会主义不是消灭私有制，恰恰是要利
用私有制发展生产力。

第三，从经济运行和发展层面分析，在马克思主义经济学的分析框架
中，发展生产力靠的是调整和改变生产关系，社会主义生产关系代替了资
本主义生产关系就可以实现生产力的大发展。而在进入社会主义社会后所
面对的经济问题，不仅是生产关系的完善和发展这个层面，还涉及经济运
行和经济发展两个层面。这两个层面不完全是生产关系的调整，前者最为
重要的是资源配置中的市场和政府作用的安排，后者最为重要的是经济发
展方式的选择和现代化建设的方向。这是中国化的马克思主义经济学在研
究对象和领域方面需要的拓展。

第四，中国特色社会主义的成功实践。中华人民共和国成立65年的历
史就是马克思主义关于社会主义经济的基本原理与中国的实践相结合的
65年。中华人民共和国成立初期，试图实践马克思对未来社会设想的计划
经济模式没有取得成功；改革开放以后，基于中国处于社会主义初级阶段
所进行的中国特色社会主义经济建设的伟大实践取得了成功。经济改革的
中国模式、经济发展的中国道路得到了实践的检验。伟大的实践推动了理
论创新，尤其是推动了马克思主义经济学中国化。马克思创立的经济学对
未来社会的经济制度和经济发展破了题，发展中国特色社会主义的实践则
是解了这些题。可以说，迄今为止对中国特色社会主义经济建设的成功实
践进行理论概括的中国特色社会主义经济学已经基本建立，并将随着实践
的发展继续完善。

中国特色社会主义经济学不仅依据社会主义初级阶段的基本国情明确
了社会主义发展目标和发展道路，而且明确了处于这个阶段的基本经济制

度和经济体制的规定性，为改革和发展奠定了理论基础。正因为马克思主义政治经济学的与时俱进，保持了在经济学中的主流地位，并且保持了对中国改革开放和发展中的指导思想的理论基础地位。我们今天学好用好政治经济学，更为重要的是学好用好中国化的马克思主义经济学，即中国特色社会主义经济理论。

二、 学好生产关系完善和发展的理论， 明确经济改革方向

政治经济学的研究对象是一定生产力水平下的生产关系，揭示的基本规律是生产关系一定要适合生产力性质。政治经济学对社会主义分析的任务固然有对社会主义生产关系基本规定性的分析，但不仅限于此。面对所处的社会主义初级阶段，政治经济学应该以改革和完善社会主义经济制度、促进发展社会生产力、增加国民财富为目标。这就是邓小平所强调的，不能只讲发展生产力，应该把解放生产力和发展生产力两个方面都讲全了。解放生产力就是要改革，从根本上改变束缚生产力发展的经济体制。因此，当前学好用好政治经济学就是要为我国正在推进的经济改革提供理论指导，从理论上理解并且认同正在实施的改革措施。

马克思认为，生产以及随生产而来的产品交换是一切社会制度的基础，一切社会变迁和政治变革的终极原因，不应当到人们的头脑中而"应当到生产方式和交换方式的变更中去寻找"①。按此思路，政治经济学对生产关系的研究，需要从我国所处的社会主义初级阶段的实际出发，分析实践中的社会主义阶段的生产、交换和分配各个方面的经济关系的重大变革，从而提供经济改革理论。

首先是基本经济制度的变革。所有制结构是生产的基本问题，构成社会基本经济制度。社会主义的本质是消灭私有制，而消灭私有制需要生产

---

①《马克思恩格斯文集》第 3 卷，北京：人民出版社 2009 年版，第 547 页。

力基础。这就是马克思所指出的，"无论哪一个社会形态，在它所能容纳的全部生产力发挥出来以前，是决不会灭亡的；而新的更高的生产关系，在它的物质存在条件在旧社会的胞胎里成熟以前，是决不会出现的"①。生产力的发展水平的多样性决定了现阶段的社会主义处于初级阶段，而这个阶段的基本经济制度就不能只是实行公有制，需要寻求推动生产力发展从而推动社会主义发展的新的动力和新的要素，使各种创造社会财富的源泉充分涌流，于是就有了以公有制为主体多种所有制经济共同发展的基本经济制度。党的十八届三中全会把公有制为主体多种所有制经济共同发展的基本经济制度，进一步明确为中国特色社会主义制度的重要支柱、社会主义市场经济体制的根基，并且明确国有资本、集体资本、非公有资本等交叉持股、相互融合的混合所有制经济是基本经济制度的重要形式。社会主义初级阶段基本经济制度的规定，无论是对公有制经济还是非公有制经济的改革都有十分重要的意义。一是多种非公有制经济，如个体经济、私营经济、外商投资经济与公有制经济在基本经济制度框架内处于同等地位。为了充分发挥非公有制经济的活力，基本经济制度要为其创造同公有制经济平等竞争的市场环境，打破国有制经济的垄断和壁垒。在负面清单基础上，实行统一的市场准入制度，非公有制经济不仅进入竞争性领域无障碍，还允许进入过去认为必须由国有制经济垄断的特许经营领域。二是公有制经济的主体地位毫不动摇，但主体的含义需要改变，不再是指公有企业为主体，而是指公有资本在社会总资本中占优势，国有经济控制国民经济命脉。而控制也不是不允许非公有资本的进入，而是指公有资本的控制力、支配力。三是包括股份制在内的混合所有制成为基本经济制度的实现形式。公有制与非公有制资本相互持股，从而使多种所有制经济在同一个企业内部共同发展。

其次是资源配置方式的变革。马克思主义经济学用价值的概念来说明资源配置：一是以等价交换来解决交换问题，二是以价值规律的作用来解

①《马克思恩格斯选集》第 2 卷，北京：人民出版社 1995 年版，第 33 页。

决生产问题，即某种物品是否应该生产，实现资源配置的效率和效益。价值的这两大功能就是市场功能。我国在 1992 年确认了社会主义市场经济的改革目标，市场对资源配置起基础性作用。其明显的效应是增强了经济活力，提高了资源配置的效率。现在，我国社会主义市场经济体制已经初步建立，对市场规律的认识和驾驭能力不断提高。在此基础上，党的十八届三中全会明确指出，市场决定资源配置，并要求更好地发挥政府作用。与市场在国家宏观调控下对资源配置起基础性作用不同，市场对资源配置起决定性作用意味着市场不是在政府的宏观调控下起作用，而是自主地起决定性作用。所谓市场决定资源配置，是指市场规则、市场价格和市场竞争共同调节资源配置。社会主义市场经济理论的这一重大进展，必然推动政府更好发挥作用的三方面改革：一是进一步放权。凡是市场机制能有效调节的经济活动，一律取消审批；凡是能由市场形成价格的都交给市场，政府不进行不当干预。二是建设统一开放竞争有序的市场体系，关键是解决好等价交换。因此，需要完善市场秩序和规范，建设有效市场。三是改革政府治理经济的机制。政府配置公共资源要遵循公平原则，但政府作用不但不能与市场决定资源配置的作用相冲突，还要相配合。即使是政府提供公共服务，也要尊重市场规律，充分利用市场机制。

再次是收入分配制度的变革。效率不仅源于资源配置，还源于收入分配的激励。我国改革初期打破收入分配大锅饭的主要措施是坚持按劳分配、多劳多得，从而激励了劳动效率。社会主义初级阶段的基本经济制度确认后，所要建立的收入分配制度不仅要刺激劳动效率，还要刺激资本、技术、管理等要素所有者的各种要素创造财富的投入和活力。相应的分配体制是，资本、技术、管理等各种非劳动要素按贡献取得报酬。党的十八届三中全会进一步提出，资本、知识、技术、管理等报酬由要素市场决定。这意味着各种生产要素的报酬不仅要依据各种要素在创造财富中的贡献，还要反映要素的市场供求关系，并对要素的供求起到调节作用。进一步体现市场对各种要素的配置，一方面，在宏观上要使相对稀缺的要素得到最节约的使用并能增加供给，相对充裕的要素得到最充分的使用；另一方面，在微观上要对投入生产过程的各种要素的价值做出市场评价，并成为企业中确定要素报酬的依据。社会主义条件下的收入分配不只是要激励效率，还要求克服两极分化，实现社会公平。过去30多年的改革，提供了一部分人一部分地区先富起来的分配机制，由此产生的发展效应是明显的。其负面效应是贫富差距扩大，由此产生的社会矛盾开始阻碍效率的进一步提高。这表明我国到了需要通过先富帮后富、让大多数人富起来的阶段。在坚持市场决定作用的基础上促进公平正义，关键是在多种要素参与分配的条件下提高劳动者收入。为此，国民收入的初次分配不能只讲效率不讲公平，而要处理好公平和效率的关系，尤其是要提高劳动报酬在初次分配结构中的比重，使劳动者报酬与劳动生产率提高同步增长。国民收入再分配更要讲公平，实现基本公共服务均等化。针对财产占有的不公平，需要创造条件让更多的群众拥有财产并获得财产性收入。

三、 学好政治经济学所揭示的经济规律， 实现科学发展

习近平总书记指出，发展必须是遵循经济规律的科学发展，必须是遵循自然规律的可持续发展。政治经济学就是研究经济规律的科学。学好用好政治经济学就是要学好用好政治经济学所揭示的经济规律。

政治经济学的基本任务是认识和掌握所研究的社会的经济规律。根据马克思的分析，经济运动在每个历史时期都有它自己的规律："由于各种机体的整个结构不同，它们的各个器官有差别，以及器官借以发生作用的条件不一样等等，同一个现象却受完全不同的规律支配……生产力的发展水平不同，生产关系和支配生产关系的规律也就不同。"[1]

---

[1] 马克思：《资本论》第 1 卷，北京：人民出版社 2004 年版，第 21 页。

　　经济现象和经济过程本身所固有的、本质的、客观的必然联系即经济规律。政治经济学的任务不是简单描述经济现象，更要透过经济现象揭示其经济本质和内在的必然性。同其他自然规律一样，政治经济学所揭示的经济规律具有客观性，不以人的意志为转移。政治经济学所揭示的经济规律有的直接表述为规律，如价值规律、生产关系适应生产力性质的规律、可持续发展规律；有的没有使用规律的名称，但是由政治经济学所揭示的反映经济过程客观必然性的原理也是规律，如社会主义初级阶段的理论规定、社会主义市场经济的理论界定、科学发展观、虚拟经济与实体经济的关系、市场决定资源配置等。经济规律为人们提供认识问题和解决问题的依据和方法。按经济规律办事的前提是认识客观的经济规律。人们能够认识经济规律，但不能按主观意志任意地改变规律。

　　我国经济发展的实践已经证明，什么时候按经济规律办事，经济就发展；什么时候不按经济规律办事，脱离实际的长官意志、主观意志起作用，经济不但不能发展，反而会遭受严重的损失，受到经济规律的惩罚。在这方面，我们有过惨痛的教训。20 世纪 50 年代的"大跃进"，在"超英赶美"的口号下，让高山低头、河水让路，大炼钢铁，刮"共产风"，吃大锅饭，结果是受到紧接着的 60 年代的三年经济困难的惩罚；后来的"文化大革命"更是导致了国民经济接近崩溃的边缘。近几年来所出现的盲目追求GDP 增长，为生产而生产，导致了增长的不可持续。这说明，人们的经济行为、国家制定的经济政策、做出的各种经济决策必须符合经济规律的要求，顺应经济规律发展的方向。

　　一般说来，经济规律是在一定的经济条件基础上产生和发生作用的。这里讲的经济条件包括生产力水平、生产关系、市场供求条件等。当某种经济条件改变时，与之相关的经济规律也就随之会消失或产生。当前中国进入了新的发展阶段，尤其是由低收入国家进入中等收入发展阶段，在经济形态上必然会产生一系列与以往阶段不同的特点，经济发展的新常态就是在新的经济条件下产生的。一种经济状态成为常态一定是合乎规律的状态。只有带有经济发展新阶段特征的内在必然性的状态才能称为新常态。

新阶段在宏观经济上表现出来的新常态突出表现在，告别改革开放以来30多年平均接近10%的高速增长进入7%—8%的中高速增长。面对这种新常态，就要按照习近平总书记所指出的："我们要增强信心，从当前我国经济发展的阶段性特征出发，适应新常态，保持战略上的平常心态。"政治经济学的任务不仅要从经济规律上说明这种状态成为常态的客观性，还要根据新阶段的经济规律实现可持续的、高质量的中高速增长的战略和路径。

对经济增长进入中高速增长可以从以下两个方面解释：首先是进入中等收入发展阶段后的常态。我国人均GDP水平从低收入国家转变为中等收入国家，GDP总量达到世界第二。不只是GDP基数达到这么大规模后不可能长久保持原来水平的高速增长，更重要的是，经济增长的主要目标由数量转向质量，发展的目标更为广泛，不只是单一的经济增长目标。其次是增长动力常态改变。处于低收入发展阶段时，经济增长主要依靠供给推动：资源供给较为宽松，劳动力供给也充分，可以投资来拉动要素供给。经过30多年的高速增长，供给推动力明显衰退，人口红利正在消退，资源环境供给日益趋紧。经济的高速增长遇到了自然界限。而在此时，新的发展的动力尚未充分作用，速度下降是不可避免的。

经济学中的潜在经济增长率概念，指的是一国在各种资源得到最优和充分配置条件下所能达到的最大经济增长率。新常态下的中高速增长，即达到潜在增长率的速度。新常态不是不要速度，而是要求长期的持续增长，而且这种增长还必须是可持续的。根据潜在增长率的要素，在新的发展阶段实现中高速增长的常态涉及几个重要的支撑要素，包括经济发展战略常态、宏观调控常态和发展动力常态。这三个方面形成常态就可以支撑中高速增长的常态。

首先是发展战略常态。实现中高速增长主要涉及经济结构、技术基础和资源的可持续供给，因此发展战略的常态就有两个方面：一是经济结构的再平衡。现有的经济结构还是低收入发展阶段的结构，其表现是高产值、低附加值和高消耗、高污染。现在，制约经济发展的主要因素由经济总量转向经济结构，由中等收入阶段转向高收入阶段靠经济结构转型升级带动，最为突出的是淘汰过剩产能、污染产能、落后产能，同时腾笼换鸟，使服务业和高科技产业有更快的增长。二是转向创新驱动。低收入阶段增长的驱动力主要是物质资源投入和模仿创新。现在，物质资源供给不可持续问题凸显，跟在发达国家后面模仿创新不可能实现现代化。转向创新驱动突出自主创新，与发达国家进入同一创新起跑线，在科技和产业上占领世界制高点。依靠创新采用绿色技术，创新战略性新兴产业是实现长期的中高速增长的根本保证。发展战略调整可能带来阵痛，但是凤凰涅槃可以带来腾笼换鸟的效果，支持经济的长期稳定增长。

其次是宏观调控新常态。过去我国经济增长的质量不高，很大的原因在于经济增长不是由市场推动而是由宏观调控政策推动，宏观调控手段实际上成为推动经济增长的手段。经济增长在实际上取决于货币投放和财政政策，企业投资行为跟着货币政策走，经济发展的快与慢完全取决于国家的宏观调控政策倾向。扩张性宏观政策推动的经济增长，必然产生大量过剩的产能和资产泡沫；紧缩性政策促进经济迅速萎缩，必然造成资源的严重浪费。这种状态也就是"政策经济"的常态。现在，确认了市场对资源配置起决定性作用，市场不再是在国家的宏观调控下起基础性作用，而是自主地起作用。其直接要求是明确宏观经济的合理区间，也就是在通货膨胀的下限或失业率的上限之间的合理区间内，国家不再随意随时出手宏观调控。超出宏观经济合理区间，国家才会实施紧缩或刺激的宏观调控政策。这种宏观调控成为新常态，意味着告别长期实施的相机抉择和随时出手调控市场的宏观调控常态，使市场在更多空间内推动经济增长，实现经济增长由政府推动向市场推动的转变，也就真正实现了我国由"政策经济"向市场经济的转变。企业的行为唯一地接受市场调节，就可以大大提高经济增长的质量。

再次是发展动力新常态。我国在处于低收入发展阶段时，经济发展靠供给推动。当我国进入中等收入阶段后，供给推动力明显衰退，发展的动力必然要转换。一是由供给推动转向需求拉动；二是拉动增长的需求由注重外需转向扩大内需,扩大内需成为经济发展的战略基点。扩大内需包括投资需求和消费需求两个方面,两者要协调拉动经济发展。针对长期以来消费需求受到限制、消费需求对经济增长贡献率太低的状况,需要突出消费拉动。注重民生改善是拉动消费需求的着力点。人民群众在民生改善中分享改革发展的成果,就会支持改革,支持发展,积极参与改革和发展。随着消费需求尤其是私人消费得到培育,消费力得到提升,这种新常态会逐步凸显。突出消费拉动并不排斥投资拉动。在过去的常态中,投资拉动是拉动供给要素,属于供给推动增长。在现在的常态中,改善民生仍然需要投资拉动,其中包括以投资来创造就业机会和岗位,以投资拉动的增长来增加居民收入,以投资来推动基本公共服务城乡和区域均等化,以投资来改善生态环境。显然,由着力于民生改善的投资拉动是最有效的。

政治经济学对新常态的研究不应该只是对这种新常态进行描述和解释,更不是粉饰新的经济状态,而更应该是厘清新常态下合乎规律的新的发展思路,实现经济发展的新突破。

我国经济发展进入新阶段还会产生许多新的现象,有的也会成为新常态。政治经济学需要不断地在经济规律性上对不断出现的新常态做出说明,从而不断地为认识世界改造世界提供客观的理论依据。

在中国经济建设的实践中产生的中国化马克思主义经济学已经成为指导中国经济改革和经济发展的理论经济学科,同时又具有应用性特点。政治经济学以现代化建设中提出的重大理论和实践问题为主攻方向,研究经济运行机制、经济体制、宏观经济政策,研究战略性、全局性、前瞻性的重大课题,可以为国家和企业的经济决策提供理论依据,为社会主义物质文明和精神文明的建设做出理论贡献。

(原载于《政治经济学评论》2015 年 1 月第 6 卷第 1 期)

以创新的经济发展理论阐释中国经济发展

当代中国经济面临的重大问题是发展问题。中国经济的发展需要中国化的马克思主义政治经济学理论指导。可是长期以来，学术界把研究经济发展问题的学科归之于西方发展经济学或增长经济学。根据习近平总书记在全国哲学社会科学工作座谈会上的讲话精神，建设中国特色哲学社会科学应该以我们正在做的事情为中心，从我国改革发展的实践中挖掘新材料、发现新问题、提出新观点、构建新理论。[①] 按此要求，对中国经济发展问题的研究，应该包含在中国特色社会主义政治经济学理论体系之中，相应地解决三个方面的理论问题，由此形成中国特色的系统化经济发展新理论。第一，中国特色社会主义政治经济学的研究对象需包含经济发展问题。第二，经济发展理论的话语体系须符合马克思主义政治经济学的学术规范。第三，亟待从学理上系统总结改革开放以来中国社会主义现代化建设的丰富实践经验，回应我国进入中等收入发展阶段面临的重大发展问题挑战。

一、 构建解放、 发展和保护生产力的系统性经济发展理论

经济发展理论要成为中国特色社会主义政治经济学的重要组成部分，需要明确地将生产力纳入政治经济学的研究对象。近年来，虽然政治经济

---

① 习近平：《在哲学社会科学工作座谈会上的讲话》，《人民日报》2016 年 5 月 19 日。

学研究者已经开始重视对生产力的研究，但政治经济学教科书对研究对象的表述一般都规定为生产关系，对生产力的研究仅处于"被联系"的次要地位，即联系生产力来研究生产关系。实践证明，面对社会主义经济建设这一中心任务，只以生产关系为研究对象，不以生产力为研究对象，马克思主义政治经济学就难以科学地指导中国的经济发展，最终还会使自己边缘化。

中国特色社会主义政治经济学把生产力直接作为研究对象的必要性，存在诸多不容置疑的理由。一是由社会主义的发展任务决定。无产阶级夺取政权以后的根本任务，就是要通过社会改造"尽可能快地增加生产力的总量"①。具备高于资本主义经济的劳动生产率，更是社会主义战胜资本主义的根本保证。经济落后国家在进入社会主义社会后，阻碍社会主义替代资本主义的最大制约性条件是生产力的落后，而不是生产关系的落后。二是由社会主义所处历史阶段决定。处于初级阶段的社会主义的本质，就是解放和发展生产力，消灭剥削，消除两极分化，逐步达到共同富裕。三是由中国特色社会主义的实践决定。中国用不太长的时间从贫穷落后的农业大国一跃成为世界第二大经济体；近14亿人口不仅摆脱了贫困，而且即将一个不落地全面进入小康社会；中国经济的增长率即使进入中高速增长的新常态，仍然处于世界前列，依然是世界经济的动力源。对于如此成功的社会实践，离开了研究发展生产力为任务的经济学，是难以做出准确解释的。基于以上分析，中国特色社会主义政治经济学应将研究对象明确为：在发展变化中，研究相互联系的生产力和生产关系。这也是以人民为中心的经济学自身的发展要求。

研究生产力，研究什么？邓小平说：一个是解放生产力，一个是发展生产力，需要把两个方面"讲全了"。②习近平还提出，"牢固树立保护生态

---

① 《马克思恩格斯文集》第2卷，北京：人民出版社2009年版，第52页。
② 《邓小平文选》第3卷，北京：人民出版社1993年版，第370页。

环境就是保护生产力、改善生态环境就是发展生产力的理念"①。这样，中国特色社会主义政治经济学对生产力的研究就有三个层次的内容：一是解放生产力，二是发展生产力，三是保护生产力。广义地说，保护生产力属于发展生产力的范围，但针对我国在发展生产力的过程中，突出存在的破坏生态环境的问题，有必要将保护生产力独立出来作为政治经济学研究的一个重要方面。因此，中国特色社会主义政治经济学理论体系构建的基点，就是构建关于解放、发展和保护生产力的系统化经济理论。这三个方面合起来形成了经济发展理论，成为中国特色社会主义政治经济学的重要组成部分。中国特色社会主义政治经济学理论体系包含经济发展理论，是中国特色社会主义政治经济学理论体系的重大拓展。

二、 构建经济发展理论的话语体系

经济发展理论要进入中国特色社会主义政治经济学理论体系，本身也需要符合马克思主义政治经济学的学术规范，尤其是在话语体系的构建方面。中国特色社会主义政治经济学的构建，如习近平总书记指出的，要以马克思主义政治经济学为指导，总结和提炼我国改革开放以来社会主义现代化建设的伟大实践经验，同时借鉴西方经济学的有益成分。② 按此要求，构建中国特色的经济发展理论学术体系和话语体系，主要涉及以下三个方面。

首先是在马克思主义经济学的理论宝库中，发掘系统的生产力发展理论，使其成为经济发展理论建构的指导思想和方法论基础。以《资本论》为代表的马克思主义政治经济学联系生产力研究生产关系，阐述的一系列

---

① 新华社：《坚持节约资源和保护环境基本国策　努力走向社会主义生态文明新时代》，《人民日报》2013 年 5 月 25 日。

② 新华社：《坚定信心增强定力　坚定不移推进供给侧结构性改革》，《人民日报》2016 年 7 月 9 日。

关于生产力发展的原理，形成了中国特色社会主义政治经济学体系中的经济发展理论话语体系的基础。例如，关于劳动生产力要素的规定，经济发展方式的区分，社会再生产的比例关系，人和自然的关系，生产和消费的关系等。

其次是借鉴西方经济学的有益成分。发展中国家的经济发展问题是世界性问题，西方以发展中国家的经济发展为对象的发展经济学，以经济增长为对象的增长经济学，都不乏可为我所用的积极成果。例如，二元结构理论，中等收入陷阱理论，全要素生产率理论，可持续发展理论，知识经济理论，国家创新体系理论等。这些范畴和理论进入中国特色社会主义政治经济学，使中国的发展理论可以同世界流行的发展理论，通过比较和对话为我所用。其间同样有一个如何中国化的问题。

再次是以中国的发展理论讲好中国故事，体现中国智慧。习近平在主持中共中央政治局集体学习马克思主义政治经济学基本原理和方法论时，列举了中国共产党在探索社会主义建设道路过程中提出的独创性观点，如统筹兼顾、注意综合平衡，以农业为基础、工业为主导、农轻重协调发展等重要观点，尤其是十一届三中全会以来，形成的中国特色社会主义政治经济学的许多重要理论成果。[1] 其中包括，关于确立并贯彻创新、协调、绿色、开放、共享的新发展理念，关于我国经济发展进入新常态的理论，关于推动新型工业化、信息化、城镇化、农业现代化相互协调的理论，关于用好国际国内两个市场、两种资源的理论，关于促进社会公平正义、逐步实现全体人民共同富裕的理论，等等。这些理论成果，是适应当代中国国情和时代特点的政治经济学，不仅有力地指导了我国经济发展实践，而且开拓了马克思主义政治经济学的新境界。

① 新华社：《立足我国国情和我国发展实践　发展当代中国马克思主义政治经济学》，《人民日报》2015 年 11 月 25 日。

三、 回应进入中等收入阶段的重大发展问题

重大现实问题导向是马克思主义的鲜明特点。作为研究导向的重大现实问题与所处时代的历史发展阶段密切相关。正如恩格斯所说，每一个时代的理论思维，"都是一种历史的产物，它在不同的时代具有完全不同的形式，同时具有完全不同的内容"[①]。构建中国特色的经济发展理论，需要从当代中国所处的发展阶段出发。在生产关系层面，中国特色社会主义政治经济学阐明了处于社会主义初级阶段的生产关系，并指导了我国近40年改革开放的成功实践。我们同样需要在生产力层面，阐明我国当前所处历史阶段经济发展的规律性。生产力所处的发展阶段特征制约着经济发展的环境、目标、方式以及动力。依其究竟是处于低收入阶段，还是中等收入阶段，或是高收入阶段，各自的经济发展理论所揭示的规律性毕竟不是完全一样的。

根据国际通行的标准，现在我国经济已具有明显的中等收入阶段特征。与低收入阶段相比，中等收入阶段提出了一系列新的重大发展问题，意味着低收入阶段的一些经济发展理论不再适用。准确地回应这些新的系列挑战，需要进行理论创新。

首先是经济中高速增长的可持续问题。进入中等收入阶段，经济迈入了新常态。增长速度从高速转向中高速，最主要的原因有这些方面。（1）物质资源和环境资源的供给接近极限。（2）农业劳动力向城镇转移的速度放慢，低成本劳动力的供给也接近极限。（3）供求结构严重失衡，出现了有效供给严重不足，而无效供给和低端供给却严重过剩的状况。因此，从低收入阶段进入中等收入阶段后，经济增长速度由高速转向中高速是不可避免的，但中高速增长能否建立在质量和效率的基础上，且具有可持续

①《马克思恩格斯文集》第9卷，北京：人民出版社2009年版，第436页。

性，显然要看是否有科学的理论指导。

其次是跨越"中等收入陷阱"问题。形成"中等收入陷阱"的主要症结，在于发展方式问题。进入中等收入阶段后，如不能摆脱低收入阶段的发展模式，其后果则是，既无法在工资成本方面与低收入国家竞争，又无法在尖端技术研制方面与发达国家竞争。低收入阶段的发展模式，导致中等收入阶段面临"三大至顶"威胁。（1）收入差距达到库茨涅兹收入差距倒 U 型曲线的顶点。（2）腐败程度也达到库茨涅兹倒 U 型曲线的顶点。（3）环境污染达到环境库兹涅茨倒 U 型曲线的顶点。随着文明程度的提高和社会的多元化，居民针对这三大威胁的维权意识大为增强。实践证明，并不是所有国家和地区都会陷入这一陷阱。意识到它的存在，并且在正确的发展理论指导下，即使处于不利的国际环境，也能够通过科学发展化解"三大至顶"威胁，从而跨越"中等收入陷阱"。

再次是补齐发展的短板。中国特色的现代化是新型工业化、信息化、城镇化、农业现代化"四化同步"的现代化。全面建成的小康社会须惠及全体人民，亟待经济、社会、文化、政治和生态各个方面的协调发展。当前距离中华民族伟大复兴第一步战略目标的实现，还存在诸多短板。我国进入中等收入阶段以后，尤其需要根据"共享"和"协调"的原则，补齐如下短板。一是补齐农业现代化的短板。二是补齐农村发展的短板，以化解城乡二元结构。三是补齐贫困地区和贫困人口的短板。四是补齐生态文明的短板。这些短板的补齐若"四缺一"乃至更多，中国社会主义现代化的历史进程将难以继续。

进入中等收入阶段后，我国面临的上述严峻挑战，是创新中国特色社会主义政治经济学发展理论的起点和动力源。有效应对这些重大发展问题的根本理念，就是以习近平同志为核心的党中央关于创新、协调、绿色、开放、共享的五大新发展理念。适应由低收入阶段转向中等收入阶段的重大转变，需要运用新发展理念在以下方面推动经济发展理论的创新。

一是经济发展目标的转变。低收入阶段的发展问题实际上只是经济增长问题，目标单一。在进入中等收入阶段后，经济发展具有了更广泛的含义，涉及经济社会的各个层面。因此，现阶段的发展目标不可能单一，不仅是摆脱贫困，公平分配、增加社会福利都要进入发展目标。经济发展最关心的是长期持续的经济增长，不仅包括数量和规模的增长，还包括持续经济增长所依赖的技术进步、制度优化和文化创新。

二是经济发展方式的转变。进入中等收入阶段后，转变经济发展方式的方向，就是习近平总书记概括的，"发展必须是遵循经济规律的科学发展，必须是遵循自然规律的可持续发展"①。转变发展方式不只是转为集约型发展方式的问题，更重要的是转向内容更为丰富的创新型发展方式。一为产业结构优化升级，也就是改变低收入阶段对禀赋资源比较优势低端产业结构的依赖，依靠科技进步转向中高端的产业结构。二为发展驱动力转换，经济发展由主要依靠物质资源和低成本劳动力驱动转向科技创新驱动。三为追求经济增长的最小成本化。只有在资源得到有效利用、环境污染得到有效控制、社会福利不断增进的基础上，实现的经济增长才是有价值的可持续增长。

三是开启现代化新征程。发展中国家追赶发达国家的进程，就是现代化的过程。国际环境的变动和发展中国家的特殊国情，决定了各国现代化道路的特殊性。中国进入中等收入阶段意味着，小康社会即将全面建成，以及现代化新征程的开启。中国特色的社会主义现代化是新型工业化、信息化、城镇化和农业现代化"四化同步"的现代化。不仅"四化同步"是中国的创造，而且其中的每一"化"都有中国自己的创造。现代化新征程更加重视人的现代化。在马克思看来，人的现代化就是人的全面发展。其基本的物质文化条件是，生产力高度发展，消除旧的社会分工，教育和文化事业高度发达。

---

① 新华社：《更好认识和遵循经济发展规律　推动我国经济持续健康发展》，《人民日报》2014 年 7 月 9 日。

四是保护生产力直接成为发展目标。面对在低收入阶段所推进的工业化、城市化，尤其是重工业化所造成的资源耗竭及其供给的不可持续状况，保护生态环境从而保护生产力，应该成为中等收入阶段经济发展理论的重要组成部分。这需要从根本上改变发展理念，必须明确优良的生态环境是人类社会难以再生的宝贵财富。人类不仅需要通过发展获取更多的物质财富和精神财富，还要在发展中赢得更多的生态财富。因此，保护生态环境就是保护生产力。生态文明作为一种发展理念，体现在尊重自然、顺应自然、保护自然。人类的生产生活方式以最适宜的文明方式影响自然，可以换取自然对生产力发展的最佳反馈。

四、 寻求和把握经济发展新动力

中国特色社会主义政治经济学的一个重要功能，在于寻求和把握新时期经济发展的新动力。这涉及两个层面：在生产关系层面寻求和把握发展的新动力；在生产力层面寻求和把握发展的新动力。生产关系层面的路径是推进改革对解放生产力的反作用。在第二个层面，过去曾经推动经济高速增长的物质要素和低成本劳动力的供给已明显衰减，经济增长的发动机因而需要转换，经济发展理论当需在供给和需求两侧揭示新的增长动力。

一方面，在供给侧的推动力衰减时，要寻求需求侧的拉动力。党的十八大明确提出，"使经济发展更多依靠内需特别是消费需求拉动"[1]。牢牢把握扩大内需这一战略基点，在由消费、投资和出口"三驾马车"协同拉动的经济增长中，尤其要重视消费需求拉动的基础性作用。之所以必须这样做，不只是因为过去对扩大内需消费重视不够，更重要的是，消费对拉动经济发展具有以下不可替代的作用。（1）转变经济发展方式，需要突出消

---

[1] 胡锦涛：《坚定不移沿着中国特色社会主义道路前进 为全面建成小康社会而奋斗》，北京：人民出版社2012年版，第20页。

费对增长的基础性作用。生活消费属于最终需求，是经济发展最可靠的持续动力。（2）消费需求拉动经济发展，这是以人民为中心的经济学的必然要求。人民的生活消费水平，直接反映公有制为主体的分配关系和分配制度的性质。（3）宏观经济的均衡关系实质上是生产力和消费力相匹配的均衡关系；积累和消费的比例关系是发展方式科学性的综合反映。因此中国特色社会主义政治经济学不仅要研究生产，还要研究消费。加大消费需求对经济发展的拉动作用，关键是培育消费力，包括增加居民收入、扩大就业和完善社会保障制度。

另一方面，在供给侧的物质资源投入不足时，更要寻求新的驱动力。影响经济实际增长率的潜在增长率的供给要素，除了物质和劳动力要素的投入外，还有技术、生产力结构、管理能力、效率等方面的要素。现阶段消退的供给侧推动力，只是生产要素中的物质资源、环境资源和低成本劳动力。在供给侧还有其他动力可以开发，如创新驱动、结构调整、提高效率、治理能力现代化等，都可形成供给侧推动经济增长的新动力。相对于需求的拉动力，供给侧对经济发展的推动力更为长期。供给侧结构性改革需要激活一系列新的驱动力。

一是科技创新的驱动力。科技创新是引领发展的第一动力和发展的基点，它在现阶段的历史地位尤为重要。（1）科技创新发展是新型的发展方式。经济发展所涉及的转方式、调结构、绿色化都需要创新来驱动。（2）科技创新的核心是自主创新。现阶段的科技创新正从过去以跟踪模仿为主，转向跟踪模仿与并跑领跑同时相存的新阶段。（3）科技创新与产业创新对接，培育新经济，推动产业结构转向中高端。（4）加快科技成果向生产力的转化，推动产学研协同创新，注重研发和孵化新技术，形成大众创新万众创业的大氛围。（5）人才成为科技创新的第一驱动力。将科技创新作为新型的发展方式，这是中国经济发展理论的创新，也是中国特色社会主义政治经济学的理论创造。

　　二是提高全要素生产率。在马克思主义经济学中有要素生产率的概念，如劳动生产率、资本生产率、土地生产率等。全要素生产率概念，指的是各种要素之间有机组合所产生的集合生产率，大于各单个要素生产率的简单相加之和，其中的差额就是全要素生产率。根据定义，提高全要素生产率的关键，在于能对各种要素起集合和引导作用的要素。在投资作为集合和引导要素的场合，提高全要素生产率的着力点是提高投资配置的效率，否则就会出现要素结构性错配的两种状况。（1）投资较多地投在地产和虚拟经济，而不是投在与新产业相关联的物质资本和技术要素。（2）投资偏重物质资本，忽视人力资本投资。针对这两种状况，提高全要素生产率的着力点，就是要重视对实体经济尤其高新产业的投资，重视人力资本投资。当前特别要重视企业家对提高全要素生产率的集合和引导作用。供给侧结构性改革的目标之一，就是推动经营者向成为有才干企业家的转变，放手让企业家在市场决定资源配置的条件下组合生产要素，在提高供给体系质量和效率过程中，提高全要素生产率。

　　三是激发市场主体活力。经济学处理经济问题的核心，可以概括为"选择"和"激励"两个关注点。一般说来，需求侧的经济学关注的是选择问题。即在市场决定资源配置的条件下，由市场选择资源流向，进入哪些地区、行业和企业，由充分竞争的市场进行优胜劣汰的选择，从而对企业产生外部压力。供给侧的经济学则更关注激励问题，以激励市场主体能动的活力。中国特色社会主义政治经济学的一个重大原则，就是调动各个方面的积极性。这也应该成为供给侧结构性改革的重大原则。激励主要涉及三个方面。一是激励创新。科技创新不能只是靠市场压力，还需要激励，包括在知识产权严格保护下创新收益权的垄断、政府提供激励性政策和引导性投资激励等。二是克服机会主义行为。要在信息不完全条件下，建立激励性体制，克服影响供给质量和效率的道德风险这类机会主义行为，并从机制上改变"劣币驱逐良币"的状况。三是激发企业活力。针对微观经济的主体，政府要减轻企业负担，减少对企业的行政干预，从而激发企业活力。经济运行的细胞是企业，激励企业活力关键在于处理好国民收入分配中国家、企业和职工三者的利益关系。在职工和企业的关系方面，突出企业内部合作共赢的整体利益。在处理政府和企业的关系方面，也要突出企业的上述整体利益。坚持党对国有企业的领导不动摇。[①]

四是结构调整的推动力。发展中国家的经济社会发展问题主要是结构性问题。其中，最为突出的是如何克服城乡二元结构的对立。在低收入阶段，以农民进城为内容的城市化是驱动这一发展的强大动力。进入中等收入阶段以后，二元结构的对立统一运动有了新内容，一方面是城市现代化，另一方面是城乡发展一体化。二者都蕴藏着增加需求和增加供给的巨大空间。就后者而言，城市发展要素向农村的扩散意味着，在农村中的城镇增长点增加城市要素及设施的供给，促进其逐渐具有产业发展、公共服务、吸纳就业、人口集聚等新功能。就前者而言，推进人的城镇化意味着，不但使进入城市的农村转移人口实现市民化，形成对城市住房和福利的新需求，还要使农民在分散于广大农村的小城镇实现市民化，享受市民权利，形成对当地城镇住房和福利的需求。很显然，在克服城乡二元结构的路径中，城乡发展一体化将是中等收入阶段经济发展的强大动力。

基于社会主义初级阶段的社会主义本质要求，将解放、发展和保护生产力结合起来，构建系统化的经济发展学说。可以说，这是中国特色社会主义政治经济学在生产力层面的开创性研究，具有重大的理论和现实意义。

（原载于《中国社会科学》2016 年第 11 期）

---

① 人民日报：《坚持党对国有企业的领导不动摇　开创国有企业党的建设新局面》，《人民日报》2016 年 10 月 12 日。

进入新阶段后中国经济发展理论的重大创新

　　建立中国特色社会主义政治经济学,经济发展问题是不可或缺的。过去我们谈政治经济学的时候,都是研究生产关系的,尽管也谈到联系生产力来研究生产关系。因此,一般认为发展的问题,是发展经济学研究的领域,不是政治经济学研究的问题。这是对政治经济学的误解。中国的经济发展以中国特色社会主义政治经济学来指导,而不是由别的经济学来指导。其必要性在于两个方面:一方面,中国发展有其特殊的国情,如人口众多、城乡和地区发展极不平衡,对此,任何外国的发展理论都难以正确指导和说明;另一方面,中国的发展问题不只是生产力问题,还涉及生产关系的调整,只有马克思主义政治经济学既研究生产关系又研究生产力,因此,指导中国经济发展需要将生产力和生产关系结合在一起的政治经济学来指导。既需要利用社会主义经济的制度优势推动经济发展,又要根据生产力发展规律来推动经济发展。正因为如此,中国特色社会主义政治经济学的一个重要功能是推动经济发展。

　　改革开放30多年来,中国特色社会主义政治经济学对经济发展的重大理论贡献,从大的方面可以概括为:一是关于中国特色社会主义现代化理论,以及相关的全面小康社会理论和新型工业化、信息化、农业现代化、城镇化"四化同步"理论;二是关于经济发展方式和经济发展方式转变的理论;三是关于科学技术是第一生产力的理论;四是科学发展观以及新型工业化和城镇化理论等。这些都是改革开放实践推动的中国特色社会主义政治经济学的理论贡献。党的十八大以来，发展理论又有一系列的重大创新，其中包括：一是经济新常态理论；二是创新驱动经济发展理论；三是五大新发展理念；四是绿水青山就是金山银山理论以及生态文明理论；五是供给侧结构性改革理论。

现在，随着中国告别低收入发展阶段进入中等收入发展阶段，经济转向新常态，根据新发展理念、发展理论出现一系列的创新。创新就是创造性毁灭。同样，新阶段创新的发展理论，或者是否定流行的发展经济学原理，或者是否定过去在低收入阶段曾经有效指导发展的理论，甚至也要摒弃一部分在改革开放初期所推行的在当时行之有效的发展政策。其根本性原因是发展阶段改变后有新的发展任务、新的阶段性特征、新的发展规律。

一、 任务由指导经济起飞转向指导现代化

现有的发展经济学基本上是摆脱贫困的经济学，是推动发展中国家实现起飞的经济学。由指导经济起飞的理论推出的发展战略主要包括：以GDP 增长为目标的赶超战略；支持高速增长的高积累高投资率；以农业剩余劳动力转移推动城市化和工业化；以比较优势参与国际分工，实施出口导向的外向战略；等等。指导经济起飞的理论可以说是传统经济发展方式的理论依据，可以肯定，这些以摆脱贫困为任务的发展理论对中国由低收入国家迈向中等收入国家起到过积极的指导作用。

现在中国的世界经济地位发生了重大变化，GDP 总量达到世界第二，是世界最大的出口国和外汇储备国，世界第二制造业大国。人均 GDP 在2011 年就达 5414 美元，2016 年达到 8800 美元，进入了中等收入发展阶段。其阶段性特征有两个表现：一方面，中国的现代化建设进入了新的历史起点。其主要表现是：人民生活水平整体提高，贫困人口显著减少；农业比重降到 10.1%，工业比重达 46.8%，从农业国变为工业国；城市化率超过

50%，表明中国已经进入了城市化的中期阶段。在此背景下，中国的经济发展开启了向高收入迈进的新阶段。另一方面，进入中等收入发展阶段后面临的最大风险是"中等收入陷阱"。其主要表现是：难以摆脱以往低收入阶段时的发展模式，在工资方面无法与低收入国家竞争，在尖端技术研制方面无法与富裕国家竞争。尤其是在低收入阶段，为推动经济快速发展而实施的增长机制和发展模式积累的矛盾在这个阶段集中爆发，由此产生尖锐的社会矛盾，严重阻碍经济的持续发展，造成经济增长陷入停滞，长期在中等收入阶段徘徊。

实际上，中国进入中等收入阶段可以说是实现了经济起飞，相应地，经济发展理论就要由指导经济起飞转向指导现代化。其任务是揭示由中等收入国家向高收入国家发展的进程和规律，并且为跨越"中等收入陷阱"提供理论指导。按此要求构建的经济发展理论主要涉及三个方面：一是调整发展目标，不仅经济发展目标要更为全面，社会发展目标也要成为发展目标；二是转变经济发展方式，不能把低收入国家向中等收入国家发展时所采取的那种发展方式延续到中等收入国家阶段，新的发展方式不仅要求有能力在尖端技术研制方面与富裕国家竞争，还要求在节能减排等方面实现绿色发展；三是富裕人民，经济发展理论需要由摆脱贫困的发展经济学转向富裕人民的经济学。中等收入阶段富裕人民就不仅指提高人民收入，还涉及以下方面：一是居民家庭财产明显增加，居民的财产性收入随之增加；二是居民享有更多的公共财富，特别是社会保障覆盖面扩大，城乡基本公共服务均等化；三是缩小收入差距，逐步实现共同富裕。这些发展目标理论不仅反映中等收入国家发展阶段的特征，更是社会主义经济的根本要求。

二、 发展的引擎由外需转为内需

改革开放打开了国门，发展开放型经济，出口导向和大力度引进外资曾对中国经济发展起到明显的引擎作用。现在由于以下两方面原因，外需的引擎作用明显减弱。一方面，国际市场需求下降。出口导向的发展战略存在对国际市场的依赖性。2008 年爆发的国际金融危机直接打击的是欧美日等发达经济体的经济，直到现在世界经济仍然低迷，这对主要以欧美日为市场的开放型经济无疑是极大的打击。另一方面，中国市场地位提升。在全球化经济格局中，中国正在由外围变为中心。中国的市场总体规模进入世界市场的前列，表现在富裕起来的接近 14 亿人口的市场需求，GDP 的总量达到世界第二；中国在世界一定范围内正在成为经济增长的中心，2016 年中国经济增长对世界经济增长的贡献率达到 33.2%，居世界首位。中国市场的国际影响力的增强意味着中国市场已经和正在成为重要的世界市场，进入中国市场也就是进入世界市场。

在外需引擎作用减弱的同时，国内发展的引擎作用明显增强。一方面，出口导向型发展战略拉不动国内的经济增长。主要表现是，中国的许多出口品（尤其是劳动密集型产品）的国际产能过剩问题越来越严重；由于土地和劳动成本的增加，不仅出口产品竞争力下降，对制造业外资进入的吸引力也随之下降。另一方面，协调区域发展不平衡会形成巨大的内需。在相当长时期内中国发展外向型经济实际上只是在沿海地区推进的，外需导向的经济只是拉动了这一区域的经济发展。而广大的中西部地区处于外向型经济的边缘，不仅得不到外需的拉动，而且由于东部沿海地区面向海外，中西部地区经济得不到东部地区的带动，地区差距进一步扩大。现在，进入中等收入发展阶段后，不仅已融入全球化的东部沿海地区已经有了强劲的发展能力，中西部地区强烈的发展需求以及针对东西部发展不平衡所进行的协调都会提供巨大的内需和发展机会。相比外需型经济，由于市场距离和信息获取等原因，内需型经济的交易成本和流通成本更低。

在外向型经济难以继续成为中国现阶段发展引擎时，国内经济发展的需求正在成为新的引擎。这就是斯蒂格利茨在 20 世纪 90 年代末所指出的：

"随着经济增长和全球经济环境的变化，那种主要依靠出口和国外直接投资来推动经济增长的战略的重要性将降低。同时，中国面临着继续改善资源配置和生产力挑战。"应对这个挑战的对策，就是"使国内经济成为增长和平等的发动机"①。

基于扩大内需成为经济发展的战略基点，内需型经济替代外需型经济成为增长的发动机。作为引擎的内需型经济核心在内需的扩大，即发展所拉动的投资和消费需求。就目前来说，致力于全面小康和现代化建设所产生的巨大需求主要涉及四个方面：一是由实现小康到富裕人民存在较大的增加人民收入的空间，由此可以产生巨大的消费需求；二是虽然城市化率已经过半，但中国的城市化还有较大的提升空间，尤其是城乡一体化发展，不仅会拉动投资需求还会拉动消费需求，产生较大规模内需；三是国内产业结构的转型升级空间更大，特别是发展与其他发达国家进入同一创新起跑线的新兴产业，不仅能增强供给能力，本身也是扩大内需的重要方面；四是解决国内地区之间发展的不平衡，会形成多种层次的内需。所有这些扩大的内需所产生的拉动经济增长的效应，对发展的引擎动力决不会比外需型经济小。当然，增长的引擎由外转向内，决不意味着回到封闭经济，不排除继续利用国际资源和国际市场，而是要转向更高层次更高效益的开放型经济。如果说出口导向的开放型经济是以出口即国际市场为导向来安排国内的产业发展，那么所要转向的内需导向的开放型经济，则是以扩大国内需求及其结构为导向安排开放战略。

三、 内需的主拉动力由投资转向消费

拉动经济增长的消费、投资和出口"三驾马车"不是平均出力，在不

① 约瑟夫·斯蒂格利茨：《中国第三代改革的构想》，载胡鞍钢：《中国走向》，杭州：浙江人民出版社2000年版。

同发展阶段主拉动力也不同。内需包括投资需求和消费需求。在低收入阶段，与其他发展中国家一样，主要依靠投资拉动经济增长，中国长期的高速增长就是建立在高投资基础上。其理论依据就是哈罗德－多马模型①，该模型以 GDP 的增长为目标，以高积累低消费为手段，为生产而生产。经济发展到现阶段，支持高投资的高储蓄不可持续。而且，不顾消费的投资拉动产生严重的产能过剩，降低经济增长的效益，宏观经济多次出现大起大落的波动就与此相关。显然，投资拉动型经济在中国已走到尽头。

进入中等收入国家发展阶段后，转变经济发展方式的一个重要方面就是改变在低收入阶段实行的主要依靠投资、出口拉动经济的增长方式，转向依靠消费、投资、出口协调拉动。所谓协调拉动，是要求"三驾马车"各尽其能。其中，消费需求是最终需求，拉动潜力最大，2016 年最终消费对经济增长的贡献率达到 64.6%。实践证明，消费对经济增长的贡献率越大，经济增长的效益和质量越高。

突出消费需求对经济增长的拉动作用实质上是以提高人民消费水平为导向，体现经济发展目标的调整，即由单纯追求 GDP 的增长转向追求人民的富裕和幸福。政治经济学理论所一直强调的最大限度地满足不断增长的人民群众物质和文化的需要这个社会主义生产目的，正是在这种消费拉动型经济增长中得以实现的。

相比投资需求，中国现阶段消费需求增长的潜力更大。就中国的消费需求规模来说，正在富裕起来的 13 亿多的人口无疑具有巨大的潜力，但在消费需求结构方面潜力更大。人口年龄结构方面，老龄化社会减少储蓄但可能增加消费，儿童比重增大也减少储蓄但可能增加消费；人口收入结构方面，中等收入者所占比重越来越大，这部分人口的消费需求尤其是对产业升级提供的产品和服务需求更为旺盛；相比发达国家市场，新兴市场的

---

① 迈克尔 P. 托达罗、斯蒂芬 C. 史密斯：《发展经济学》，余向华、陈雪娟译，北京：机械工业出版社2014 年版。

消费需求更为强烈，例如，家庭轿车的需求、住房的需求、信息服务的需求，在中国是从无到有的需求，其消费需求具有爆发性特点。

消费拉动经济增长的前提是拉动消费，首要的是培育消费力。影响消费力的因素涉及收入、就业和社会保障制度。根据社会主义生产目的，提高人民群众的消费力的基本途径：一是增加居民收入；二是稳定高就业率；三是社会保障全覆盖；四是在宏观的国民收入分配中提高消费的比例，改变高积累低消费状况；五是扩大中等收入者比重并使中等收入者达到大多数。

现阶段消费业态的创新对消费的拉动效果非常显著。例如，信息消费、绿色消费、旅游休闲消费、教育文化体育消费、养老健康家政消费等新型消费业态迅速增长。尤其是借助"互联网＋平台"，网络消费和共享经济正在从广度和深度上扩大消费领域。消费朝着智能、绿色、健康、安全方向转变，不仅体现消费模式的优化，还会带动生产模式的优化。服务业的发展对消费需求增长具有带动作用，服务和消费不可分，扩大服务消费可以带动消费结构升级。服务业领域的信息化、标准化、集约化不仅可进一步扩大消费需求，还能提升消费水平。

当然，由投资拉动转向消费拉动，绝不是以消费拉动代替投资拉动。转向消费拉动是一个目标，但是需要有一个过程，投资拉动型经济还有惯性。尤其是在宏观经济处于下行时，经济要能够止跌回升，短期内投资拉动力不能削弱。

四、 改革的着力点由需求侧转向供给侧

通过改革在供给侧和需求侧激发发展的动力，本身就是中国经济发展理论的创造。这两侧发力的程度与体制相关，改革是充分发力的推动力。中国长期实行的计划经济是供给侧管理。从 1978 年开始的市场化改革实际上是需求侧的改革，包括取消指令性计划，转向市场导向。由此激发的需

求侧动力包括微观和宏观两方面，微观的动力主要是指市场需求、市场选择和市场竞争的压力；宏观动力是指消费、投资和出口"三驾马车"协同拉动经济增长。国家的宏观调控方式转向采用财政政策和货币政策实际上也是需求侧调控，紧缩性的、扩张性的或中性的财政和货币政策都会影响总需求。在需求侧改革进行了 30 多年后，需求侧改革尽管还要继续深化，但主要是完善需求管理问题。

中国现阶段的供给侧问题，同其他发展中国家一样，主要是结构性问题。长期存在的结构、技术、效率等供给侧问题，不会因转向市场经济就能自动解决，也不可能靠需求侧的调节来解决。中国当前的供给侧结构性问题表现为：有效供给不足和无效产能过剩并存。供给侧的结构性矛盾具有经济发展阶段性特征。一方面，解决了温饱问题后居民的消费需求达到了中等收入阶段水平，更为关注健康、安全、卫生、消费档次；另一方面，生产和服务还停留在低收入阶段的供给水平，追求数量，不重视质量，为生产而生产。由此产生的结构性问题不只是结构调整问题，更是需要改革的体制问题。

供给侧结构性改革的任务涉及去产能、去库存、去杠杆、降成本、补短板。改革的目标是：加大结构性改革力度，矫正要素配置扭曲，扩大有效供给，提高供给结构适应性和灵活性，提高全要素生产率。特别需要提出，供给侧改革的正向目标是培育发展的新动能，替代所要"去"的产能、库存和杠杆。从这一意义上说，供给侧改革是要实现新旧动能的转换。具体说有以下三方面改革目标：

（1）寻求供给侧的经济发展动力。影响潜在经济增长率的供给要素中，现阶段供给推动力消退只是指物质资源和低成本劳动力供给能力的消退。而在供给侧还有其他动力可开发，尤其是提高全要素生产率还有很大的空间。提高全要素生产率，包括创新驱动和提高效率，都需要解决好相应的激励体制问题。

（2）建立有效供给的长效机制。有效供给不足实际上是结构性短缺，现行供给结构不能适应需求，不仅涉及供给的产品结构，还涉及供给品的质量。与此同时，低端和无效产能占用资源，造成库存和积压。这些问题的存在归根到底还是供给侧的体制问题。建立有效供给的长效机制：一是建立企业家成长机制，培育企业家创新精神，推动产业、产品优化升级；二是建立精细化的治理体系，培育工匠精神，加强质量管理和重塑精细文化；三是加强并完善市场监管体制，规范市场秩序，"乱市"用重典，加强诚信体系建设，打造诚信品牌。

（3）增强企业活力。企业是微观基础，对企业活力来说，来自需求侧的动力一般是市场选择的压力，来自供给侧的动力则是激励机制。中国特色社会主义政治经济学的一个重大原则，就是坚持调动各方面积极性，这也应该成为供给侧结构性改革的重大原则。现在供给侧影响实体经济企业活力的主要是高税费、高利息和高负担"三座大山"。企业有产量无效益，许多企业成为"僵尸企业"。针对所谓的"僵尸企业"，着力点不是把它搞死，而是要激活，促使它们"浴火重生"。从增强企业活力角度推进改革，要处理好国民收入分配中国家、企业和职工三者的利益关系，尤其要突出企业利益。职工既要共享企业发展的成果，也要分担企业风险，政府也要给企业让利。要想取之，必先予之。企业负担减轻了，经济细胞活了，国家收入才能增加。

五、 增长原则由效率型增长转向包容型增长

在发展理论中，增长原则涉及对公平和效率的追求，体现在增长成果的分配上。原因是在一定时期两者只能兼顾不能兼得，这就有谁为先的问题。中国在低收入国家水平阶段突出经济增长以效率为先，明确提出允许一部分人先富起来的大政策，强调各种生产要素按贡献取得报酬。这种效

率型增长原则与当时的投资拉动型经济增长方式是一致的，产生了明显的提高效率和充分调动发展要素的正面效应，但其另一面的效应也在逐步显现：以效率为原则不可避免地产生了分配的不平等。

中国的经济发展进入中等收入国家水平后，这种效率型增长及相应的大政策就不能延续了。30 多年的效率型增长所产生的收入差距扩大程度已达到了库兹涅茨倒 U 型曲线的顶点；中国居民收入的基尼系数 2012—2016 年分别为 0.474、0.473、0.469、0.462、0.465，虽然呈总体下降趋势，但仍居高位。一般说来收入有差距能促进效率提高，但收入差距扩大达到一定程度也可能影响效率。经济增长会受到过大的低收入群体的抵制，尤其是如果陷入"中等收入陷阱"，日益扩大的收入差距很可能造成巨大的社会矛盾。在此背景下，效率型增长已到尽头，转向包容型增长则可能兼顾效率提高。

何谓包容型增长？包容型增长的内涵非常广泛，包括可持续发展、共同参与的发展。最基本的含义是公平合理地分享经济增长成果，缩小收入分配差距。在社会主义的中国，包容型增长又有社会主义的促进社会公平正义的要求。在过去 30 多年中允许一部分人一部分地区先富起来，不可避免地产生了过大的收入差距。现在则需要通过先富帮后富，让大多数人富起来，从而使人民公平合理地共享增长的成果，逐步实现共同富裕。

包容型增长需要突出解决低收入者问题。目前低收入者的数量还不少，这部分人中的大多数上升为中等收入者，产生的消费需求进而对经济增长的拉动作用也是巨大的。应从以下两个途径改革和完善国民收入分配制度：一是提高劳动报酬在初次分配中的比重。改革以来，先富起来的群体基本上是依靠资产收入和经营收入的资本所有者和企业经营者。面对初次分配中劳动收入和非劳动收入之间差距明显扩大的现状，初次分配领域不能只是讲效率，也要处理好公平和效率的关系。在初次分配领域提高劳动报酬的依据就是劳动报酬增长与劳动生产率提高同步。二是再分配更加注重公平。在再分配领域调节收入分配实现社会公平是政府不可推卸的责任。其作用一方面是通过减税降费，提高居民收入在国民收入分配中的比重；另一方面是推进基本公共服务均等化，克服基本公共服务在区域之间、城乡之间巨大差距，使落后地区、农村居民都享受到与发达地区和城市居民均等的基本公共服务；此外，是以财政为主导健全覆盖城乡居民的社会保障体系。

需要指出，包容型增长不只是分配问题，更是发展问题。包容型增长一定意义上说就是公平型发展。社会主义制度就是公平正义的制度。由效率优先兼顾公平转变为促进社会公平正义不是要拉平收入，而是要在收入分配过程中体现公平权利，即机会公平、权利公平、规则公平。尤其是克服权利不公平造成的分配不公问题。现在扩大的收入差距主要不在劳动报酬的差距，而在参与收入分配后的各种生产要素（非劳动生产要素）占有的差距。由此产生的两极分化在社会主义条件下是需要防止的。从表面上看，分配的不平等在很大程度上由要素参与分配导致，但深层次分析，生产要素参与收入分配产生收入差距的根本原因是，不同个人所拥有的要素存在很大差别。因此，解决收入不平等的关键在于缩小不同个人所拥有的参与分配的要素差别。实现既能做大蛋糕，又能推进结果的平等。

首先是起点公平。起点公平也就是增加劳动者的非劳动要素供给，从而使劳动者也能得到非劳动要素的收入。针对资本要素的差距，要求在体制上提供增加居民财产从而增加居民财产性收入的途径。包括：为居民提供更多的私人投资机会和渠道；鼓励私人创业；保护知识产权及其收入；完善企业股权结构，允许员工持股，鼓励企业家持股和科技入股。农民也可以通过宅基地和承包土地经营权流转获取土地收入。针对技术要素的差距，需要为居民提供平等的积累知识资本和人力资本的机会。基本途径是推进教育公平尤其是高等教育的大众化，增加对低收入人群的人力资本投资。

其次是过程公平，核心是机会公平。一是发展机会的均等，如投资的机会、就业的机会均等；二是竞争机会的均等，如公平竞争的环境，统一开放竞争有序的市场体系，公平获取的市场资源和信息，各个生产者可以平等获取市场资源。这些改革到位就能提供公平的机会均等的市场环境。

显然，转向包容型增长，体现中国经济发展能力的提升，也将使中国经济在新的发展水平上找到新的发展动力。人民群众在共享发展成果的基础上支持发展，在公平基础上实现社会和谐可以减少发展的社会摩擦，发展的效率也能得到实现。

六、 增长路径由依靠物质资源投入转向创新驱动

在传统的经济增长模型中，经济增长是资本、劳动、土地等要素投入的函数。发展中国家在经济发展的初期一般都是依靠要素投入和投资驱动。驱动发展的要素主要不是缺乏的技术要素，而是相对充裕的土地等物质资源，从土地上转移出来的成本较低的剩余劳动力。投资驱动则是建立在高积累低消费的基础上。中国在低收入发展阶段基本上是采取这种依靠物质资源和低成本劳动力投入驱动的发展方式。

进入中等收入发展阶段后，上述发展方式就行不通了。一是从要素驱动来说，物质资源严重不足，环境要求更为严格，由农业剩余劳动力转移产生的廉价劳动力供给明显减少；二是从投资驱动来说，建立在高积累低消费基础上的投资驱动难以为继，人民不可能继续长期忍受低消费。解决这个矛盾的根本途径是由要素和投资驱动转向创新驱动。

20世纪80年代，美国出现新经济并产生相应的新增长理论，提出了依靠知识资本和人力资本推动增长的内生增长之说。现代经济增长已经离不开科技和产业创新。从20世纪末开始的新科技和产业革命的特征是新科技转化为现实生产力的速度和进程明显加快，科学的新发现即知识创新直接推动技术进步，尤其是直接推动产业创新，如新材料产业、生物技术产业、新能源产业等都是建立在科技创新基础上的。因此，科技创新不仅替代了

正在枯竭的物质资源和低成本劳动力，还大大提高了生产力的发展水平。这可以说是转向创新驱动的实质。

创新驱动的核心是科技创新。转向创新驱动经济增长需要摒弃过去的跟随创新理论。跟随理论在几乎所有的发展经济学教材中都会看到。其依据是，发展中国家的科技水平落后于发达国家，在技术进步上不可能与发达国家并跑，只能是跟在其后，通过学习模仿和引进，在发达国家之后发展高科技和新产业。如加工代工型和技术模仿型。新技术、新产业基本上来自国外创新技术对中国的扩散，创新的源头在国外。采用的新技术，是国外已经成熟的技术。核心技术、关键技术不在中国。总体说，模仿和引进创新至多只能缩短科技和产业的国际差距，不能改变后进地位。

过去由于发展水平等原因中国错过了几次产业革命的机会，而现在中国需要也有能力创新技术进步模式，与其他发达国家进入同一个科技和产业创新的起跑线。一是经济全球化和科技全球化的互动，网络化、信息化使新科技和产业革命的机会对各个国家都是均等的。特别是在这次世界金融危机过后迎来新的世界科技和产业革命。这次的机会中国不能再错过，发达国家能够发展的新科技、开发的新产业，中国同样也可以发展和开发，机会均等。二是中国成为世界第二大经济体后，自身具备了与发达国家并跑甚至领跑的能力，尤其是在基础研究方面。三是大国经济可以集中力量办大事，特别是中国还可以利用"举国"体制，有能力在某些领域进行集中投入实现重点突破。这样，中国的科技进步路径就有条件由过去的跟随发展转向引领发展，甚至在某些重点领域实现跨越，赶上甚至领先国际水平，占领世界科技和产业的制高点。

在中国实施创新驱动发展战略，关键是推动科学和技术创新互动结合。中国现阶段科学研究水平也就是基础研究水平的国际差距比产业水准的国际差距小。其中的重要原因是科学和知识的国际流动性比技术的流动性强，其流动遇到的障碍小。因此，推动产学研协同创新，有效衔接知识创新和技术创新，不仅许多领域的大学及研究机构可能得到当今世界最新科学技术的推动，而且科学技术转化为生产力的速度大大加快。

创新驱动成为经济增长的路径，其意义不只是转变经济增长方式，更重要的是创新发展方式。创新驱动不只是解决效率问题，更重要的是依靠无形要素实现要素的新组合，是科学技术成果的应用和扩散，是创造新的增长要素，而且会驱动一系列的创新，包括制度创新和商业模式创新。因此，创新驱动的经济增长方式比集约型增长方式层次更高，最能反映经济发展新阶段特征。

七、 发展战略由不平衡转向平衡

发展经济学中有平衡战略和不平衡战略之分。不平衡发展战略认为，发展中国家发动经济增长时面对结构性制约，不具备推动全面增长的要素和条件，因而平衡发展是不可能的。投资只能有选择地重点投向若干部门和若干地区，其他部门和地区只能通过利用这些部门和地区增长所带来的外部经济和联系效应而逐步得到发展。现实中这就表现为投资的产业倾斜和地区倾斜。

中国开始改革开放以后，为了充分调动优势地区和产业的发展潜力，与市场化相配合，允许一部分地区一部分人先富起来，实际上实施了不平衡发展战略。一是推进城市化、工业化，城市、工业优先于农村和农业发展；二是实施的各种区域发展战略，如沿海区域战略等；三是对某些企业实行税收优惠政策。所有这些战略和政策的实施都是成功的，充分发挥了各个方面发展的潜力，在较短时间内突破发展瓶颈，实现了跨越式发展。但是这种不平衡发展到一定程度就出现了严重问题，短板也显露出来，包括：在产业结构上有效供给不足和产能过剩并存；在工农业关系上农业现代化滞后；在城乡关系上农村发展落后；在地区结构上中西部地区贫困问题突出；在增长和生态关系上生态破坏严重；在经济发展和社会发展关系上社会发展滞后。

中国在进入中等收入阶段后，严重的国民经济不平衡问题阻碍经济发展，需要适时转向协调发展。这意味着不但不能再延续在低收入阶段实施的不平衡战略，还要通过实施平衡战略来补齐这些短板。否则很难说全面建成小康社会，更难说基本实现现代化了。

马克思的社会再生产理论可以归结为协调发展理论。两大部类平衡理论就是要求部门之间在全面协调的基础上实现按比例发展。全面建成的小康社会是惠及全体人民的小康，就涉及经济、社会、文化、政治和生态各个方面的协调发展。中国特色的现代化道路就是新型工业化、信息化、城镇化、农业现代化"四化同步"的平衡发展的道路。

根据协调发展理念实施平衡战略，要求产业结构、城乡结构、区域结构以及相应的发展战略趋向均衡。当然，平衡发展不完全是抑长补短，除了去过剩产能和去库存外，总体上要求处于短板的部分加快增长。例如，"四化同步"的现代化，农业现代化是短板，平衡战略要求补齐农业现代化短板，使其跟上新型工业化和信息化的步伐；三次产业的协调，是要求三次产业的发展中服务业发展更快；城乡区域协调发展，要求补齐贫困地区短板，同时也要厚植发达地区的发展优势；补齐生态文明的短板是要转变发展方式，促进可持续发展。

八、 由非农带动"三农"转向直面"三农"发展

传统的克服二元结构的路径就是刘易斯模型所指出的：农业中存在的大量剩余劳动力向现代工业部门转移，现代工业部门扩大资本积累，直至农业部门剩余劳动力转移完毕，即进入转折点，需要工业部门反过来支持农业部门技术改造。按此模型，农业的现代化是在农业剩余劳动力被现代

工业吸收以后，工业部门支持农业技术改造的条件下实现的。也就是说，农业是被工业化带进现代化的。

中国从 20 世纪 80 年代开始，面对落后的农业和农村，以发展乡镇企业和小城镇为标志，创造了在"三农"之外带动"三农"发展的道路：以非农化解决农业问题，以城市化解决农村问题，以市民化解决农民问题。其效果非常明显，农业、农民和农村的发展水平比过去大大提高。但是，"三农"只是靠非农发展来带动，总是赶不上"非农"的发展，农业现代化仍然是现代化的短板。

以工业化来领头的现代化，不可避免会出现农业现代化相对滞后的状况，就如习近平同志所指出的，即使将来城镇化达到 70% 以上，还有四五亿人在农村，农村绝不能成为荒芜的农村、留守的农村、记忆中的故园，城镇化要发展，农业现代化和新农村建设也要发展，同步发展才能相得益彰。为实现"第一个一百年"的奋斗目标，必须补上农业现代化为代表的农业、农民和农村发展这块短板。

其路径就要由非农带动"三农"转向直面"三农"发展，"三农"直接成为现代化的对象和重点。

直面"三农"就是直接推动"三农"现代化：农业现代化即发展现代农业，从根本上改变其落后的生产方式和经营方式，不只是提高劳动生产率，还要提高包括资本和土地的生产率，并且提高全要素生产率，满足全社会现代化进程中不断增长的对农产品的量和质的需要。农民现代化的目标是培养新型职业农民，解决谁来种田的问题。发展现代农业不能只是靠现有的留在农村的以老人和妇女为主体的农民，而要靠通过人力资本投资培养的新型职业农民。农村现代化的重点是农村生活和居住环境的现代化，只有这样才有能力吸引新型职业农民进入农村。

直面"三农"现代化的关键是农业中引入现代要素，一是科技要素，二是人力资本要素，其基础是城乡发展一体化。城乡发展一体化不是消灭农村，更不是消灭农业；不是降低城市的地位去屈就乡村，而是提高乡村的地位。城乡发展一体化是在体制和发展水平上实现一体化。其内容包括：克服城乡之间的经济社会发展水平的差距，消除生产要素流动的制度性障碍，在城乡之间按照产业本身的自然特性形成产业分工与产业布局。城乡在同等地位上在经济、社会、文化等方面相互渗透、相互融合，实现城乡规划、就业服务、社会保障、公共服务、城市管理"五个一体化"。

城乡发展一体化的基本路径是城镇化。中国过去在实践中创造的城镇化道路指的农业劳动力进入城镇。现在讲的新型城镇化则是倒过来，推动城市发展的势头和要素通过"化"城镇而化到农村，建立以工促农、以城带乡、工农互惠、城乡一体的新型工农、城乡关系，从根本上改变农村的落后面貌。这是城市要素的城镇化。过去的城市化是农民进城，现在的城镇化则要求城市发展要素出城，城市要素、城市生活方式向农村扩展。在已有多年发展小城镇的基础上推进新型城镇化，实质上是推进城镇城市化，也就是使其具有城市功能。其内涵是增强中小城市和小城镇产业发展、公共服务、吸纳就业、人口集聚功能。

直面"三农"必须关注农民的城镇化。新型城镇化的核心是人的城镇化，也就是农民市民化，农民享受城市文明。现在提出的有序推进农业转移人口市民化，指的是进城的农民市民化。这当然必要，但根本的还是要使留在农村的农民不进城就能成为市民。这就要求努力实现城镇基本公共服务常住人口全覆盖，将提供给市民的机会和设施安排到农村城镇去，扩大城镇就业的机会，把高质量的教育、文化、医疗设施办到农村城镇，增加农村特别是城镇的公共产品和公共设施的供给。由此实现农民不进入城市就能享受到各种市民的权利。

九、 由以比较优势融入全球化转向以竞争优势主导全球化

中国前 30 年的对外开放实际上是以资源禀赋的比较优势融入全球化的，

其效果是明显的。外商投资企业带来的是高科技产品的全球价值链。全球价值链上外商的资金、技术、管理等优势与中国劳动力、土地成本、基础设施等方面的优势结合，使中国迅速融入全球生产网络，成为面向全球的低成本加工制造基地和"世界工厂"。虽然中国企业进入的环节基本上处于全球价值链的低端，高产值、低收益，但也确实分享了经济全球化的红利。最大红利是借助全球价值链承接了先进制造业的转移。中国的企业通过边干边学、模仿创新、消化吸收再创新，科技和工业化水平也得到了明显提高。

中国的开放型经济发展了 30 多年，今天谈中国的开放战略，既要肯定以资源禀赋的比较优势嵌入全球价值链的成果，又要防止可能陷入"比较优势陷阱"的低端锁定的风险。依靠资源禀赋的比较优势参与国际分工和国际贸易，以利用劳动力、土地和环境资源的环节吸引和利用外资，虽然能够获取一定的贸易和投资的利益，但不能改变自身对发达国家的经济技术和市场的依附地位，也不能缩短与发达国家的经济技术差距。

基于比较优势的附加值分析，中国嵌入全球价值链获得的附加值偏低。尽管中国制造业产品总量已居世界首位，但相当部分产业处于全球价值链的中低端，高科技产品的中国制造部分处于价值链低端，核心技术和关键技术环节不在中国的居多，中国创造部分少，品牌也是用外国的多。低端制造（加工组装）和中高端制造环节的附加值差别很大，这种依靠比较优势嵌入全球价值链的地位与中国经济已经达到的整体地位已不相称。

基于比较优势的资源禀赋分析，已有的资源禀赋比较优势已不具有优势。近年来出现的新情况是劳动力和土地供给已明显趋紧，成本大幅度上升，环境标准约束也日益严格。这意味着劳动力和资源环境不再具有比较优势。随着劳动和土地价格的上涨，附加值进一步降低。而且，在全球价值链的中低端上的规模优势也不具有价值链优势，也就是说，在低端环节上投入的劳动再多，也不可能达到规模经济，这就是勤劳不富裕，高产值低收益。

基于制造业产品的国际竞争力分析，虽然中国已经成为世界制造业大国,但在中国制造的产品中,中国创造部分少。劳动力和自然资源的比较优势是建立在低价格的基础上,随着这些要素的充裕度降低,相对劳动力价格,劳动生产率不具有优势;相对土地价格,土地生产力不具有优势。中国要由世界经济大国向世界经济强国转变,就不能仅仅依靠劳动力和自然资源的比较优势谋求贸易利益,而是要在更大范围、更高层次上发挥资本和技术的作用,尽快缩小与发达国家的技术差距。

基于全球化的态势分析,过去的全球化是由美欧等发达国家主导的,其从全球化中得到的利益更大。2008年爆发国际金融危机以及接着爆发的欧美主权债务危机以来,欧美国家经济处于长期的衰退和低迷状态,由此导致世界经济增长速度整体放缓。与其经济衰退相伴,美国推行再工业化和保护主义,尤其是特朗普上台后实施了"美国优先"的投资和贸易政策。这些政策的推行实际上是反全球化的。与此相反,作为世界第二大经济体的中国扛起了继续推动全球化的大旗。过去中国是以资源禀赋的比较优势被嵌入全球化的,现在中国将以参与全球经济治理的方式推动全球化。参与全球经济治理意味着参与并主导国际经济规则的制定和完善。

由中国在经济全球化中的地位改变所决定,开放战略需要由比较优势转向竞争优势。何为竞争优势?它与比较优势的区别是什么?已有的比较优势理论基本上是针对企业的分工和贸易战略,而在当今经济全球化的条件下,竞争优势理论提升到"国家"竞争优势的层面,以国家作为参与国际竞争的经济单元,更多的指向国家层面的开放战略,但不排斥企业继续以比较优势参与国际竞争。比较优势理论突出发展中国家的劳动和自然资源的比较优势,竞争优势理论则是"把技术进步和创新列为思考的重点",着力培育以技术、品牌、质量、服务为核心竞争力的新优势,尤其是突出"一国产业是否拥有可与世界级竞争对手较量的竞争优势"[①]。

由比较优势转向竞争优势关注产业在全球价值链中的地位。当前的国

---

① 迈克尔·波特:《国家竞争优势》,李明轩、邱如美译,北京:华夏出版社2002年版。

际竞争集中表现为全球价值链的竞争，现在中国资源禀赋的劳动和资源的比较优势已不具有优势，同经济发展转向创新驱动相适应，中国企业所处的全球价值链地位也应相应提升，争取在价值链中的主导地位。一方面向研发、设计等产业链上游部分进行拓展；另一方面向物流、品牌、销售渠道等下游部分延伸；再一方面是低端的加工组装环节递次攀升进入技术和质量要求更高、附加值更高的元器件制造环节。

这样，谋求竞争优势的基本途径是依靠科技和产业创新推动国内产业结构的升级，特别是发展与其他发达国家相同水平的新兴产业，形成能与世界级竞争对手较量的具有竞争优势的产业结构。这体现增长的内生性和创新驱动性。表面上看是由外向拉动转向内生发展，实际上是以科技和产业创新提升中国产业的国际竞争力，以内生的创新引导开放。

谋求竞争优势的开放型经济，需要利用开放来支撑创新。当今的国际经济是要素流动为主导的经济，服从于创新驱动发展战略，引进国外要素的着力点将转向创新要素。过去发展的重点在增长，增长基本上是资本推动的，技术和管理等发展要素跟着资本走，相应地，开放型经济基本上是通过引进外资来利用国外先进的技术和管理。现在发展的重点转向创新，各种创新要素是跟着人才走的，相应地，开放型经济需要通过引进高端创新人才来利用其他国际创新要素。

总之，进入中等收入阶段后面对的重大的发展问题是创新发展理论的起点和动力源。回应这些重大发展问题的理念，就是习近平总书记提出的创新、协调、绿色、开放、共享五大新发展理念。适应由中等收入阶段转向中高等收入阶段的重大转变，需要用新发展理念来推动经济发展理论的创新。

（原载于《中国工业经济》2017 年第 5 期）

关于市场决定资源配置和更好
发挥政府作用的理论说明[*]

　　党的十八届三中全会确认市场在资源配置中起决定性作用。这是我国社会主义市场经济理论的重大突破，也是马克思主义经济学中国化的重要成果。这个理论突破涉及政府和市场关系的重大调整。

一、 市场由基础性作用到决定性作用的转变

　　党的十八届三中全会明确市场在资源配置中起决定性作用和更好发挥政府作用。这是对在资源配置中市场和政府作用的新定位，预示着我国的经济体制将迎来重大的改革。这里的关键是明确"基础性"作用和"决定性"作用的内涵区别。

（一） 市场决定资源配置的本义

　　明确市场对资源配置的决定性作用，实际上是回归到了市场经济的本义。经济学不仅研究效率目标，更为重要的是研究实现效率目标的机制。无论是马克思主义经济学还是西方经济学，共同的结论是，在市场经济条

---

　　[*] 笔者在党的十八届三中全会召开后不久发表了《论市场对资源配置起决定性作用后的政府作用》（《经济研究》2014 年第 1 期）、《关键是厘清市场与政府作用的边界》（《红旗文稿》2014 年第 3 期）等文章，本文是在此基础上的系统研究成果。

件下，只有市场机制才能实现资源的有效配置。马克思对此的说明是：社会劳动时间在各个部门有效分配的标准是每个部门耗费的劳动时间总量，是社会必要劳动。其实现依赖于价值规律充分发挥作用，市场机制是价值规律的作用机制。"竞争，同供求比例的变动相适应的市场价格的波动，总是力图把耗费在每一种商品上的劳动总量归结到这个标准上来。"① 西方经济学对此的说明是福利经济学的定律，即：每一个竞争性经济都具有帕累托效率，每一种具有帕累托效率的资源配置都可以通过市场机制来实现。市场按效率原则竞争性地配置资源，能促使资源流向效率高的地区、部门和企业。我国经济已经过了依靠资源投入阶段，资源和环境供给不可持续问题已经非常突出，确确实实到了向效率要资源的阶段，因此，将资源配置的重任交给市场就显得更为迫切。

对市场配置资源所具有的效率功能，早前的解释是其选择功能，也就是市场选择资源配置的方向。自从信息不完全理论产生以后人们又赋予其激励功能，即市场提供激励效率的功能。这样我们现在讲的市场配置资源的功能有两个：一是优胜劣汰的选择机制，二是奖惩分明的激励机制。市场能有效发挥这种功能的基础性的制度背景是：企业自主决策、消费者主权和机会均等、自由竞争、资源自由流动。

市场配置资源的机制有三个：一是市场规则，二是市场价格，三是市场竞争。三者结合作用才能达到效益最大化和效率最优化的目标。明确市场对资源配置起决定性作用就意味着完全由市场机制决定生产什么、怎样生产、为谁生产，而不应该再有政府的决定作用。

市场决定生产什么，是指生产什么东西取决于消费者的货币选票，涉及资源配置的方向。市场要起到决定作用，不仅要求生产者自主经营和决策，还要求消费者主权和消费者自由选择。生产者按消费者需求，按市场需要进行生产，提供市场所需的产品和服务。与此相应，就要取消各种

---

① 马克思：《资本论》第3卷，北京：人民出版社2004年版，第214页。

政府对企业生产什么的审批。

　　市场决定如何生产，是指企业自主决定自己的经营方式，自主决定自己的技术改进和技术选择。在充分竞争的市场环境中，生产者会选择最先进的技术、最科学的经营方式、最便宜的生产方法。竞争越是充分，资源配置效率越高。与此相应的体制安排是打破各种政府保护和垄断，保证优胜劣汰得到贯彻。

　　市场决定为谁生产，是指生产成果在要素所有者之间的分配，取决于各种生产要素市场上的供求关系。市场配置的资源涉及劳动、资本、技术、管理和自然资源。各种资源都有供求关系和相应的价格，相互之间既可能替代又可能补充。由此就提出资源配置效率的一个重要方面———最稀缺的资源得到最节约的使用并且能增加有效供给，最丰裕的资源得到最充分的使用。这种调节目标是由各个要素市场的供求关系所形成的要素价格所调节的。要素使用者依据由市场决定的生产要素价格对投入要素进行成本和收益的比较，以最低的成本使用生产要素，要素供给者则依据要素市场价格来调整自己的供给。与此相应的体制安排是各种要素都进入市场，各种要素的价格都在市场上形成，并能准确地反映各种生产要素的稀缺性，同时调节要素的供求。其中，资金价格（利率）、劳动力价格（工资）、管理者价格（企业家报酬）和技术报酬都在市场上形成，反映各种要素的市场供求关系。

　　市场决定资源配置突出的是市场的自主性。这种自主性不仅表现为市场自主地决定资源配置的方向，同时也表现为市场调节信号即市场价格也是自主地在市场上形成，不受政府的不当干预。关于价格在市场上形成，马克思主义经济学有过明确的规定。价格只有在竞争性的市场上形成，才能形成准确反映市场供求的价格体系，才能反映价值规律的要求。当年马克思就指出："市场不承认任何别的权威，只承认竞争的权威。"① 因此，政

---

　　① 马克思：《资本论》第 1 卷，北京：人民出版社 1972 年版，第 394 页。

府就没有必要再直接定价。改革以来，竞争性领域价格基本上已经放开，由市场定价。现在需要进一步推进水、石油、天然气、电力、交通、电信等垄断性领域的价格改革。经济学的一般理论都指出，垄断严重削弱市场的活力，从而降低资源配置的效率。垄断价格、垄断收入，以及垄断部门的服务质量问题，本质上都是体制问题。根据政府规制理论，自然垄断部门不是所有环节都需要政府规制，其中作为网络型自然垄断环节的前向和后向环节都可以作为竞争性环节，其价格应该放开在市场上形成。政府定价范围就主要限定在重要公用事业、公益性服务、网络型自然垄断环节。凡是能由市场形成价格的都交给市场，政府不进行不当干预。这样，市场价格信号就更为准确，市场调节范围就更为广泛。

（二）市场的决定性作用与基础性作用的区别

1992 年党的十四大明确建立社会主义市场经济体制的改革目标，并把社会主义市场经济定义为：市场在国家宏观调控下对资源配置起基础性作用。经过十五大、十六大、十七大直到 2012 年的十八大，这个理论界定一直是指导我国经济体制市场化改革的指导思想。十八届三中全会将市场对资源配置所起的作用改为决定性作用，同过去所起的基础性作用相比，可以从市场与政府的调控关系中得到区分。

首先，原来的定义是市场在国家的宏观调控下对资源配置起基础性作用，在这里实际上存在两个层次的调节，即国家调节市场，市场调节资源配置。市场在这里起基础性调节作用。而现在提市场对资源配置起"决定性作用"，意味着不再存在两个层次的调节，市场不再是在政府调节下发挥调节作用，而是自主地对资源配置起决定性作用。

其次，原来政府调控市场的初衷，是通过国家调控市场来实现宏观和政府目标，在国家的调控下市场实际上起不到决定性作用。只有在政府不再调控市场机制和市场行为时，市场才能起决定性作用。在这种背景下如果政府要调控宏观经济，只是调控市场运行的结果即影响宏观经济稳定的价格总水平、就业总水平和利率总水平。在这里，政府是在没有干预市场调节资源配置的前提下，对其产生的宏观结果进行调控。

再次，在原来的市场起基础性作用定义中，政府需要预先调控市场，并时时调控市场。而在市场起决定性作用时，宏观调控不需要时时刻刻地进行，只是在反映宏观经济失衡的失业率和通货膨胀率超过上限或下限时才进行。这就给市场作用留下了很大的空间。其必要性在于，国家宏观调控机制的转换有其客观规律性。国家调控市场的本意，主要有两个方面：一是要求市场调节资源配置能够贯彻社会主义的公平目标。二是贯彻宏观经济总量平衡的目标。而实际效果呢？一方面市场难以贯彻公平目标，另一方面宏观经济依然屡屡失控，再加上国家调控市场所带有明显的主观性和有限理性缺陷，反而使市场调节资源配置受到各种干扰而达不到效率目标。我国前几年为了控制房价政府不断调控房地产市场，但取得的效果总是相反的，就证明了这一点。面对这种政府失灵，与其达不到宏观调控市场的目标，不如放开市场作用。

二、 完善决定资源配置的市场机制

确认市场对资源配置起决定性作用只是明确我国经济体制改革的新方向，绝不意味着一放开市场作用就能实现资源配置的高效率。就如习近平总书记所说，我国的市场经济由计划经济转型而来，市场体系和市场秩序的混乱现象更为严重，难以实现市场配置资源的有效性。显然，秩序混乱的市场所决定的资源配置不可能达到帕累托最优。[1]

根据新古典经济学的界定，市场机制有效配置资源要以完全市场为基础。完全市场的标准就是经典的阿罗－德布鲁模型假设的：对于任何商品，

在任何时间、任何地点、任何自然状态下（任何风险状态）都处于完全竞争的市场中，大量的追逐利润（或价值）最大化的厂商与理性的追逐效用最大化的消费者之间相互影响、相互作用。该模型对完全市场有几个最基本的规定：（1）各种商品都要进入市场；（2）各个市场是完全竞争的；（3）市场主体（厂商和消费者）都是理性地追求最大化。① 这就是说，经济学所认定的市场配置资源最为有效是以这种完全市场为标准的。应该说，在现实中这种完全市场并不存在，包括竞争不完全、市场体系不完全、信息不完全。在这种不完全的市场调节下，整个经济难以达到效率。对此各个经济学派从不同的角度做了说明。

从亚当·斯密开始一直到哈耶克都是信奉自然秩序。其基本思想是，充分竞争的结果自然形成一种秩序。与此相应，建立市场秩序的基本途径是促进竞争。只要竞争是充分的，市场秩序就自然形成。非均衡市场理论则指出了价格刚性、供求对价格缺乏弹性、竞争不充分会导致市场不均衡。

交易费用理论说明了市场交易是有成本的，意味着市场配置资源是有成本的。现实中的市场不只是竞争不充分，也可能存在过度竞争，市场上过度的"血拼式竞争"会导致社会资源的严重浪费和社会的不稳定。因此后来的经济学家所讲的市场秩序不只是实现充分竞争秩序，而且是有序竞争的秩序。

信息不完全理论说明了市场的不完全。在该理论看来，已有的市场决定资源配置基本上是就其选择功能来说明的，现实中的市场是信息不完全的市场。市场信息不完全既可能导致逆向选择、道德风险、免费搭车、欠债不还等机会主义行为，也可能导致市场劣币驱逐良币的现象。在这种情况下，只是依靠市场的选择功能并不一定能选择正确的资源配置方向。该理论提出了市场激励功能的建设问题。其中包括产权、契约、分配和信息等方面的制度建设。没有这些方面的制度安排和建设很难设想市场能有效

---

① 约瑟夫·斯蒂格利茨：《社会主义向何处去》，周立群等译，长春：吉林人民出版社1998年版，第5页。

配置资源。

指出上述市场的不完全和不完善，不是不要市场决定资源配置，而是要求通过一系列的制度建设和完善市场秩序，使市场更为有效地对资源配置起决定性作用。就我国现阶段来说，完善市场机制主要涉及三个方面：一是规范市场秩序，二是完善市场体系，三是培育市场主体。

（一）规范市场秩序

市场经济就是契约经济，就如马克思所说，交易双方是作为自由的、在法律上平等的人缔结契约的。契约是他们的意志借以得到共同的法律表现的最后后果。① 市场秩序也就是保障契约得以实现的秩序，主要涉及两个方面的建设：一方面是建立起竞争秩序，从而形成有秩序的竞争。另一方面是建立激励制度，从而在信息不完全的市场环境中克服各种机会主义行为，保障市场配置资源的效率。

我国规范市场秩序主要涉及两个方面：

第一，建立全国统一市场。市场配置资源需要在全国统一市场上进行。统一市场要求：一是不存在市场分割，要素自由流动，企业自由流动，产品和服务自由流动；二是不存在市场歧视，各类市场主体平等地进入各类市场并平等地获取生产要素；三是不存在市场特殊，各个地区的市场体制和政策统一。

第二，建立公平开放透明的市场规则。这是提高市场调节效果，降低市场运行成本的重要途径。市场机制之所以具有有效配置资源的功能，就在于其坚持市场公平的原则，包括权利平等、机会均等、公平交易、规则公平。在这种公平竞争的市场上，企业自由进出市场，消费者自由选择，要素自由流动，交易等价交换。市场在这样的公平竞争的市场环境下配置资源，就能达到效率目标。我国现阶段市场秩序混乱主要来自以下两个

---

① 马克思：《资本论》第 1 卷，北京：人民出版社 1972 年版，第 199 页。

方面：

首先是来自政府行为。就统一市场来说，我国是从自然经济直接进入计划经济，又从计划经济向市场经济转型的。因此，我国的统一市场一直没有形成。在改革进程中已有的财政税收制度的改革和地区发展政策又强化了地方利益，由此产生的地方保护主义的市场壁垒，阻碍要素在自由流动中实现有效配置。地方政府对本地处于劣势的产业和企业保护，使处于竞争劣势的企业和产品因保护而不能退出市场，造成了资源配置缺乏效率，不能实现资源最优配置。再就公平竞争来说，一是不同所有制经济的不平等待遇，非公有制经济实际上受到各种形式的歧视。二是国家和地方出台的各种优惠和倾斜政策。有优惠就有歧视，政策不一视同仁，部分地区部分企业获得某种优惠和照顾，造成竞争机会不公平，由此弱化市场机制的调节效应。三是计划经济残余下来的行政性垄断。这是得到行政授权的控制资源、控制市场独占经营的行为。

其次是来自市场垄断。在市场上处于垄断地位的企业（包括外资企业）采取操纵市场的行为，包括横向垄断和纵向垄断两种形式。横向垄断指的是同一行业内有竞争关系的多家企业横向联盟以达到市场优势地位并以此来排除、限制竞争的行为。纵向垄断则指处于价值链或供应链不同阶段的具有交易关系的经营者之间达成的垄断协议，这是上游生产商利用自己在该行业内的某种优势地位，操纵产品价格的行为。所有这些为获取垄断收益的行为都会严重损害社会福利。现实中存在的这些垄断，实际上也同政府行为相关，反垄断不力，一些企业实际上享受了非国民待遇。

针对上述市场秩序混乱现象，规范市场秩序也要从两方面入手：

一是规范政府行为，建设法治化的营商环境，其中包括打破地方保护，打破市场的行政性垄断和地区封锁，实现商品和各种生产要素在全国范围自由流动，各个市场主体平等地进入各类市场交易。打破城乡市场分割，建设统一的城乡市场。实行统一的市场准入和市场化退出制度，在制定负面清单基础上，各类市场主体可依法平等进入清单之外领域。这里的关键是政府对负面清单的制定要真正体现公平开放透明的要求。

二是规范市场行为。首先，虽不一定反对垄断形成，但坚决反对垄断行为。不仅要反行政垄断，也要反市场垄断；不仅要反横向垄断，也要反纵向垄断，对所有企业一视同仁。其次，建立市场信息披露制度。市场信息不完全，独享信息的一方可能垄断和操纵市场，市场交易就达不到双赢。信息的经济价值也就凸现出来。市场参与者为此需要支付信息成本获取信息。从社会来讲就需要通过一定的制度安排来强制市场参与者披露信息，政府也要建立市场信息披露制度，为市场参与者提供产能过剩、技术水准、市场需求等信息，由此从社会范围降低信息成本。

(二) 完善市场体系

市场配置资源需要完善的市场体系。市场体系是资源有效配置的载体。转向市场决定资源配置的特征性要求是，资本、土地、劳动力、技术等生产要素都要进入市场，只有在各种要素都进入市场系统并在市场上自由流动，才可能有现实的市场决定资源配置。各个要素市场上的供求调节各种要素的价格，从而调节各种生产要素所有者得到的报酬，才可能有效配置各种资源。现阶段的市场体系建设突出在两大市场建设。

一是金融市场建设。市场经济是信用经济，资源基本上是通过信用渠道配置的。马克思当年在《资本论》中就明确提出市场充分竞争的必要条件是资本有更大的活动性。这个条件的前提除了社会内部已有完全的商业自由外，信用制度的发展已经把大量分散的可供支配的社会资本集中起来。在现阶段完善金融市场体系，最为重要的是完善金融服务实体经济的机制和功能。按此要求，我国的金融体制需要改革，一要发展多种所有制的金融机构，使各种所有制经济平等获取金融资源。二要完善金融市场调节信号，推进利率市场化，使利率反映资本市场供求并调节其供求。三要鼓励金融创新，丰富金融市场层次和产品。四要扩大金融市场的对外开放，对接国内市场和国际市场。

二是创新要素市场建设。创新驱动经济发展需要创新要素的支持，创新要素涉及新技术、创新人才、创新投资。对这些创新要素的配置不只是选择问题，更为重要的是激励问题。这些要素相当多地在高校和科研机构，还有相当部分在国外。因此包括技术市场、人才市场和风险投资市场在内的创新要素市场建设特别强调其吸引力。

（三）培育充满活力的市场主体

充满活力的市场主体是市场配置资源的微观基础。市场所决定的资源配置效率是在充满活力的企业在充分竞争中实现的。我国建立起了公有制为主体多种所有制经济共同发展的基本经济制度，这是建立社会主义市场经济的所有制基础，但要在市场决定资源配置的框架下实现效率目标，不仅需要各类企业成为市场主体，还要充满市场活力。这种活力有赖于以下几个方面的制度建设。

一是硬化企业的预算约束。科尔内当年所指出的软性预算约束的根源即国家与国有企业的父子关系基本上在改革中被割断，但在改革以后国有企业仍然存在双重依赖，国家的政策和体制对企业还起着强大的作用，因此企业一只眼睛盯着市场，另一只眼睛盯着国家，市场的作用因此而弱化。现实中地方政府对本地企业的各种方式的保护和优惠所起的作用不仅影响国有企业也影响非国有企业。产能过剩及污染的企业得不到市场淘汰，原因就在于此。因此改革必须从打破地方政府对企业的保护和优惠入手，真正硬化企业的预算约束，使企业两只眼睛都盯着市场。

二是规范和保护产权。所有权是市场经济的前提和根本。保护市场参与者的合法权益，从根本上说就是保护其产权。"他们必须承认对方是所有者。这种具有契约形式的（不管这种契约是不是用法律固定下来的）法权关系，是一种反映着经济关系的意志关系。"① 资产的保值和增值是产权的收益。产权界定和保护是国家职能。根据培育市场主体的需要，规范的产权制度主要有三个方面：首先，在中国特色社会主义基本经济制度框架内，不仅包含公有制为主体的多种所有制经济，而且在混合所有制企业中也包含着多元产权，因此，所要建立的产权制度，必须明确公有制经济财产权不可侵犯，非公有制经济财产权同样不可侵犯。国家不只是要保护国有资产，还要保护各种所有制经济产权和合法利益，甚至还要保护农民的土地财产权。其次，市场决定的资源配置包括资产产权的流转，促进产权流向效率更高的生产者那里。因此产权制度不仅包括产权的决定还包括产权的调整，提供产权顺畅流转的制度。再次，在创新驱动成为经济发展的主要方式后，产权保护不只是保护物质资产产权，还要保护知识产权。

三是建立现代企业制度，随着市场经济的发展，自主经营的企业在市场上获取更多的资源将依赖于其现代企业制度的建设，无论是国有企业还是民营企业，概莫如此。现代企业制度主要涉及三个方面的制度安排：

一是建立健全归属清晰、权责明确、保护严格、流转顺畅的现代产权制度。

二是健全协调运转、有效制衡的公司法人治理结构。

三是建立职业经理人制度，更好地发挥企业家作用。国有企业克服政企不分，民营企业克服家企不分都要由此入手。与此同时，需要针对存在的委托—代理关系中的信息不完全问题，在分配制度上建立相应的激励机制，从而使各个层次的代理人对企业发展都有所有者利益的关心。

以上完善市场机制的各个方面是使市场有效发挥决定性作用的基础。其中任何一个方面的完善都需要政府推动，因而是政府发挥更好作用的重要方面。

---

① 马克思：《资本论》第 1 卷，北京：人民出版社 1972 年版，第 199 页。

三、 尊重市场规律的政府作用

在改革方向上明确市场对资源配置起决定性作用后，更好发挥政府作用的重要方面是由资源配置的主体变为资源配置的监管者。与此相应，政府要着力推进两个方面的改革。

一是通过自身的改革退出市场作用的领域。凡是市场机制能有效调节的经济活动，一律取消政府审批；资本、土地、劳动力、技术等生产要素都要进入市场，而不再留在政府调节系统。充分放开包括市场价格和利率在内的市场调节信号。

二是承担起完善市场机制建设市场规范的职能。要建设完善的市场体系，建立有效的契约制度和产权制度，建立公平交易、公平竞争的市场规则，建设法治化的营商环境。要改革市场监管体系，解决政府干预过多和监管不到位问题。推动全国统一开放市场建设，包括打破地方保护，打破市场的行政性垄断和地区封锁，打破城乡市场分割等。

（一）社会主义市场经济需要强政府

在社会主义市场经济中，明确市场对资源配置的决定性作用不能放大到不要政府作用，也更不能像新自由主义认为的那样不要政府。原因是在现代经济中，政府与市场不完全是相互替代的关系。现代发展经济学家针对过去的发展经济学家把政府和市场看作是可供选择的资源配置机制的观点指出："更为有益的是把政府当作构成经济体制的必要要素，它的作用在于有时可以替代其他制度因素，有时则是其他制度的补充。在政策制定的过程中，国家和市场的互补关系必须予以重视。"[1]

---

[1] 杰拉尔德·迈耶、约瑟夫·斯蒂格利茨：《发展经济学前沿：未来展望》，北京：中国财政经济出版社2003年版，第25页。

在市场决定资源配置的场合所需要的政府作用，在不同的经济学家那里有不同的规定。新古典经济学认为，需要政府在市场失灵的领域发挥作用，其中包括克服贫富两极分化，克服环境污染之类的外部性。宏观经济学明确指出，市场决定资源配置基本上是解决微观经济效益，宏观经济的总量均衡，克服高失业和高通货膨胀之类的宏观失控，则要靠政府的宏观调控。制度经济学则指出，政府（国家）作为制度变迁的重要基石，其基本功能是保护有利于效率的产权结构。信息经济学则要求政府克服不完全信息和不完备市场方面的新的市场失灵，提供激励和协调机制，提高发展能力。在现实的经济中，政府的作用是这些理论的综合。

在我国现阶段对政府与市场的作用需要明确以下几个问题的认识：

首先是关于公共资源的配置。凡是市场能做的，比政府做得更好的都交给市场，但不能把市场决定资源配置放大到决定公共资源的配置。全社会的资源除了进入市场的市场资源外，还有公共资源。公共资源是未明确私人所有的资源，涉及没有明确私人所有权的自然资源，政府的法律和政策资源，公共财政提供的公共性投资和消费需求等。公共资源的配置不能由市场决定，原因是公共资源配置是要满足公共需求，遵循公平原则，只能由政府决定。

其次是关于强政府，不能以为强市场就一定是弱政府，强政府一定是弱市场。政府作用和市场作用不一定都是此消彼长的对立。以前一时期的苏南地区为例，这里既有政府的强力推动又有市场的强大作用。原因就在于，政府和市场不在同一层面发挥作用，政府没有过多干预市场的作用。政府强在为市场有效运行创造好环境，如法制、人和的软环境，重要基础设施的硬环境；政府强在自身财力，没有与民争利；政府强在对各级政府的全面小康和基本现代化的指标导引和考核。这种政府的强力推动实际上是支持市场充分发挥作用。因此，这里强市场的重要标志是：世界500强企业和规模型民营企业蜂拥而至高度集聚。当然，随着市场对资源配置起决定性作用的理论被确认，这种强政府和强市场的合作方式也需要转型。特别需要指出的是政府维持市场秩序需要政府的"强"，对假冒伪劣产品的惩治必须强，对反垄断的调查必须强。有了这种强政府，才会有强市场。

再次是关于政府推动发展的功能。人们往往以为政府推动发展的效率和质量不高。对于我们这样的仍然处于社会主义初级阶段发展中国家来说，发展仍然是硬道理。推动发展理应是政府的重要职能。但长期以来政府推动发展的效率和质量不高，究其原因，主要就在于对各级政府的单一的GDP考核和片面追求GDP的增长，促使政府利用行政手段配置资源，没有充分发挥甚至压制了市场在配置资源方面的效率功能。现在国家明确纠正单纯以经济增长速度评定政绩的偏向，同时要求取消优惠政策，大幅度减少审批项目，这就为各级政府摆脱原有发展方式的束缚，充分发挥市场配置资源的决定性作用提供了空间。在此前提下，各级政府还需要承担必要的推动发展的任务。例如：推动城乡发展一体化和城镇化，发展创新驱动型经济，经济结构调整，生态和环境建设，发展开放型经济，等等。

综合上述理论界定，可以大致明确政府和市场的边界。总的要求是市场对资源配置起决定性作用，政府要更好地配置公共资源，具体表现在：市场决定不了的，如涉及国家安全和生态安全的由政府决定；市场失灵的，如公平分配、环境保护方面，需要政府干预；市场解决不了的，如涉及全国重大生产力布局、战略性资源开发和重大公共利益等项目由政府安排；市场调节下企业不愿意进入的，如公共性、公益性项目由政府安排。在这样一些领域政府不只是进入，而且应该充分并且强有力地发挥作用。以上发展任务和克服市场失灵都需要政府公共资源的配置来推动和实现。政府配置公共资源主要是政策路径，其中包括利用收入分配政策促进社会公平正义，通过产业政策和负面清单引导产业结构转型升级，通过财政和货币政策调节宏观经济运行。

(二) 政府行为遵守市场秩序

在市场对资源配置起决定性作用后，更好发挥政府作用的一个重要标志是政府行为本身也要遵守市场秩序。政府职能的错位、政府权力的滥用都会引起市场秩序的混乱。政府超越了所应该拥有的权限，直接介入了企业的微观经营活动，可能造成企业行为机制的扭曲，而且政府也会失灵。官僚主义、寻租、行政垄断可以说是对政府失灵的主要说明。除此以外，"由于政策制定者个人主观认知的困难也会造成政府的失灵"[①]。针对这些问题，政府更好发挥作用的基本路径是政府作用机制要同市场机制衔接，政府配置公共资源同市场配置市场资源应该结合进行，即使是政府行为同市场行为反向而行时也要如此。

第一，在推动发展方面，政府作用不能孤立进行，需要同市场机制结合作用。现阶段的经济发展突出在两个方面，一是结构调整，二是创新驱动。经济结构尤其是产业结构调整主要依靠市场来调节。市场有效配置资源的重要机制是优胜劣汰。只要打破地方保护，利用市场机制调节产业结构就能有效淘汰落后的和过剩的产能。但是对我们这样的发展中大国来说，经济结构的调整不能只是靠市场，产业结构的转型升级需要国家的产业政策来引导，尤其是前瞻性培育战略性新兴产业还是需要政府的引导性投资。再就创新驱动来说，市场竞争能够提供创新的压力，技术创新也需要市场导向。但市场配置的是已有资源的问题，而创新驱动需要驱动非物质资源的创新要素，需要创造新的要素，仅仅靠市场不能完全解决创新驱动问题，因此需要国家推动创新驱动，一是国家实施重大科学创新计划，二是国家要对技术创新与知识创新两大创新系统进行集成，三是国家要对孵化新技术提供引导性投资，四是国家要建立激励创新的体制和机制。所有这些政

---

① 哈米德·豪斯塞尼：《不确定性与认证欠缺导致欠发达国家的政府失灵》，万田译，《经济社会体制比较》2004 年第 2 期。

府推动行为固然由世界科技发展方向导向，但在每个发展阶段都必须重视市场导向。

第二，在克服市场失灵方面，政府作用要尊重市场决定的方向。市场决定资源配置必然是资源流向高效率的地区、高效率的部门、高效率的企业。坚持公平竞争的市场规则运行能够保证结果的效率，但不能保证结果的公平。由此产生的贫富分化反映市场失灵。[①] 社会主义市场经济的运行既有效率目标又有公平目标，政府有责任促进社会公平正义，克服这种市场失灵，以体现社会主义的要求。为了保证市场配置资源的效率，政府贯彻公平目标的作用不是进入同一个层面，也就是不进入资源配置领域，而是进入收入分配领域，依法规范企业初次分配行为，更多地通过再分配和主导社会保障解决公平问题。即使要协调区域发展，政府也是在不改变资源在市场决定下的流向的前提下利用自己掌握的财政资源和公共资源按公平原则进行转移支付，或者进行重大基础设施建设，为吸引发达地区企业进入不发达地区创造外部条件。

第三，在提供公共服务方面，政府作用要尊重市场规律，利用市场机制。必须由政府提供的公共服务，并非都要由政府部门生产和运作，有许多方面私人部门生产和营运更有效率。政府通过向私人部门购买服务的方式可能使公共服务更为有效，更有质量。例如推进城乡发展一体化的重要方面是推进基本公共服务的城乡均等化，在广大的农村城镇所要提供的基本公共服务不可能都由政府包揽，也可采取购买服务等方式。筹集公共资源也是这样。城市建设的资金可以由政府为主导建立透明规范的城市建设投融资机制，其中包括地方政府通过发债等多种方式拓宽城市建设融资渠道，允许社会资本通过特许经营等方式参与城市基础设施投资和运营。再

---

① 约瑟夫·斯蒂格利茨在近期出版的论著中指出："已为共知的市场经济最黑暗的一面就是大量的并且日益加剧的不平等，它使得美国的社会结构和经济的可持续受到了挑战：富人变得愈富，而其他人却面临着与美国梦不相称的困苦。"约瑟夫·斯蒂格利茨：《不平等的代价》，北京：机械工业出版社 2013 年版，第 3 页。

如保护环境的政府干预行为也可利用排污收费和排污权交易之类的市场方式。

第四，在维持市场秩序方面，政府监管市场所要遵守的规则是，不当"运动员"，公正执法不吹"黑哨"。政府的作用，一靠法治，这是他律；二靠道德，这是自律。市场法治目标是营造法治化营商环境，通过法律手段严厉打击欺诈等失信行为，通过反垄断法和反垄断调查打击垄断行为。要加强社会信用体系建设。道德目标是建设道德规范，尤其是诚信问题。国家通过各种法定的和非法定的方式建立健全征信体系，褒扬诚信，鞭挞失信，形成全社会共同遵守的道德观和价值观。诚信成为自觉的行为，也就是自觉地遵从市场秩序。

总结以上分析，在市场对资源配置起决定性作用的社会主义市场经济体制中，需要分清政府与市场作用的边界，在此基础上，政府和市场都要充分而有效地发挥作用，从而使政府和市场的优势都能得到充分发挥。

（原载于《经济理论与经济管理》2014 年第 10 期）

非劳动生产要素参与收入分配的理论辨析

一、 问题的提出

收入分配制度是经济社会发展中的一项基础性的制度安排。效率不仅源于资源配置，还源于收入分配的激励。30多年来中国发展的成功，除了靠市场配置资源外，再就是靠打破了平均主义的分配体制，建立起了按劳分配为主体多种分配方式并存的分配体制。所谓的多种分配方式就是指非劳动要素参与收入分配。

非劳动要素参与收入分配的基本缘由是在社会主义初级阶段，发展生产力的主要约束因素是资本、技术、企业家要素供给不足。单靠按劳分配不可能起到动员劳动以外的要素的作用。由于信息不完全等原因，这些要素的投入，也会存在机会主义、搭便车和偷懒。因此需要建立有效的激励机制激励非劳动生产要素的投入。一是激励资本投入。发展经济需要足够的资本投入，投入资本主体不仅有国家，还有企业和私人。私人的财产收入也就得到了相应的确认。二是激励技术投入。技术投入不仅包括技术人员的直接的研发活动，这本身属于创造价值的劳动，也包括其物化的或者信息化的专利之类的知识产权及产业化的科技成果。三是激励经营者成为企业家。管理是一种生产要素，是对管理素质和能力的概括。管理所投入的不仅是直接投入的管理劳动，更重要的是管理者的企业家精神和能力，可以归结为管理者的人力资本。

对生产要素参与收入分配，中央的提法越来越清晰：党的十四大，与确认社会主义市场经济同步，提出允许属于个人的资本等生产要素参与收益分配；党的十五大提出允许和鼓励资本、技术等生产要素参与收益分配，这里增加了技术要素；党的十六大提出确立劳动、资本、技术和管理等生产要素按贡献参与分配的原则，这里增加了管理要素；党的十七大报告和十八大报告都提出健全劳动、资本、技术、管理等生产要素按贡献参与分配的制度，这里突出了相应的制度建设问题；十八届三中全会在坚持上述生产要素按贡献参与分配的基础上，又提出了新的要求，即各种生产要素的报酬由各自的生产要素市场决定。

自从非劳动的属于个人的生产要素参与分配被提出以来，理论界对此问题的研究和争论一直没有停止过。一开始的焦点是：生产要素参与收入分配与马克思的劳动价值论是否矛盾？总结已有的研究成果，两者是不矛盾的。相当部分学者根据马克思的理论从两个层面进行了辨析。[①] 首先是明确区分价值分配和价值创造，劳动以外的各个要素参与收入分配，毫无疑问是参与新创造价值的分配，但不能以为它们参与了价值的分配就成为价值创造的源泉。根据马克思的分析，工资、利息、地租等作为社会生产过程的各种特殊因素所分得的收入的不同形式，源泉仍然是劳动创造的价值。[②] 把价值分配的形式等同于价值创造的源泉的混淆，是违背劳动价值论的。而明确生产要素参与收入分配丝毫没有承认非劳动的生产要素成为价值创造源泉之意。其次是区分价值创造和财富创造。劳动是创造价值的唯一源泉，但不是创造财富的唯一源泉。生产过程是多种生产要素的结合，劳动只是其中的一种要素。财富的创造需要劳动同各种生产要素的结合，

① 作者在 2001 年发表的《先进社会生产力与科学的劳动价值论》（《学术月刊》2001 年第 10 期）一文中曾经对此做过辨析。

② 马克思：《资本论》第 3 卷，北京：人民出版社 2004 年版，第 931 页。

其中包括资本、土地、技术、管理等。非劳动的生产要素尽管不创造价值，但参与了社会财富的创造，都对财富的增进做出了贡献。既然各种生产要素对财富创造分别做出了贡献，各种生产要素就要参与财富的分配。当然在马克思的分配理论中，参与财富创造的各个要素所分配的不是全部财富的分配，而是新创造价值的分配。他把资本家的收入、土地使用者的收入都归于剩余价值的分割，把技术在很多场合作为复杂劳动而归于劳动报酬。这样就把生产要素参与财富创造同其参与分配劳动创造的价值一致起来了。这说明生产要素参与分配在马克思那里同劳动价值论是相容的。

但是，自从生产要素参与分配以来，贫富差距越来越大，人们产生的怀疑是，私人所有的生产要素参与收入分配是否同社会主义分配原则相矛盾？在此分配制度中如何实现公平正义？特别是如何提高劳动报酬。

党的十六大、十七大、十八大和十八届三中全会分别提出，确立劳动、资本、技术和管理等生产要素按贡献参与分配的原则和制度的要求；健全资本、知识、技术、管理等由要素市场决定的报酬机制。由此需要研究的新问题是，生产要素的贡献如何衡量？各种生产要素参与收入分配如何实现？如何贯彻各种要素市场供求决定要素报酬？这些问题不弄清楚，分配制度的改革就难以深入推进，其客观存在的弊端也难以有效克服。所有这些方面的研究，既需要依据马克思的分配理论，同时要结合现阶段的中国实际，体现马克思的分配理论的中国化。

二、 生产要素参与分配与社会主义初级阶段的按劳分配制度相容

有的学者根据按劳分配的社会主义制度规定性，认为非劳动要素参与收入分配与社会主义制度不相容。对此观点的辨析需要从马克思的生产和分配关系的分析说起。马克思认为，"分配的结构完全决定于生产的结构，分配本身就是生产的产物，不仅就对象说是如此，而且就形式说也是如此。

就对象说，能分配的只是生产的成果，就形式说，参与生产的一定方式决定分配的特殊形式，决定参与分配的形式"①。生产结构的核心是所有制结构。在社会主义初级阶段，基本经济制度已明确为公有制为主体多种所有制经济共同发展。这种所有制结构反映在分配制度上就是多种分配方式并存。按劳分配为主是公有制为主体在分配上的体现，资本、技术、管理等要素参与分配则体现多种所有制经济的共同发展，也就成为社会主义初级阶段分配制度的重要组成部分。

生产要素参与收入分配，实际上是由生产要素的私人所有提出来的。根据马克思经济学的界定，所谓要素参与分配，实际上是要素所有权在经济上的实现，也就是新生产的价值在不同要素所有者之间的分配。这就是他说的："这个价值的一部分属于劳动力的所有者，另一部分属于或归于资本的所有者，第三部分属于或归于地产的所有者。因此，这就是分配的关系或形式，因为它们表示出新生产的总价值在不同生产要素的所有者之间进行分配的关系。"② 显然，工资、利息、地租分别是劳动力、资本和土地所有权在经济上的实现。

在马克思的设想中，未来社会的生产资料公有，只有劳动力是劳动者所有的，其他要素如资金、劳动、技术、企业家等都是公有的。相应地就只存在按劳分配。在这样的单一的公有制社会中，其他生产要素如果还要参与收入分配，显然与制度是不相容的。

而在现实中的社会主义初级阶段，不仅是劳动力属于私人所有，而且资本、技术、管理等要素都属于不同的所有者（包括私人）所有。收入分配就是各种要素的所有权的实现。为了足够地动员各种要素投入经济发展过程并迸发出创造财富的活力，就要在收入分配体制上承认要素报酬，所要建立的收入分配制度，不仅要刺激劳动效率，还要刺激资本、技术、管

---

① 《马克思恩格斯选集》第 2 卷，北京：人民出版社 1995 年版，第 13 页。
② 马克思：《资本论》第 3 卷，北京：人民出版社 2004 年版，第 993 页。

理等要素所有者的各种要素的投入。其路径就是根据资本、劳动、资源、技术和管理等要素在生产过程中的投入和贡献取得相应的报酬。

人们对非劳动要素参与分配产生怀疑的一个主要原因是这些要素在收入分配中得到了较大的份额。这些要素应不应该得到较大的份额，一要看社会主义初级阶段发展生产力的需要，二要看这些要素对生产力发展起多大作用。社会主义初级阶段的根本任务是发展生产力，由此就要发展多种所有制经济，当然也包括属于不同所有者的生产要素。就各种生产要素对发展生产力的作用来说，即使是在坚持劳动价值论的马克思那里，丝毫没有否认它们在增进财富上的决定性作用。例如资本要素。现在理论上明确了有没有个人财产、有多少财产不能成为政治上先进落后的评价标准，根据马克思的分析，包括劳动力和土地等在内的各种生产要素是被资本并入生产过程的："资本一旦合并了形成财富的两个原始要素——劳动力和土地，它便获得了一种扩张的能力。"① 再如技术要素，"劳动生产力是随着科学和技术的不断进步而不断发展的"②。尤其是在创新驱动经济中，技术进步的作用更大。再如管理要素，"一切规模较大的直接社会劳动或共同劳动，都或多或少地需要指挥，以协调个人的活动，并执行生产总体的运动"③。显然，在社会主义初级阶段的收入分配体制中，充分肯定并正确估价非劳动要素的贡献，并且在分配中得到体现，本身是社会主义初级阶段的基本任务和基本经济制度的要求。

据中国社会科学院《社会蓝皮书：2013年中国社会形势分析与预测》显示，中国劳动者报酬占GDP的比重偏低且呈现出下降趋势，劳动者报酬占GDP的比重由2004年的50.7%下降到2011年的44.9%。与劳动报酬下降趋势相应的是其他生产要素的报酬所占比重的上升。劳动报酬比重呈明

---

① 马克思：《资本论》第1卷，北京：人民出版社2004年版，第697页。
② 马克思：《资本论》第1卷，北京：人民出版社2004年版，第698页。
③ 马克思：《资本论》第1卷，北京：人民出版社2004年版，第384页。

显的下降趋势从表面上看同劳动对收入增长的贡献下降相关，但在本质上亟须解决按劳分配为主体的社会主义分配原则在多种要素参与收入分配结构中的贯彻问题。

首先是按劳分配本身的实现问题。在社会主义不同发展阶段，按劳分配有不同的实现程度。在我国现阶段，按劳分配不可避免打上社会主义初级阶段的烙印。按劳分配不可能是完全的，表现在以下三个方面：第一，按劳分配不能完全解决同工同酬问题。在马克思的设想中，在未来社会，每个人提供给社会的劳动可以直接计算出来。而在商品经济条件下，每个人提供的社会劳动是不可能直接计算的，提供的劳动是否是社会劳动还有个通过市场交换的社会承认过程。由于市场上价值规律的作用，个人提供的劳动并不一定都被市场接受或者说社会承认，由此产生在不同行业、不同企业提供等量劳动得不到等量报酬、同工不同酬的状况。现实中存在的市场秩序的混乱还可能进一步扩大这种差距。第二，按劳分配不能完全解决劳动效率问题。按劳分配的"劳"有多重形态：按劳动的流动形态即劳动时间分配不能避免有人在劳动时间内偷懒和搭便车，出工不出力；按劳动的凝固形态即劳动成果进行分配，虽能弥补上述缺陷，但在现实的社会化生产中不是所有劳动都可以计件；按劳动的潜在形态即劳动能力进行分配，复杂劳动的价值可以得到正确评价，但在现实中无法克服拿高收入者与其劳动贡献不相称的状况。这说明以任何一种劳动标准衡量劳动往往是不完全的。第三，在集体劳动的场合不可能完全做到"各尽所能"。在社会化生产、集体劳动的条件下难以准确衡量每个劳动者的劳动贡献，也无法克服集体劳动中的偷懒现象，一个人偷懒，其他人也好跟着偷懒，导致集体劳动的低效率。上述按劳分配的不完全表明按劳分配作为分配制度需要完善和改革。

其次是各尽所能的实现问题。按劳分配的前提是各尽所能。现在人们所讲的劳动报酬一般指的是在生产第一线的劳动者的报酬，或者说是简单劳动者的劳动报酬。如果只是指这些，劳动报酬占比下降是自然的。但是，根据马克思对生产劳动的定义："为了从事生产劳动，现在不一定要亲自动手；只要成为总体工人的一个器官，完成他所属的某一个职能就够了。"① 按此定义，技术人员和管理人员的劳动都是生产劳动，他们得到的收入也是劳动报酬。也正是在这一意义上马克思把经理的薪水作为管理和监督劳动的报酬从利润中分离出来。② 基于这种分析，在生产要素参与收入分配的结构中，技术要素、管理要素的报酬也可以看作是劳动报酬，而且是复杂劳动的报酬。如果这部分劳动报酬得到承认，并计入劳动报酬总量，现在所计算的劳动报酬占比下降的结论就不完全准确了。由此就提出对各尽所能的理解问题，各尽所能不只是一般所认为的劳动中不偷懒的问题，更是在提高劳动能力的基础上，充分发挥才智获取更高的报酬。这种状况也会反作用于生产一线的劳动者的各尽所能。由于技术和管理要素的作用，生产率的提高，经济结构的变革，都可归结为劳动过程的组织和技术的巨大成就，最终还是要落实到劳动效率的提高。生产一线的劳动者也应公平合理地分享到增长的成果。其具体表现是劳动报酬增长与劳动生产率提高同步。马克思当年揭示的资本主义对抗性分配关系的特征就在于压低劳动报酬来增加剩余价值，其中包括提高的劳动生产率表现为资本的生产力而被资本家所占有。社会主义国家必须保障劳动者的权益，保护劳动所得，尤其是保护各尽所能效率提高中的劳动所得。

第三是劳动作为谋生手段的实现。马克思在规定社会主义社会按劳分配的原则的前提是，劳动还是谋生的手段。③ 作为谋生手段，劳动报酬的增长不只是限于劳动者的劳动贡献，还应该包含体现谋生要求的内容。其内容就是马克思在比较国民工资时所指出的，决定工资水平的因素包括："自

---

① 马克思：《资本论》第 1 卷，北京：人民出版社 2004 年版，第 582 页。

② 马克思：《资本论》第 3 卷，北京：人民出版社 2004 年版，第 431 页。

③《马克思恩格斯文集》第 4 卷，北京：人民出版社 2009 年版，第 435 页。

然和历史地发展起来的首要的生活必需品的价格和范围，工人的教育费用，妇女劳动和儿童劳动的作用，劳动生产率，劳动的外延量和内涵量。"① 劳动报酬的这个要求不能只是靠政府的再分配来解决，在初次分配阶段就要实现。

显然，如果上述按劳分配的原则得到实现，按劳分配为主体同各种生产要素参与收入分配不是此消彼长的关系，两者能够相得益彰。因此按劳分配为主体并不需要限制生产要素参与收入分配。

三、 生产要素参与分配条件下社会公平正义的贯彻

马克思明确指出：在未来的社会主义制度中，"社会生产力的发展将如此迅速……生产将以所有人的富裕为目的"②。这意味着共同富裕是社会主义的本质要求。我国在实施生产要素参与收入分配以后，效率提高、财富增加的效应非常明显，各个阶层的收入都有不同程度的提高，但随之而来的是不同阶层居民之间收入差距的明显扩大。据中国国家统计局公布的基尼系数，2010 年为 0.481，2012 年为 0.474，2013 年为 0.473。我国的收入差距接近甚至超过发达资本主义国家的水平，这个问题不能不引起我们的重视。在此背景下，需要深入研究生产要素参与分配条件下社会主义原则的贯彻问题。

在一段时间中，人们一般用西蒙·库兹涅茨的倒 U 形曲线来说明收入差距的趋势：收入不平等程度在人均 GDP 达到中等收入水平时达到最高点，接着基尼系数便开始下降，收入不平等程度就开始收敛。最近出版的法国经济学家托马斯·皮凯蒂在《21 世纪资本论》中对库兹涅茨的倒 U 型曲线做了修正，他把库兹涅茨曲线截止的时间段（1949 年）进一步延伸到

---

① 马克思：《资本论》第 1 卷，北京：人民出版社 2004 年版，第 644 页。
②《马克思恩格斯全集》第 46 卷（下），北京：人民出版社 1980 年版，第 222 页。

2010 年。根据他所掌握的数据，无论是美国还是欧洲，前 10% 的富人家庭收入水平均呈明显的上升趋势，由此收入的不平等明显加剧。根据该书的解释，收入差距持续扩大的原因主要是两个：一是资本收益率显著高于经济增长率，"相对于劳动一生积累的财富，继承财富在财富总量中将不可避免地占绝对主导地位，并且资本的集中程度将维持在很高的水平上"①。二是大公司的高管收入激增。"一个可能的解释是，这些高级管理者的技能和生产率较其他人有了突飞猛进的增长。另一个解释是，这些高级管理者拥有制定自己收入的权力。"②

我国现阶段的情况是，人均收入 2013 年接近 7000 美元，已高于中等收入国家的平均水平，但尚未出现收入不平等程度缩小的迹象。这种状况确实可以以上述解释来说明。我国收入差距扩大是在城乡居民收入都有较大幅度增长的基础上产生的。虽然按劳分配本身也存在分配结果的不平等，但仅仅是按劳分配不至于会产生如此大的差距，排除某些行业的垄断因素，按要素贡献取得报酬是产生较大收入差距的主要说明因素。不同的人由于拥有的要素存在很大差别，储蓄能力强的，技术水平高的，经营能力强的，致富能力也强。再加上改革开放提供的发展机会也很多，就如《资本论》所说："随着投机和信用事业的发展，它还开辟了千百个突然致富的源泉。"③ 能够抓住机会的主要也只是这些人。因此，富的更富的效果也非常明显。

从公平正义角度研究我国的收入差距扩大问题，收入差距有个容忍度问题。在低收入阶段为了谋求发展，人们可能容忍收入差距的扩大。经济发展达到中等收入国家的水平后，不断扩大的收入差距不仅发生在不同地区间，也发生在不同阶层间。人们对改革成果的分享存在明显的差异。与

① 托马斯·皮凯蒂：《21 世纪资本论》，巴曙松等译，北京：中信出版社 2014 年版，第 27 页。
② 托马斯·皮凯蒂：《21 世纪资本论》，巴曙松等译，北京：中信出版社 2014 年版，第 26 页。
③ 马克思：《资本论》第 1 卷，北京：人民出版社 2004 年版，第 685 页。

此同时，公民的维权意识也明显增强，对公平性发展的诉求也更为强烈。人们不可能继续容忍由权利的不公平所产生的越来越大的收入差距。经济的增长会受到处于相对贫困地位的集团和阶层的抵触。随之产生的社会矛盾会影响效率，从而影响整个社会经济持续健康发展的进程。人民不能够公平合理地分享经济发展的成果，就不会继续支持改革和发展。这样，在新的发展阶段所要提出的公平分配，就是指的公平合理地分享经济发展的成果。

针对上述导致收入差距扩大的原因，同时又基于共同富裕的社会主义原则，人们往往会提出弱化甚至放弃各种非劳动要素参与收入分配的要求。也有人针对过去的效率优先兼顾公平的提法倒过来提出公平优先的要求。对这些理论观点也有个辨清是非的问题。

平均主义不是社会主义，贫富两极分化也不是社会主义。这就是邓小平所明确指出的："我们允许一部分人先好起来，一部分地区先好起来，目的是更快地实现共同富裕。正因为如此，所以我们的政策是不使社会导致两极分化，就是说，不会导致富的越富，贫的越贫。坦率地说，我们不会容许产生新的资产阶级。"①

对收入差距的评价，先要明确：共同富裕不等于均贫富。公平不等于收入的平均。做大蛋糕是分配基础。生产要素参与收入分配的目的是做大蛋糕，缩小收入差距不是回到过去吃"大锅饭"的平均主义分配，而是要在做大蛋糕的基础上使蛋糕分得更合理。虽然我国的 GDP 总量达到世界第二，但人均 GDP 还处于世界的中等水平，人民日益增长的物质文化需要同落后的社会生产之间的矛盾仍然是社会的主要矛盾。社会财富还没有像泉水一样涌流。要使劳动、资本、技术、管理等创造财富的活力充分迸发，唯有靠各种生产要素参与收入分配的体制安排。

有人认为，生产要素参与收入分配是只讲效率不讲公平，因此与社会

①《邓小平文选》第 3 卷，北京：人民出版社 1993 年版，第 172 页。

主义的公平目标相对立。对此需要根据马克思对公平与效率关系的分析进行辨析。一般说来，效率的提高依赖于两个方面的公平原则。一是资源配置领域中，市场经济是天生的平等派；二是收入分配领域中的公平原则。按劳分配，按要素贡献取得报酬都是促进效率的公平原则。在这方面，公平与效率是同一的。这可以从马克思关于按劳分配的分析中做出这种判断。按劳分配之所以能促进效率提高，就在于它的公平。"平等就在于以同一尺度——劳动——来计量。"多劳多得，少劳少得。"通行的是调节商品交换（就它是等价的交换而言）的同一原则。"① 同样，按要素贡献分配，计量的尺度也是公平的。哪种要素投入多就多得，哪种要素贡献大就多得，反之则少得。这是权利的公平。

当然，公平只可能是相对的，公平权利隐含着不平等。马克思看到，按劳分配，"这种平等的权利，对不同等的人来说是不平等的权利"。原因是以同一尺度去计量不同的个人，就会产生不同的结果。不同的劳动者的体力和能力有差别，不同劳动者赡养的人口有差别。"因此，在提供的劳动相同，从而由社会消费基金中分得的份额相同的条件下，某一个人事实上所得到的比另一个人多些，也就比另一个人富些。"② 马克思对按劳分配这种形式上的公平实际上的不公平，虽然称为"资产阶级权利"，但他仍然归结为符合社会主义公平原则的分配方式。根据此分析方法，在现阶段所进行的除按劳分配以外的按要素贡献取得报酬的分配原则也有类似的这种不公平。要素报酬对不同天赋不同机会的个人是照顾不到的，特别是多种要素报酬可能叠加在同一个人，收入分配结果不公平会更为显著。由于"权利永远不能超出社会的经济结构以及由经济结构所制约的社会的文化发展"③，社会主义经济制度的公平目标与社会主义初级阶段的公平原则有层

---

①《马克思恩格斯文集》第4卷，北京：人民出版社2009年版，第434～435页。

②《马克思恩格斯文集》第4卷，北京：人民出版社2009年版，第435页。

③《马克思恩格斯文集》第4卷，北京：人民出版社2009年版，第435页。

次上的差别。要素报酬的公平权利虽然相比按劳分配的制度性公平权利层次要低，但它毕竟还是与社会主义初级阶段的经济结构和文化相适应的公平权利。

面对收入差距的扩大，人们一般重视结果的平等，并且从现实存在的结果的不平等质疑要素报酬的必要性。从表面上看，分配的不平等在很大程度上由要素参与分配导致。但深层次分析，生产要素参与收入分配产生收入差距的根本原因是，不同的个人所拥有的要素存在很大差别。因此解决收入不平等的关键在于缩小不同个人所拥有的参与分配的要素差别。其结果，既能做大蛋糕，又能推进结果的平等。这可以从起点公平和过程公平两个方面去推进。

首先是起点公平。核心是财产占有的公平。根据马克思的积累理论，收入差距的扩大不至于会出现两极分化，只有在私人投资和积累的背景下才会产生两极的积累：一极是财富的积累，一极是贫困的积累。根据这个思路，克服两极分化的根本途径是财产占有的公平权利。私人所有的财产参与收入分配所产生的收入可以归结为财产性收入。劳动以外的生产要素参与收入分配可以归结为财产权利的公平。但是，财产占有的差距以及由此产生的财产性收入的差距，又成为收入分配差距扩大的一个重要原因。解决财产占有上的公平权利，在社会主义初级阶段，不能走剥夺私人财产的老路，可行的是在体制上提供增加居民财产从而增加居民财产性收入的途径。其中包括：为居民提供更多的私人投资机会和渠道；鼓励私人创业；保护知识产权及其收入；完善企业股权结构，允许员工持股，鼓励企业家持股和科技入股。农民也可以通过宅基地和土地承包权流转获取土地收入。不仅是资本，知识、技术和管理等要素都可归结为财产。在知识和技术成为参与收入分配的要素，而且在收入分配中具有较高的权重的情况下，需要为居民提供平等的积累知识资本和人力资本的机会。基本途径是推进教育公平尤其是高等教育的大众化，增加对低收入人群的人力资本投资。其意义就在于克服由起点不公平造成的结果不公平。就如《21世纪资本论》所说："在很长一段时间内，推动更进一步平等的主要力量仍是知识和技能的扩散。"①

其次是过程公平，核心是机会公平。主要涉及两个方面的机会：一是发展机会的均等，如投资的机会、就业的机会均等。二是竞争机会的均等，如公平竞争的环境，规范的市场秩序，公平获取的市场资源和信息。我国正在推进的市场经济体制的改革，明确了市场决定资源配置，这意味着各个生产者可以平等地获取市场资源。在此基础上需要建设和完善统一开放竞争有序的市场体系。尤其是反垄断，既要反市场垄断，又要反行政垄断。这些改革到位就能提供公平的机会均等的市场环境。

以上两个方面的公平得到贯彻，肯定会影响分配的结果。由于各个分配主体所拥有的要素的差异的缩小，以及机会的公平，分配结果的差距就可能缩小。在此前提下，承认由要素报酬所造成的分配结果的不平等，"在促使人们投资于教育和物质资本、促使人们去工作、促使人们冒险方面起到重要的作用"②。

四、 生产要素参与收入分配的制度安排

上述生产要素参与收入分配与社会主义分配原则的有机结合需要在收入分配的制度安排中得到体现。

生产要素参与收入分配是在初次分配领域的企业中进行的。2013年度诺贝尔经济学奖得主尤金·法马（Eugene Fama）有个明确的表述："在企业中，每种要素都是由某个人拥有的。企业只是一个合同集，而这些合同不过是规定投入品的联合方式以创造产出以及从产出中获得的收入在投入

---

① 托马斯·皮凯蒂：《21世纪资本论》，巴曙松等译，北京：中信出版社2014年版，第22页。
② 世界银行：《2006年世界发展报告：公平与发展》，北京：清华大学出版社2006年版。

品间的分配方式。"① 企业中按生产要素贡献进行分配，首先要明确各种要素按何种方式参与财富创造，从而以何种方式获得收入。

就资本要素来说，私人资本投入有两种类型：一类是私人直接办企业雇佣劳动，作为私营企业主获得资本收入。另一类是居民将一部分不用于消费的收入，购买股票取得股息，购买债券取得债息，或者通过持有企业（包括私人企业）股权的途径获取资本收益。这就需要从制度上提供不同风险和收益程度的私人投资渠道，承认所有这些不同途径的资本所有权收入。

就技术要素来说，技术投入涉及两个方面：一方面，技术人员直接的研发属于复杂劳动，理应得到较简单劳动更高的价值。另一方面，科技人员投入的专利等创新成果的价值应该得到科学的评价。现实中科技成果的价值往往被低估，就如马克思所说的："对脑力劳动的产物——科学的估价，总是比它的价值低得多，因为再生产科学所必要的劳动时间，同最初生产科学所需要的劳动时间是无法比拟的。例如学生在一小时之内就能学会的二项式。"② 要解决这个问题关键是建立严格的知识产权保护制度，保证知识产权的收入得到体现。从而在要素报酬上使创新技术的所有权在分配上得到体现，技术开发所付出的成本得到补偿并得到相应的收益。

就管理要素来说，不仅仅是管理投入，更为重要的是经营者的企业家功能，体现经营者的人力资本价值。根据熊彼特的界定，企业家与创新相联系。只有不断地进行产品创新、技术创新、市场创新和组织制度创新的经营者才能成为企业家。经营者要能成为企业家除了有充分的经营自主权外，关键是在分配机制上承担创新的风险和收益，也就是独立的管理报酬。长期以来，为什么相当多的企业经营者创新精神不足，其中的一个重要的制度原因就是经营者没有相对独立的经济利益，既不能获得创新成功的收

---

① 尤金·法马：《代理问题和企业理论》，载《企业的经济性质》，孙经纬译，上海：上海财经大学出版社2000年版，第387页。
②《马克思恩格斯全集》第26卷，北京：人民出版社1979年版，第377页。

益，也不承担创新失败的风险。如果在分配制度上实行经营者股权，企业家通过年薪、股份等分配形式参与利润分享，体现经营者的管理才能及其投入，鼓励管理创新就可以促进更多的经营者成为企业家。

在马克思的分配理论中，收入分配过程涉及两个方面，首先是新创造价值（v＋m）在劳动者收入（v）和剩余价值（m）之间的分配，然后是剩余价值（m）的分割，也就是劳动以外的生产要素参与 m 的分配。马克思在分析 m 的分割时不仅指出了资本和土地所有者参与分配所形成的利润和地租，还加上了利润在企业主收入和利息之间的分割。企业主收入作为执行资本职能的收入最终成为管理的收入。这样，在马克思那里就有除了劳动以外的资本、土地、管理等要素参与收入分配的路径。马克思的这种分析方法对我们研究现阶段生产要素按贡献取得报酬有重要的指导价值。但要注意马克思在这里用的抽象法：假定劳动者只劳动，一无所有；资产者不劳动。

人们一般认为，所谓生产要素参与收入分配，指的是劳动者得到劳动报酬（v），其他要素所有者则是分享剩余（m）。其前提是劳动者不持有资产，其他要素所有者不是劳动者。这与社会主义初级阶段的现实是不相符的。现阶段劳动者可能有资产，包括资本和知识产权；资产者也可能通过管理参加劳动。这样，生产要素参与分配是参与整个新创造价值（v＋m）的分配。

首先是按劳分配所取得的劳动报酬（v）。根据马克思的"总体工人"的概念，参与按劳分配的劳动投入不仅涉及直接生产过程中的劳动者的劳动，也包括不在生产现场但对生产过程起作用的技术人员、管理人员的劳动，也包括企业经营者的劳动。这样，技术和管理都可能与劳动报酬的途径参与收入分配。由于技术人员和管理人员提供的是复杂劳动，因此可能有更高的报酬。

其次是分享剩余（m）。通常，m 是资本的收入，企业的股权结构就是投入企业的资本结构，现实中，企业是各种要素的集合。m 的增加，不仅有物质资本要素的作用，还有技术、管理等要素的作用。其中包括技术要素中的知识产权，管理要素中的企业家人力资本价值。技术和管理要素同资本要素一起股权化，从而在股权结构上体现要素所有权，按股权结构分享剩余就体现要素所有权在分配上的实现。在企业股权结构以资本为单位的情况下，技术、管理分别按贡献折合为资本份额，因此形成企业股权结构中除物质资本股权外，技术股权和企业家股权，或者确定一定的比例让技术人员和管理人员出资购买股权。相应的报酬就是资本收入、技术人员收入和企业家收入。

还需要进一步研究劳动者参与 m 的分配问题。劳动者除了通过投入劳动取得相应的报酬（v）外，还可以通过企业员工持股的方式，参与 m 的分配，从而真正形成劳动者对企业的所有者利益的激励。这就是十八届三中全会提出的：允许混合所有制经济实行企业员工持股，形成资本所有者和劳动者利益共同体。

技术和管理要素按贡献参与上述 v 的分配和 m 的分配时应该还原为多大的份额？关键是贡献如何评价。在市场配置资源的条件下，可行的途径是要素贡献的市场评价。所谓市场决定资源配置，不只是指市场决定资源流向哪里，还决定各种要素（资源）流向的最为有效的组合。在这里起作用的是各个要素市场上供求决定的价格，在广义的价格理论中，人们把利息率、工资和地租分别看作是使用资本、劳动力、土地等生产要素的价格，要素价格就是要素报酬。十八届三中全会所指出的，健全资本、知识、技术、管理等由要素市场决定的报酬机制，就是这种机制。

由市场决定的要素报酬机制主要有以下功能：

首先，要素价格分别在各自的要素市场上形成，对有效地配置和使用各种生产要素起调节作用。在市场上形成各种要素的价格，反映各种要素的市场供求关系。准确地反映各种生产要素的稀缺性，并体现在要素报酬比例上。企业依据由市场决定的生产要素价格对投入要素进行成本和收益的比较，以最低的成本使用生产要素，要素供给者则依据要素市场价格来调整自己的供给。其效果是最稀缺的资源得到最节约的使用并且能增加有效供给，最丰裕的资源得到最充分的使用。

其次，各种要素市场对要素的评价成为要素报酬的依据。在这里起作用的是某种要素的稀缺性和优质优价。尤其是技术要素和管理要素，既可作为投入劳动给予报酬，也可能分享剩余。现实中，技术要素和管理要素都不是均值的，各个企业对这些要素的需求也是有差别的，相应地，就会有不同的报酬。客观的评价标准只能由竞争性的要素市场提供。对技术要素，最为可靠的是技术市场对知识资本和知识产权价值的评价。对管理要素，最为可靠的是企业家市场对职业经理人所拥有的人力资本存量的评价。这些评价就会成为企业对技术和管理人员提供劳动报酬或分割剩余市场的标准。

市场决定的要素报酬，不仅要依据各种要素的供求关系，还要依据各种要素贡献的质的评价，这涉及各种要素在经济增长中的权重，相应地影响收入分配的权重。在一般情况下，尤其是在资本推动型增长阶段，各种要素是被资本推动并集合进生产过程的，资本（物质资本）对经济增长起支配作用，因此分配向资本所有者倾斜。而在现代经济中，知识资本和人力资本的作用越来越大，相应地，在收入分配中所占份额也会增大。在创新驱动型经济中，知识资本和人力资本比物质资本的增殖能力更强。资本增殖与其说是资本的增殖，不如说是知识资本和人力资本的作用结果。这个结论将直接影响分配的方式，收入分配明显向知识和技术要素倾斜。这种状况在科技创新和创业中更为明显。

长期以来分配理论中的一个误区是把公平和效率的实现路径相割裂，认为初次分配讲效率，再次分配讲公平；相应的分配机制是初次分配靠市场调节，再次分配靠政府调节。这样一来，在初次分配领域就没有公平可讲了。十七大和十八大报告指出："初次分配和再分配都要处理好效率和公平的关系，再分配更加注重公平。"国民收入的初次分配形成劳动者报酬、企业收入和国家税收三大收入。由于生产要素参与收入分配基本上都是在初次分配领域进行的，因此劳动报酬偏低的问题不能等到再分配阶段再去解决，需要在初次分配领域建立提高劳动报酬比重的机制。尤其是资本、管理和技术都参与收入初次分配，这些要素所有者的谈判能力强，在分配中起主导作用。在企业中安排收入分配时劳动者总是处于被安排方，劳动报酬往往被人为压低。不用说私人企业中劳资差距扩大，就连国有企业（尤其是中央企业）中高管与工人之间的收入差距也大得惊人。这意味着提高劳动报酬在初次分配中的比重，不能只是市场调节，需要其他方面的制度安排，其中包括维护劳动权益的法律规范、企业内工资集体协商机制等，还包括工资正常增长机制、最低工资和工资支付保障制度等。除此以外，对高管的限薪制度也是必要的。劳动报酬占比下降的一个重要原因是对高管作用贡献的高估及其收入的过高增长。

至于在由国家起主导作用的再次分配领域，更加讲公平，主要不是在初次分配领域所要解决的劳动报酬问题，更为重要的是从社会角度解决收入分配差距过大的问题，除了通过累进的所得税制度合理调节高收入外，主要是针对欠发达地区、农村的低收入者以及城镇困难行业职工和失业者的收入问题解决低收入问题。这个问题不是本文所要解决的。

（原载于《经济学家》2015 年第 4 期）

产学研协同创新的经济学分析

十八大明确提出创新驱动的发展战略。十八届三中全会关于全面深化改革的决定又明确提出建立产学研协同创新的机制。过去关于产学研问题的研究，一是突出其合作，二是将产学研解释为产业部门与大学或科研机构的关系，三是把彼此间在技术创新中的关系表述为大学和科研机构创新的技术向产业部门转移的过程。本文依据国内外现阶段创新的实践，明确指出：第一，现代科技创新更需要产学研协同创新，而不只是产学研合作创新；第二，协同创新指的是产学研各方在同一个创新平台上共同创新，而不只是技术转移的关系；第三，产学研不只是指产业部门与大学和科研机构，而是指产业发展与人才培养、科学研究之间功能的协同。基于这些基本判断，本文对协同创新的必要性及其运行方式和机制在理论上做出说明。

一、产学研协同创新的理论假设

产学研结合是技术创新体系的重要组成部分。对其结合方式，过去在经济界和理论界一直提产学研合作创新，现在提产学研协同创新。两者的区别不应该只是词语表述的区别，应该从理论和实践意义上明确其内涵的变化。

日本政府是产学官合作的创始者，早在 20 世纪 60 年代初就开始通过相关法律和政策，鼓励和引导大学、研究机构和产业界进行合作，推进产学官协作的发展，进入 90 年代后，日本政府积极推进产学研一体化进程，把高校、科研单位和企业的科研力量，通过多种方式，有机合作，进行实用技术攻关。

纽约州立大学的亨利·埃兹科维茨教授（Henry·Etzkowitz）和阿姆斯特丹科技发展学院的劳德斯特夫教授（Leydesdorff）在 1995 年提出了"大学、产业、政府"三重螺旋创新模型。该模型利用生物学中有关三螺旋的原理解释政府、大学和企业之间的相互依存的互动关系，指出在以知识为基础的社会中，大学、产业、政府三者之间的相互作用是改善创新条件的关键。大学、产业、政府在相互结合和作用中，各自保持价值和作用，同时又在一定程度上承担着其他机构的部分功能，从而形成知识领域、行政领域和制造领域的三力合一。该理论还强调大学、政府和企业的交互是创新系统的核心环节，三方螺旋共生合作共同推动创新螺旋的上升，促进创新价值的最终实现。

以上理论所界定的产学研合作的内涵可以概括为两个方面：首先，是指企业、科研院所和高等学校之间的合作；其次，合作创新的路径通常指以企业为技术需求方，与以大学和科研院所为技术供给方之间的合作，从而促进技术创新所需各种生产要素的有效组合。

美国硅谷的实践则创造了产学研协同创新的模式。依托斯坦福大学强大的科研实力和校方对产学研合作的鼎力支持，硅谷建立了大学、科研机构与产业界的紧密的协同创新关系，成就了硅谷的创新奇迹。从理论上概括硅谷的创新模式，可以发现，与产学研合作创新相比，产学研协同创新主要有以下两个方面的创造和理论假设：

首先，根据系统论原理，所谓协同，是指系统中各子系统的相互协调和合作或同步的联合作用及集体行为，创造出 1 + 1 > 2 的效应。因此产学研协同创新不只是大学和科研院所作为技术供给方，企业作为技术需求方之间的技术转移的关系。而是在科学新发现为导向的技术创新中大学和企业各方都要共同参与研发新技术，尤其是大学和企业各方共同建立研发新技术的平台和机制，在研发新技术过程中，企业家和科学家交互作用。这正是产学研协同创新的真谛。这也可以说是产学研由"合作"变为"协同"的重要区别。

其次，产学研协同创新的环节主要在科学发现或创新的知识孵化为新技术的环节。科技进步的全过程包括三个环节：上游环节即知识创新环节，这是技术创新的源；中游环节，即创新的知识孵化为新技术的环节；下游环节，即采用新技术的环节。显然，中游环节，即孵化新技术环节是技术创新和知识创新相互交汇的环节。过去，技术创新的最终环节是将新技术应用于生产过程。在现代，一方面，技术创新的先导环节进一步延伸到科学向技术的转化过程，相应地，企业家的职能也引申到这里。另一方面，科研机构和大学不只是停留在知识创造和传播环节，其知识创新活动也延伸到了科学知识转化为新技术的领域。① 这样高科技的孵化领域成为知识创新和技术创新互动并协同的环节。

第三，产学研协同不完全是企业、大学和科研院所三方机构的问题，而是指产业发展、人才培养和科学研究三方功能的协同与集成化。具体地说，一方面作为"学"的大学中包含了科学研究机构，同时承担着科学研究的功能。另一方面"产"也不只是企业，是指产业发展，或者说产业创新，与此相关除了作为主体的企业外，还有各种类型的研发机构与风险投资家。因此产学研合作从总体上说是大学与产业界的合作，涉及科学研究、人才培养的职能与产业界的合作创新。即使是科研院所单独推进的与产业界的合作也不能没有人才培养这个环节。

---

① 知识经济中科学系统的主要功能是：（1）知识的生产——发展和提供新的知识；（2）知识的传播——教育和开发人力资源；（3）知识的转让——传播知识和提供解决问题的措施。参见经济合作与发展组织：《以知识为基础的经济》，北京：机械工业出版社1997年版，第17页。

突出产学研协同创新系统中的人才培养即教育的功能是基于在现代经济增长中人力资本作用的凸显。原因是新技术的孵化和采用都需要有掌握相应的科学知识的人才。人力资本积累即人的知识和技能的积累，人力资本积累也会产生提高全社会生产率的收益递增的外部正效应。专业化的知识技能积累可以产生递增的收益并使其他投入收益及总规模收益递增。因此人力资本是现代经济增长的决定因素和永久动力就体现在创新要素的组合上，不同地区不同企业的生产率差别根本上是人力资本方面的差异以及各自的人力资本比较优势所致。在此背景下，产学研协同创新的能力就依赖于体现人力资本积累水平的企业家的创新素质和参与科技创新的科技人员的知识积累。

二、 技术创新的双重导向及其协同

对我国现阶段的技术创新体系一般表述为：企业为主体，产学研结合，市场为导向。所谓市场导向主要是指市场需求导向，创新要素市场供求及其调节的要素价格导向。如果考虑到新科技革命条件下技术创新的源泉，就不能把技术创新的导向只是限于市场导向，还应该关注并重视科学发现导向。只有明确了技术创新受科学发现和市场的双重导向，才有大学和企业、科学家和企业家协同创新的要求。

众所周知，科学有两个层次的功能。第一层次是科学发现，创造出知识；第二层次是科学发明，创造出技术，科学发现所创造的知识成为技术创新的基础。过去科学发现（知识创造）同技术创新是截然分开的两个阶段，甚至是截然分开的两个系统。企业的技术创新主要是依靠自身的技术和研发力量。熊彼特当年所定义的创新也主要是指企业家主导的企业内要素的组合。技术创新相当多的是源于生产中经验的积累、技术的改进，而与科学发现的联系不紧密。与此相应，大学及其科学家没有直接介入到技术创新体系中。

而在现代，特别是在 20 世纪后期产生新经济以来，技术创新的源泉更多的来源于科学的发明，也就是说，科学发现的成果越来越多的直接成为技术创新的源泉。利用当代最新的科学发现的知识可以实现大的技术跨越，建立在知识创新基础上的新产业的产生可以导致产业结构的革命性变化。

纵观当代科学发现和技术创新，可以发现，两者之间的融合和协同的趋势越来越明显。其表现是，科学发现成果到生产上应用的时间显著缩短。按照科学—技术—生产的一般的逻辑，一个重大科学发现到生产上应用，过去需要经过相当长的时间（上百年，几十年）。原因是新的科学思想出现后先要经过以它为基础所做出的技术发明，然后在成批生产中得到应用，中间间隔的时间较长，以至于科学对技术进步的影响很难觉察。据统计，在 1900—1930 年的 75 种重大发现，从研究到生产的平均周期是 36 年。到 20 世纪 50 年代中期从科学发现到实际应用的时间减少到 5—10 年，相当于建设一个大型现代企业的时间。到 20 世纪末，科学上的重大发现到生产上的使用，转化为现实生产力的时间进一步缩短，一个科学发现到生产上应用几乎是同时进行的。甚至出现新科技革命和新产业革命同时产生的趋势。对此趋势的主要说明在以下两个方面：

首先，过去发达国家发展高科技主要用于军事目的。冷战结束以后，发展高科技则主要转向经济目标。国际经济竞争便集中表现为科学技术的竞争。科技创新的重点已经转向提高产业竞争力，抢占世界高科技产品市场，在这种竞争格局中，科学研究的核心问题已不完全是或者说已不仅仅是追求学术上的先进性。科研成果产业化、商业化的速度和质量同样成了科技创新所追求的目标。一种新的科学发现产生以后，接下来的问题是迅速地实现向生产力的转化，于是科技攻关有了直接的经济目的。现代经济增长将主要由科学技术的进步来说明。科学技术成为生产力要素体系中的主导因素。经济增长速度主要由科学转化为现实生产力的速度决定。科技转化为生产力的速度成为竞争力的重要指标。我国在经济总量进入世界第二大经济体，人均 GDP 进入中等收入国家水平后，利用最新科学发现成果进行技术创新更为迫切。

其次，从 20 世纪后期产生新科技革命以来，技术进步的新趋势是科学与技术密切结合。在现代技术进步诸因素中，知识的扩展是核心因素。现代知识扩展不同于近代以前那种依靠简单的经验积累所获得的知识扩展，它是一种科学知识和技术知识的有机结合。这种以科学发现为源头的技术创新意味着技术创新上升为科技创新，体现科学发现（知识）与技术创新的结合。大学和科研机构的知识创新成果成为其技术创新的主要源泉。因此科学向技术的转化过程成为技术创新的先导环节。科学发现—技术创新—生产就成为相互融合的过程。在此背景下，作为技术创新主体的企业和作为知识创新主体的大学都有协同创新的动力。企业成为技术创新主体后，企业不只是在采用新技术上成为主体，还进入新技术孵化阶段，直接参与技术创新。现在，国内许多发达地区的企业对科学家的渴望胜过当年发展乡镇企业时对工程师的渴望，吸引大学及其研发中心和实验室的劲头胜过当年吸引外资，就这反映这种科技创新的新趋势。

实践证明，技术创新由市场导向，实际上，只是指创新的技术要有市场价值，要得到市场的实现，同时，创新要素需要从市场上获取。而创新的技术要具有先进性，则需要科学发现或知识创新导向。相当长的时期中企业的技术创新主要是依靠自身的技术和研发力量，在企业内进行技术创新，即使是要采用新科技成果，一方面是模仿新技术，另一方面是采用已经孵化出来的新技术。没有大学及其科学家的参与。这样，企业苦于自身创新能力的不足，创新的技术不可能处于前沿，在市场上也不可能有竞争力。

在现代经济增长中，技术创新的源头在科学发现，因此技术创新最为明显的是科学发现导向。现代的技术创新与过去的技术创新的重大区别是，过去的技术创新处于工程师时代，而现在的技术创新则进入科学家时代。就是说，以科学发现为源头的技术创新，既需要企业家作为创新主体，解决技术创新的市场价值，也需要科学家进入，以其科学发现解决技术创新的先进性。因此，协同创新从一定意义上说是对技术创新起导向作用的两个方面的协同。单纯的科学发现导向的技术创新不一定为市场所接受，单纯的市场导向的技术创新不一定具有先进性。这样技术创新过程就是科学发现同市场之间的耦合和互动过程。这就是协同创新。

根据信息不对称理论，在新技术交易和转移场合，大学及其科学家创新的成果能否为企业家所接受，实际上存在信息不对称。企业并不完全知道创新成果的先进性程度，科学家创新技术也不完全知道其技术是否为市场所接受。因此既可能存在创新风险，也可能存在市场风险。科学家和企业家进入同一个创新平台进行协同创新，就可能在互动中克服因信息不对称所产生的风险。这也在很大程度上解决了科学家的科学研究的导向问题。原来科学家的研究方向大都是凭自己的兴趣爱好，其科学研究究竟有多大的应用价值往往是不清楚的。现在与企业家协同创新也就接上了"地气"，既能得到国家目标导向，又能得到市场导向，并且在协同创新中得到企业家的互动，创新成果的价值可能最大化。

三、 孵化新技术是协同创新的基本功能

长期以来，企业对技术进步的关注集中在两个方面：一是新技术转移，并且将技术转移机制作为技术创新的重点。二是引进国外新技术，包括模仿。现在研究产学研协同创新意味着对技术进步需要有新的关注。

如前所述，协同创新的提出是基于科学发现和市场的双重导向。现时代科技进步的实践证明，研发新技术就是科学发现与技术创新内在融合的体现。因此，科技创新的着重点就不只是技术的转移，更为重要的是利用

科学发现成果进行新技术研发，在此基础上才会提出技术转移问题。

现在对科学技术的第一生产力作用已形成共识。但是科学毕竟不是技术，在未与生产结合之前，它是以知识形态存在的一般生产力；科学只有转化为技术并应用于生产，才物化为直接的生产力。[①] 显然，科学技术成为第一生产力的核心问题在"转化"，也就是科学新发现孵化为新技术、新产品，从而科学技术转化为现实生产力。科学技术转化为现实生产力的速度直接决定经济增长速度。科学发现的成果之所以越来越多地直接成为技术创新的源泉。科学之所以获得了在很短的时间内成为现实生产力的能力，根本原因是"转化"（即孵化为高新技术）越来越成为科技创新的重点，这也是产学研协同创新的内容。

科学新发现的价值在于经过开发所产生的新技术实现产业化和商业化。而且一种新科学发现可能开发为许多项新技术，甚至可能持续地开发出新技术。对科学新发现进行技术研发不只是企业的事情，需要科研机构和科学家的介入，这就提出了加强大学、科研机构与产业部门协同创新的要求。也就在这种背景下，大学介入了技术创新体系。[②]

科技创新实际上包含知识创新和技术创新两个方面，即科学和技术的创新。中国的科技创新涉及两大体系。一是国家创新体系，包括基础研究、前沿技术研究、社会公益性技术研究。所有这些研究属于知识创新的范围，在这个体系中，研究型大学是创新主体。二是技术创新体系，即以企业为主体、市场为导向、产学研相结合的技术创新体系。长期以来这两大创新体系是"两张皮"，缺少衔接和协同。产学研协同创新的含义就在于把这两个方面的创新结合起来。

---

① 马克思："社会生产力已经在多大的程度上被生产出来，不但在知识形态上，而且作为社会实践的直接器官，作为社会实际生活过程的直接器官被生产出来。"参见《政治经济学批判大纲》第3分册，北京：人民出版社1963年版，第358页。
② 从本质上看，创新体系是由存在于企业、政府和学术界的关于科技发展方面的相互关系与交流所构成的。参见经济合作与发展组织：《以知识为基础的经济》，北京：机械工业出版社1997年版，第11页。

　　我国目前的科学研究水平并不低，在许多领域已进入世界先进行列，每年推出的高水平的科研成果成千上万，但大部分成果只是停留在纸上，停留在礼品、展品和样品上。这种科研成果的浪费，症结就在于科学研究只是停留在知识创新阶段，科学家们没有带着创新的科研成果再向前走一步进入孵化新技术阶段。科研成果没有进入现实的生产过程，不能带来物质财富的增加，就不能成为现实的生产力。

　　在技术创新的源泉更多来源于科学发明的现阶段，知识创新和技术创新、科学家和企业家不能直接交汇和协同，就不能产生基于原始创新的技术创新成果。因此当前我国解放生产力，首要的就是解放科学技术这个第一生产力，加快科技成果转化为现实生产力的速度。其路径就是大学同企业、科学家和企业家都进入孵化新技术阶段进行协同创新。

　　过去一讲采用高新技术就讲引进。引进固然需要，但是在现阶段的中国，高科技的国际差距小于高科技产业的国际差距。在高校和科研机构发现的高科技与国际先进水平的差距并不像高科技产业的国际差距那么大。这意味着费用较低的创新捷径是：推进产学研结合，使高校和科研机构发现的高科技成果迅速产业化、商业化。就像美国的硅谷紧靠斯坦福大学一样。这里的关键是建立知识的创造和知识向生产力转化的协同关系。一方面解决好大学和科学院研究课题的商业化价值问题，另一方面解决好企业敢于对高科技的研发进行风险投资问题。

　　现在，许多发达国家工业区位的一大变化是，企业的位置逐渐接近研究型大学，以便就近接受其高科技（包括成果和人才）辐射，这是大学和企业协同创新的区位安排。企业主动接受高校、科研机构的辐射是高科技产业化的一条捷径。与此相应我国一些创新驱动的先行地区有一系列的创造：例如南京科教资源丰富，在大学周边建立起大学科技园。再如在科教资源缺乏的苏南地区，吸引大学进入其科教城建立各种类型的创新研究院。还有不少地区的大学周边涌现出各种类型的孵化器。大学的科学家、教授和大学生产生出新的思想，可以就近进入孵化器，将新思想进行研发。实践证明，这种在大学周边建立的孵化器尽管不可能将新思想都孵化出新技术，甚至失败的居多，但只要孵化成功，一般都具有原创性，并且有良好的市场前景。即使孵化失败，失败成本也低。原因是在孵化器中随时调整技术方向，可以降低孵化失败的沉没成本。

根据协同论原理，所谓协同是指进入系统的各方围绕同一个目标，能力互补，需求匹配，相互耦合，共同作用。因此，产学研协同创新，关键是解决好大学与企业分别作为知识创新主体和技术创新主体在进入孵化新技术领域中的协同关系。

就大学来说，服从于建设创新型国家的目标，既要顶天又要立地。顶天即参与国家创新体系的构建，在基础研究、前沿技术研究和社会公益性技术研究中发挥主力军作用。立即地解决国民经济重大的发展问题，特别是在进入孵化新技术阶段后参与以企业为主体的技术创新体系，成为技术创新的生力军。大学进入孵化新技术领域从一定意义上说是将"顶天"的成果"立地"：一方面提供科技创新成果和孵化新技术的思想。另一方面提供研发人才，以所拥有的实验室和多学科力量作为孵化新技术的后台支撑。

就企业来说，作为技术创新的主体进入孵化新技术领域，不仅仅是在采用新技术方面成为主体，更是在孵化新技术方面成为主体。其必要性在于：一方面技术创新的主体工作及主要过程都是通过企业实现的；另一方面，也是更为重要的，孵化出的新技术必须要具有商业价值和产业化价值，能够确定其商业价值的只能是企业；再一方面，孵化新技术是可能有回报的，尽管也有不确定的风险。因此企业投资可以成为其资金来源。这意味着产学研合作创新平台的建设，孵化器建设的主要投资都必须由企业承担。

知识创新和技术创新的协同实际上是科学家与企业家的协同。本来，科学家的科学研究追求的是学术价值，追求学术领先地位和重大科学发现。企业家追求的是商业价值和市场前景。但当两者进入高新技术孵化领域，两者追求的目标和角色就发生了转换。科学家带着知识创新的成果进入高新技术孵化阶段需要以市场为导向，解决创新成果的商业价值，企业家带着市场需求进入高新技术孵化阶段是以技术的先进性为导向。由此产生两者的相互导向，解决了学术价值和商业价值的结合，从而使创新成果既有高的科技含量，又有好的市场前景。

科技创新的趋势和产学研协同创新的上述定义就把大学推到了科技创新的中心地位，就是说，大学在知识创新领域的主体地位是已经明确的，而在孵化新技术的领域的创新中心定位，则要进一步明确。作为创新中心，大学不是孤立地进行人才培养和科学研究，而是将人才培养和科学研究的职能延伸到新技术孵化领域，与作为技术创新主体的企业协同作用。科学研究职能延伸到新技术孵化领域，意味着参与研发新技术也成为大学的本职。由于其科研人员对科学新发现具有更多的知识，因而会主导新技术研发，其中包括科技人员带着科技成果进入孵化高新技术环节创业。大学的人才培养职能延伸到孵化新技术领域，意味着大学要为孵化新技术提供相应的人才，并且要为孵化出的新技术的采用进行人才培训。

四、 产学研协同创新的平台和机制

尽管明确了协同创新的必要性，但在现实中，产学研协同创新过程不是自然而然的过程，存在各种阻力。这意味着大学和企业各方参与协同创新要有动力，而且要有长期维系的机制。

其实，在没有提出产学研协同创新以前，大学的科研人员就有与企业家在技术创新上的合作。其开发的新技术转让给企业，科研人员也可能进入企业帮助解决技术难题。但这种合作只是项目合作，项目完成，如果没有新的项目，合作就结束。而且，这种合作只是科研人员与企业的私人行为。现在提出产学研协同创新与之有明显的区别：第一，是大学与企业有组织的合作；进入合作创新平台的科研人员不是孤立的个人，而是依托了其所在大学的人才和科研成果。第二，不限于项目合作，具有特征性意义的是大学与企业共同构建协同创新的组织（平台），与过去的项目合作相比，这种有组织的合作创新可能产生源源不断的创新成果。第三，企业和大学不仅建立了研发共同体，也建立了互利共赢的利益共同体。

产学研由合作转向协同可以用交易成本理论来说明。在大学（科学家）与企业（企业家）分别进行研发技术和采用技术的场合，对企业来说，在新技术的转让和交易存在交易成本的情况下，新技术的研发者和参与者进入同一个创新平台就可节省交易成本。已有的产学研协同创新平台大致有以下两种形式：

一种形式是产学研协同创新平台建立在企业中。一批国际知名的大企业拥有先进的科研设备和雄厚的研发资金，吸引大学的科研人员进入。在不少发达国家，企业拥有的科技人员约占全国科技人员总数的60%—85%。企业自身对科技开发的投入也在不断上升，以日本为例，企业投入的科技费用已占全国科研投入的82%以上。在我国的深圳也是这种模式，90%以上的科研人员、科研项目、科研成果在企业中。

另一种形式是产学研协同创新平台建立在大学中。主要形式是企业投资在大学共建研究中心、研究所和实验室，进行联合科技攻关与人才培养；企业在大学和科学家那里发现有商业价值的新思想就提前介入，为该项目研发提供风险投资和市场信息，支持其将新思想往前走，在实验室进行实验，并进行新技术孵化，期间会有企业不间断的投入和不间断的新的科技创新成果的进入，从而不间断地产生可以进入市场的新技术、新产品。

在现实中，产学研各方进入同一创新平台进行协同创新并不是那么顺畅的。在孵化新技术领域，企业和大学属于不同的系统，即使是创新也有不同的目标和追求。尤其是大学及其科学家，长期以来基本上停留在知识创新阶段，要他们往前跨一步进入孵化和研发新技术领域，既需要压力也需要动力。在这方面政府的推动和激励并不可少。也正因为如此，上述三螺旋理论及日本的产学研结合模式都被概括为产学官。政府参与并推动产学研协同创新的主要原因在于以下三个方面：

首先，不仅是科学新发现具有外溢性，以科学新发现孵化的新技术也有外溢性。创新投入的资本的边际生产率具有递增效应，能提高全社会的生产率。这是知识生产的外部正效应。其社会效益明显高于私人效益。而且，孵化新技术是风险投资，并不都能成功，私人投资往往望而却步。这种情况就提出了政府参与知识创新及其与技术创新协同过程的要求。既然知识和新技术有外溢性，政府作为社会利益的代表有责任参与投资。政府为了推动科技创新，向孵化新技术环节投资就十分必要。当然政府对建设孵化器之类的孵化新技术的投资是引导性的，不可能代替企业的投资。

其次，科技创新不仅要以市场为导向，还要国家目标导向，尤其是产业创新之类的涉及国民经济发展方向的科技创新。现实中，无论是科学家还是企业家，分别进行的知识创新和技术创新，都有自主性，都有自己的兴趣爱好。政府介入新技术孵化阶段，就不只是将他们黏合在一起，还要引导他们的协同创新与国家目标衔接，从而实现与国家目标的协同。在这里政府实际上对产学研进行的创新起着集成和导向作用。

显然，我国现阶段的产学研协同创新离不开政府的引导和集成，准确地说是政产学研协同创新。政府的引导和集成毫无疑问是靠投入和政策支持，其载体主要有两个方面：

一是政府规划并建立大学科技园区，吸引大学和企业进入，推动大学与地方政府，与科技企业全方位合作，推动大学科技园成为大学教学、科研与产业相结合的重要基地，成为高新技术企业孵化的基地、创新创业人才培育的基地和高新技术产业辐射催化的基地。

二是建立科技孵化器。所谓孵化器是为科技人员孵化新技术和科技创业提供一个集中研发的场地和种子资金，配有通讯、网络与办公等方面的共享设施。孵化器具有共享性和公益性的特征。孵化器举办者会对进入者提供系统的培训和政策、融资、法律的咨询，并且提供市场推广等方面的服务，旨在对高新技术成果、科技创业企业进行孵化，使创业者将发明和成果尽快形成可以进入市场的技术和产品。各类风险投资者也进入这里选择投资项目，从而降低创业企业的风险和成本，提高企业成活率和成功率。在孵化出新技术同时也就孵化出新企业和企业家。孵化出的新企业达到一定规模就会飞出孵化器进入产业园。

产学研协同是一个系统工程，其功能和作用都是双向的。任何强调其中一方而忽视另一方的做法，都会使系统受到破坏，其协同的整体效应将大大削弱。因此，产学研协同创新有了平台还必须要有机制。需要构筑并完善一个透明的使产学研各方互利互惠，利益共享、风险分担的利益机制。这是产学研协同创新成功的必要条件。

产学研协同创新可以说是各方优质资本的投入。将科研成果"孵化"出新技术、新产品的"孵化器"和中试基地的投入不仅数额大，而且风险高。为孵化新技术投入的资本是不同类型的资本的组合。大学和科学家主要是知识资本和人力资本的投入，企业则要更多的提供物质资本。具体地说，在协同创新共同体中产学研各方都提供资本。"产"提供物质（货币）资本，"学"培育人力资本，"研"提供知识资本。产学研协同创新是三方资本的集合，缺一不可。进一步说，产学研协同创新平台作为一个产权组织，不只是物质财产的产权组织，而是包含物质产权和知识产权在内的产权组织。

协同创新还有个风险分担和利益共享的要求。虽然产学研各方进入的协同创新是由物质（货币）资本黏合的，但不能单纯以物质资本的回报来确定利益分享。知识资本和人力资本在产学研协同创新的共同体的资本结构中占主导地位，知识产权在共同体的产权结构中占主导地位。因此，协同创新的利益分享的基本要求是保障知识和技术创新者的私人收益，使其发现新技术的成本得到补偿并能得到更高的收益。只有这样，才能鼓励大学参与产学研协同创新，调动科技人员研究和开发高新技术的积极性。为了使知识资本的价值得到充分的评价，主要的制度安排在两个方面：一是技术资本化。在企业的股权结构中，在充分估价技术投入价值的基础上安排技术股，收入分配中充分实现投入的技术的价值。二是技术商品化。在技术转让时科技成果得到科学的评估，以充分实现其价值。当然孵化新技术不成功的风险也应该由参与各方共同分担。

突出知识资本和人力资本在协同创新中的创新贡献及其收益，是因为人力资本和知识资本的积累是现代经济增长的重要因素。知识分解为一般知识和专业化知识，各自在促进经济增长中起不同作用。一般知识的作用是增加规模经济效益，专业化知识的作用可以增加生产要素的递增收益。这两种作用结合在一起便可使资本和劳动力等其他投入要素的收益递增。这种递增收益体现知识产权的收益（垄断利润）。递增的收益又可重新用于技术创新，形成如下良性循环：创新投资促进知识创新，知识创新促进规模收益的提高，从而使经济持续增长。知识不仅形成自身的递增效应，而且能够渗透于资本和劳动力等生产要素，使资本和劳动力等生产要素也产生递增收益，从而使整个经济的规模收益递增。

总的来说，产学研协同创新是在科学新发现成为技术创新的源头背景下提出的。这种协同创新体现知识创新和技术创新的协同，是大学作为创新中心同企业作为创新主体的合作。这种协同创新不是简单的项目合作，而是共建创新平台的合作，是利益共同体。政府在其中起着引导和集成作用，因此是政府引导的企业为主体大学主动参与的产学研协同创新。

（原载于《经济科学》2014 年第 1 期）

"互联网+"挑战传统的经济学理论

　　经济学的重大变革都是与新的生产方式相关的。政治经济学产生于工场手工业时代，马克思主义政治经济学则产生于机器大工业时代。20 世纪后期出现的新经济伴随着新增长理论的产生。当今时代，方兴未艾的"互联网+"预示着一个新的经济时代的到来，不可避免地挑战现有的经济学理论，尤其是市场经济理论。

一、"互联网+"经济时代的到来

　　20 世纪末，美国等发达国家依靠其以信息技术为代表的高科技的发展，进入了新经济时代，这个时代的特点和影响正如格林斯潘 1999 年所说："我们称之为信息技术的新技术革命，已经开始改变我们处理事务和创造价值的方式。"新经济是对信息经济、网络经济、数字化经济的概括，对人们的工作、学习和生活方式产生全新的革命，它不仅丰富了人们获取信息的途径，而且为企业内或企业间的信息交流提供快捷而廉价的通信工具，还给工商企业和消费者之间的信息沟通提供新的渠道。网上教育、网上通信、网上新闻、网上交易、网上娱乐等成为经济活动的主要场所。

　　现在经济发展又将进入足以称为新经济时代的特征，这就是"互联网+"时代。这场革命依靠的技术手段是"移动终端+互联网"平台。"互联网+"的技术和经济特征主要体现为：一是移动终端。消费者利用移动终端，即时购买、消费、支付。二是市场参与者大众化的开放式平台，为用户提供充分的市场信息和充分的选择机会，也可为用户提供个性化的定制服务，为用户创造更大的价值。三是许多实物产品数字化，如音乐、出版、新闻、广告、服务代理、金融服务等，消费者可通过手机等移动终端直接交易和消费这些产品和服务。

利用互联网提供的移动终端和平台使互联网进入社会再生产的各个环节。如"互联网＋消费""互联网＋交换""互联网＋生产""互联网＋分配"。这使"互联网＋"成为社会再生产各个环节不可分割的部分，必然对社会生产关系产生影响。尤其是生产和消费在互联网平台上连接，不再需要销售人员满天飞，大大降低交易成本。

把"互联网＋"看作是新经济时代特征，最重要的是其产业升级效应。传统产业借助"互联网＋"进入现代产业体系。传统产业不等于夕阳产业，只要采用最新技术，现阶段就是"互联网＋"，再传统的产业都可成为现代产业。"互联网＋"进入哪个产业领域，哪个产业领域就能得到根本改造并得到提升。"互联网＋零售"产生网购和电子商务。"互联网＋金融"产生互联网金融。"互联网＋媒体"产生新媒体。"互联网＋教育"产生"慕课"（MOOC）。"互联网＋清洁能源"产生里夫金笔下的第三次工业革命标志。"互联网＋医疗"产生互联网医疗，同时又会衍生出一系列新产业，如快递业。

面对"互联网＋"的挑战和冲击，现有的传统制造业和服务业积极响应的路径就是"＋互联网"，实现转型升级。如，零售实体店遇到网购产业的冲击，纷纷"＋互联网"提供网购服务；金融业面对互联网金融业的冲击，也要"＋互联网"，提供网上金融服务；"物流业＋互联网"提供快递服务。总体看，现有的传统产业，要能生存和发展，都得"＋互联网"，否则就会被毁灭。这样，在传统产业领域"互联网＋"和"＋互联网"共存并互为补充，甚至走向融合，如近期原来只是在"互联网＋"领域提供电商平台的阿里巴巴与拥有实体零售业的"＋互联网"苏宁易购战略合作，成为其第二大股东，也就形成线上线下的合作。

近年来，我国电子商务和互联网金融发展都非常迅猛。以电子商务为例，2013 年我国电子商务交易规模为 10 万亿元。我国已超过美国成为第一大网络零售市场。据国家统计局 2015 年前三季度数据，社会消费品零售总额为 216080 亿元，同比名义增长 10.5%（扣除价格因素实际增长 10.5%），其中全国网上零售额为 25914 亿元，同比增长 36.2%。其中，实物商品网上零售额为 21510 亿元，增长 34.7%，占社会消费品零售总额的比重为 10%；非实物商品网上零售额为 4404 亿元，增长 43.6%。由此可见电子商务增长之迅猛。

二、"互联网＋市场" 成为市场配置资源的重要平台

市场配置资源是通过市场交换进行的。已有的市场理论有几个重要思想：第一，市场是个交易场所和交易关系。市场配置资源有效性的重要条件是，参与者人数足够多、竞争充分。而在现实的市场上，交易双方参与者并不足够多，竞争也不充分。因此就产生实验经济学模拟市场喊价系统的思想。第二，货币介入商品流通后对交易的重大影响是货币不会即时支付，因此买卖在时间空间的分离，可能产生支付链条断裂。第三，商品交换存在交易成本，也就是寻找市场、寻找价格、签订合约、监督合约执行所需要支付的成本。"互联网＋"进入市场后，这些市场缺陷可能在很大程度上得到克服。

网络消费成为新的消费业态。以"双十一"一天的网购为例，2009—2015 年，交易额从 5200 万元上升到 912 亿元。其影响力覆盖线上线下，拓展至海外全球，延伸至县域农村。

"互联网＋市场"的途径是提供交易和消费的平台。从电子商务到滴滴

打车，都是给市场参与者提供开放式平台。在互联网平台上，参与者众多，信息充分，选择机会充分。交易双方通过互联网寻找市场，不受时间空间限制，即时购买、消费、支付。交易成本大大降低，商品和服务价格也随之降低。消费者在实体店获得商品的展示和消费体验，在互联网上购买。通过互联网为用户提供个性化的定制服务，"消费者是上帝"也得到真正体现。平台代替实体市场不只是节省场所的费用，更重要的是凭借节省的费用以低价吸引消费者，刺激消费需求。

"互联网＋"进入市场催生互联网金融。互联网金融即以互联网技术和平台处理金融业务。网上建立的支付宝、余额宝等平台，从网上支付支持网购开始，承担大众、小额、便捷的金融服务。为买卖和服务活动提供便捷的第三方支付 P2P 借贷。网上建立的 P2P 借贷网络平台，可较顺畅地撮合出借人自行将资金出借给平台上的其他人，平台以交易规则来保证出借人利益。网上建立的众筹平台，可通过互联网平台广泛地向公众募集某个商业性或公益性的项目资金。

"互联网＋"进入市场后为市场有效配置资源提供了技术条件。首先，打破市场垄断。最明显的是目前争议较大的专车互联网平台，无论是行政的藩篱，还是已在位的营运出租车的阻力，都无法阻挡专车进入市场营运。其次，挑战现行的行政垄断体制。最明显的是互联网金融挑战金融体制。其最大特点是去金融中介，降低门槛，面向小额金融活动的大众，给大众带来便利。再次，均等配置资源。最明显的是基本公共服务均等化的互联网支持。我国幅员辽阔，区域发展水平存在很大差距，基本公共服务的资源尤其是优质的公共资源配置很不均衡。要实现基本公共服务均等化，就要使优质的教育、医疗等资源进入落后地区，但在短期内难以做到。而"互联网＋"就能做到。"互联网＋教育""互联网＋医疗"能使落后地区也能享受到优质的教育和医疗。最后，打破进入国际市场的壁垒。现在中国产品（主要是劳动密集型产品）进入国际市场，主要是靠沃尔玛为代表的采购商驱动的全球价值链。现在阿里巴巴等跨境电商正在形成以中国电商驱动的全球价值链，中国产品可能进入的国际市场更为广阔。

三、"互联网＋"打破市场信息不完全和不对称假说

对市场配置资源是否有效的最大质疑是市场信息不完全理论。其内容包括：市场不确定；信息不对称及其导致的劣币驱逐良币；著名的"囚犯困境"又指出了信息不对称条件下市场交易者之间的互不信任。

"互联网＋"进入市场打破了上述市场信息不完全和不对称的假说，使市场配置资源更有效。一是充分而可信的信息。在"互联网＋"时代，不仅使信息传播速度加快，公开性程度提高，更重要的是以微信群和"朋友圈"为代表的社交网络提供开放、超广泛、无限人际交往的空间。进入微信群的每个人又拥有多个微信群，相互交叉。不仅人际网络范围无限扩大，还使社交网络的可信度显著提高。可信度还表现在获得"互联网＋"平台资格认证不只是参与者的一次交易行为，而是多次反复交易的行为，尤其是在参与互联网金融活动的场合。这就克服了"囚犯困境"理论说明的一次性交易难以观察欺骗和失信行为，多次反复交易则能较为准确地观察到交易者的诚信程度。二是信息财富的公共性。传统的财富观强调财富的所有，突出对财富的独占和排他的权利。而在"互联网＋"时代，这种财富观被全新的通过社交网络同他人分享经验的财产观所取代。个人掌握的信息成为公共财富，谁都愿意第一时间通过互联网和微信发布，谁都具有平等的共享信息的权利。尤其是信息提供者还有以粉丝计算的信息财富价值（点赞数），关注信息的共享性。这就大大降低了市场参与者搜寻信息的成本。三是大数据处理和云计算服务。以百度搜索引擎为代表，大数据的特色在于对海量数据进行分布式数据挖掘。基础是各个参与者都在提供经过分析和处理的数据。出版、新闻、广告、服务代理、金融服务等均成为数

字化产品传输，并加入到海量信息中。市场、技术、数据的公开和共享，提高了信息的可靠性。独占信息的垄断被大数据打破。由市场信息的不完全产生的信息成本可能被互联网提供的大数据和云计算所抵消。特别需要注意的是，依靠"互联网＋"的大数据平台可以甄别市场参与者的资信状况，克服市场交易中难以判断工厂交易者是否诚信的困境。

以上关于"互联网＋"的信息功能表明，长期以来，质疑市场有效性的一大理论即信息不完全理论被"互联网＋"所打破。市场有条件借助"互联网＋"在更大范围配置资源。

四、"互联网＋"助力创新创业

大众创业万众创新，不是指人人都去创业，而是指大众都参与创新创业。诺贝尔经济学奖得主费尔普斯在《大繁荣》一书中描述了大众创新万众创业的景象：有创新思想的人士提出创意；不同投资主体的参与，例如天使投资人、风险投资家、商业银行、储蓄银行和风险投资基金；不同生产商的参加，如创业公司；大公司及其分支机构；各种市场推广，包括制定市场策略和广告宣传等活动；终端客户的评价和学习；消费者介入并引导创新。在他看来，能否形成大众创业万众创新的氛围，关键是经济有没有活力。"现代经济把那些接近实际经济运行、容易接触新的商业创意的人，变成了主导从开发到应用的创新过程的研究者和实验者，科学家和工程师往往被他们召集过来提供技术支持。现代经济把各种类型的人都变成了'创意者'，金融家成为思考者，生产商成为市场推广者，终端客户成为弄潮儿。"

"互联网＋"具有的创新功能可为大众创业、万众创新提供有效的支持。利用互联网平台人人都可成为创客。第一，消费者也能成为创客。在网购条件下，用户不再只是消费者，通过网上广泛的选择，产生个性化需求。消费成为创新产品的体验过程，通过定制成为创新的行动。现实中的许多创意就是消费者提出的。第二，互联网提供大众进行就业和创新的平台，降低就业和创业门槛。在传统理论和机制中，就业就是被雇佣，创业需要资本。而"互联网＋"提供众创的无限空间，创客进入互联网，也就进入创新平台。众创即自雇，就业和创业合为一体。谁都可进入众创平台就业。"互联网＋"不仅为创客提供信息平台，还为其提供电子商务的创新产品的销售平台，还可能依托互联网组成包括研发、制造、销售在内的创新团队，并在创新互联网平台上各自承担职能，各尽所能各得其所。第三，互联网金融（P2P借贷和众筹）提供创新创业投资。创业肯定需要创业投资。通常的理论是风险投资公司提供。而在大众创业时，创业投资不可能都靠风险投资公司提供。创客通过互联网平台，只要其项目得到网上出借方的认可就能得到天使投资。P2P和众筹就成为风险投资的重要补充或一定程度的替代。另外，风险投资家也可通过互联网寻找选择投资对象。第四，大数据和云计算降低创新创业所需要的市场、技术的信息门槛，克服市场信息不完全和不对称，降低创新创业风险。而且，互信的网络平台还能解决新产品的市场问题。

基于"互联网＋"驱动的创新，企业组织也会产生革命性变化。突出表现在企业由组织变成开放式平台。传统的企业组织是有明确边界的，组织系统是科层的垂直系统，从研发到制造、销售等各个流程是串联的。在"互联网＋"的创新型企业中，企业成为无边界的创新平台，广泛吸引创新资源进入企业平台。企业成为孵化器平台，员工组成无数创客群体，企业由一个个创新团队组成。全员创新、创造和分享价值。每个创新团队中包含研发、制造、营销的功能和人员。企业治理以选择创新项目为对象，以品牌和风险投资为纽带。依托"互联网＋"平台，企业范围也扩大了。原先非企业的员工组织的创新团队，被企业选中，获得企业提供的风险投资和品牌也可进入该企业。相应地，每个创新团队也可能不再终身服务于某个企业，而是要对所承担的创新项目负责。企业从研发、制造、销售等各个流程也就由串联变为并联。如，研发的过程同时就是制造和销售过程。

五、"互联网+"的运行需要完善和规范

以上关于"互联网+"的经济学分析，及其对市场有效配置资源、促进产业升级和助力创新驱动的效应作为趋势正在显现出来，"互联网+"作为经济时代的特征也在逐步显现。以上的经济学分析是以"互联网+"规范运行为背景的。现实中要达到规范运行的条件还需要培育。为充分发挥其正向效应，互联网的创新驱动作用需要得到充分认识和挖掘，不仅需要为之广泛进入创造一系列条件，还需要对其有效运行做出规范。第一，"互联网+"需要广泛覆盖，不仅涉及互联网平台建设，还涉及移动终端的建设。只有广泛覆盖并规范使用，才能充分显示其正向效应。第二，互联网平台建设要规范。目前，互联网平台，无论是电商平台还是互联网金融都是由许多家互联网公司在办，良莠不齐，过度竞争。甚至出现 P2P 平台跑路问题。只有分散竞争走向集中，才可能规范运行。第三，维护信息的真实性。"互联网+"是靠信息支撑的。谁都可通过互联网发信息，信息爆炸，难免会出现谣言和虚假信息，也会出现噪音。因此，必须建立信息甄别，防止以讹传讹。关键是"互联网+"参与者的诚信和行为规范。当然，"互联网+"可通过其大数据功能对参与者的征信进行网上甄别。

特别需要注意的是，线上总要进入线下，虚拟世界总要进入现实世界。现实的市场上存在的假冒伪劣、坑蒙拐骗现象不可避免会进入"互联网+"领域，并且以新的形式表现出来。因此，互联网上的打假问题就会突出出来。

以上完善"互联网+"的要求涉及两方面制度建设：一是完善对"互联网+"平台的监管体系。二是完善"互联网+"的法制建设，填补其法律空缺。目前，我国的市场监管（包括法治）基本上针对实体市场，即使是虚拟经济也有明确的监管对象。"互联网+"的各种市场行为都在互联网平台上，比虚拟经济更虚拟。因此，对这一领域的市场监管和法治建设更紧迫。

（原载于《经济纵横》2016 年第 1 期）

三十年经济转型：发展中国特色社会主义

　　中国改革开放的 30 年是经济转型的 30 年，这主要体现在四个方面：一是经济体制的转型，即通过经济改革由计划经济转向市场经济；二是经济社会形态的转型，即通过经济发展使经济社会由传统状态转向现代状态；三是经济开放度的转型，即通过融入全球化使经济由封闭状态转向开放状态；四是经济发展方式的转型，即经济发展由以物为本转向以人为本，经济增长由粗放转向集约。所有这些，实际上是发展中国特色社会主义的成功探索和伟大实践。

一、 从社会主义初级阶段出发探索中国特色社会主义的发展道路

　　从 20 世纪苏联建立世界上第一个社会主义国家起，各个新建立的社会主义国家都先后在社会经济制度上实践马克思对社会主义制度的设想，企图跑步进入共产主义。我国从 20 世纪 50 年代进行社会主义改造起，也曾试图仿照苏联的斯大林模式，建立起社会主义计划经济体制。实践证明，超越生产力发展阶段的生产关系和经济体制不会成功。在斯大林逝世以后，特别是从 20 世纪七八十年代起苏联和东欧各个社会主义国家进行的所谓市场化改革，不但是抛弃了斯大林模式，甚至转向了资本主义制度。我国从十一届三中全会以后开始进行的经济转型不是走苏联的道路，而是根据我国还处于社会主义初级阶段的基本国情来探索中国特色的社会主义道路。

为适应生产力发展要求，生产关系的调整并不都是不断向前推进，也可能是后退。针对人为地、过早地变革生产关系所导致的阻碍和破坏生产力发展的状况，将超越了生产力发展水平的生产关系和经济制度退回到适应并促进生产力发展的阶段，是解放和发展生产力的伟大变革。

所谓社会主义初级阶段是指我国在生产力落后、市场经济不发达条件下，建设社会主义必然要经历的特定历史阶段，通过这个阶段去实现别的许多国家在资本主义条件下实现的工业化、经济的社会化、市场化和现代化。这个阶段的主要矛盾是人民日益增长的物质文化需要同落后的社会生产之间的矛盾。[①] 由此决定，初级阶段的社会主义就是发展生产力，而不是消灭私有制，甚至需要在较大范围内利用私有制发展生产力。与这个重大理论突破相适应，30 年来我国推进的改革开放在以下四个方面实现了经济转型。

一是经济制度的转型。经济学对经济制度有两种规定：第一是反映社会性质的根本性制度，反映生产关系的本质特征；第二是经济体制，是某一社会生产关系的具体形式，属于经济运行中的制度安排。从总体上说，中国的经济转型不是改变社会主义经济制度，而是在社会主义基本制度的背景下，在经济体制方面寻求新的制度安排，例如转向市场经济体制，改变资源配置方式。但是，明确了我们所处的还是社会主义初级阶段，这意味着经济改革不可避免地要触及已经形成的社会主义经济制度。就是说，经济改革要对现行的社会主义经济制度中超越了社会主义发展阶段的部分进行改革，以适应社会主义初级阶段的特征，适应现阶段的生产力水平。这样，30 年的经济转型在制度层面上突出在两个方面，第一是建立社会主义初级阶段的基本经济制度，第二是建立社会主义市场经济体制，即创新充满活力富有效率的体制机制。

二是经济社会发展阶段的转型。社会主义初级阶段，作为逐步摆脱不

---

① 习近平：《关于中国特色社会主义理论体系的几点学习体会和认识》，《求是》2008 年第 7 期。

发达状态、基本实现社会主义现代化的历史阶段，中心任务是经济发展，从而实现由传统社会向现代化社会的转型。在农业国基础上的现代化包括工业化、城市化和高科技化等方面的转型。后起的发展中国家有必要遵循现代化的一般规律，走先行现代化国家所经过的基本路线，但又必须结合本国的国情并适应新的国际国内经济社会政治环境，从而走出具有自己特色的现代化道路。我国将全面小康社会建设包含在现代化的进程中，并作为现代化的具体阶段来推进，可以说是中国特色的现代化道路。这样，我国的经济社会发展阶段的转型主要包括以下方面：由农业人口占很大比重、主要依靠手工劳动的农业国向非农业人口占多数、包括现代农业和现代服务业的工业化国家的转型；由自然经济和半自然经济占很大比重的经济向经济市场化程度较高的市场经济的转型；由文盲和半文盲人口占很大比重、科技教育文化落后的社会向科技教育文化发达的社会的转型；由贫困人口占很大比重、人民生活水平比较低的阶段向全体人民生活比较富裕的阶段的转型。

三是由封闭和半封闭转向全方位开放的开放型经济。发展生产力，需要利用国际资源和国际市场。马克思创立科学社会主义时，资本主义和社会主义在时间上是继起的。而在现实中，资本主义与社会主义是在空间上长期并存的两种社会制度。社会主义国家没有产生于资本主义发达国家。资本主义有上百年的历史，几次重大的产业革命和科学技术革命均首先产生在资本主义国家，代表先进社会生产力的经济组织和经济形式也首先产生在资本主义国家，因此服从于发展社会生产力特别是先进社会生产力的目标。社会主义国家需要借鉴资本主义发达国家的先进技术和管理经验；需要积极参与国际经济合作和竞争，以增强自身的国际竞争力；需要通过对外开放吸引外国资本进入；需要采用一切有利于发展生产力的经济形式，哪怕是在资本主义经济中采取的经济形式。而且，中国的经济开放，不仅是打开国门让外国资本和产品进入，也要走出去，参与国际竞争融入全球化经济。

四是经济发展方式的转变。发展中国家在经济增长的初期一般都实施赶超战略,试图在较短的时期赶上发达国家的现代化水平。单纯追求"快"的增长方式基本上还是传统的、粗放型的。这种发展模式在一定阶段获得成功主要是得益于发展初期的环境,如工业化的总体水平低,市场竞争不激烈,环境和资源约束较为宽松。随着工业化的全面推进和经济发展整体水平的提高,片面追求"快"的粗放型增长方式必然要走到尽头,必然会提出转变发展方式的要求。这就是由单纯追求经济增长转变为追求经济发展,由单纯追求数量增长转变为追求发展质量。这种转变主要涉及四个方面:一是由主要依靠投资、出口拉动转向依靠消费、投资、出口协调拉动;二是由主要依靠第二产业带动转向由第一、第二和第三产业协同带动;三是由主要依靠增加物质资源消耗转向主要依靠科技、劳动者素质和管理创新;四是由传统工业化道路转向中国特色的新型工业化道路,寻求可持续发展的道路,实现人与自然的和谐。

上述30年的经济转型实际上是发展中国特色社会主义的伟大实践。这是在解放思想的基础上中国在改革开放的伟大实践中找到的发展中国特色社会主义的方向和道路。在这条发展道路上所取得的全面小康社会建设成果代表了人民群众的根本利益。

二、 社会主义初级阶段基本经济制度是中国特色社会主义的具体体现

中国特色社会主义是马克思主义中国化的理论成果,其理论出发点是中国长期处于社会主义初级阶段的基本国情。确认我国还处在社会主义初级阶段有两方面含义:一方面我国已进入了社会主义社会,需要坚持科学社会主义的基本原则;另一方面社会主义制度尚未发展成熟,社会主义性质在社会生活的各个方面还不能充分显示出来,具体表现在以下两个方面。

　　一是社会主义经济关系本身还处于初级阶段，没有达到完全成熟的社会主义的标准。主要表现在：第一，生产资料公有化的程度不可能很高。不仅公有制有多种形式，各种公有制形式也有不同的实现形式和经营方式。公有资产不一定都在完全的公有企业中经营，也可以在包含了非公有制成分的混合所有制中实现。第二，按劳分配不可能充分。按劳分配的"劳"，无论是流动形态，还是潜在形态，还是凝固形态，都不能正确反映劳动者的劳动贡献。而且在不同部门、不同企业的劳动者同劳不能同酬。第三，共同富裕还不完全。地区之间、部门之间、不同的劳动者之间存在先富和后富的差别。显然，依据社会主义经济关系处于初级阶段的特征，改革的一个重要方面是改革和调整经济体制，使其不是反映未来的高级阶段的社会主义生产关系，而是反映处于初级阶段的社会主义生产关系。

　　二是社会主义初级阶段的社会生产关系结构还不是完全社会主义的，而是包含了多种非公有制形式的多元结构。与其他转型国家不同，中国的经济转型不是完全放弃公有制、全盘私有化，而是发展多种所有制经济，形成公有制为主体多种所有制经济共同发展的基本经济制度。在这种基本经济制度框架内形成了一系列的制度安排：经济体制是社会主义市场经济，收入分配体制是按劳分配为主体多种分配方式并存。① 所有这些制度安排都是中国特色社会主义的具体体现。

（一）以公有制为主体多种所有制形式共同发展的基本经济制度

　　在公有制为主体多种所有制经济共同发展的制度框架中，公有制为主体是社会主义的制度特征，多种所有制形式的共同发展则是现阶段的中国特色。这有两个方面的明显效应。

　　一是在广度和深度上发展多种私有制经济。过去私有制经济是属于"制度外"的，现在成为社会主义基本经济制度的"制度内"部分。发展多

---

① 习近平：《关于中国特色社会主义理论体系的几点学习体会和认识》，《求是》2008 年第 7 期。

种非公有制经济就突破了制度的限制。在广度上，连过去认为必须由国有制经济垄断的领域如零售业、外贸、金融保险和通信业等也允许外资进入，发展的趋势是，只要是不影响国家安全的、不违反国家法律的领域都将允许非公有制经济进入。在深度上，明确了混合所有制可以成为公有制的实现形式，股份制、股份合作制、中外合资企业、各种所有制相互合资合营等都是混合所有制的具体形式，这意味着私人产权也可以进入公有制企业。因此，公有制与非公有制的共同发展不只是存在于企业的外部关系，在同一个企业内部也可以形成多种所有制经济共同发展。

二是公有制为主体含义的转型。发展多种所有制经济，不可避免地会遇到公有制的主体地位问题。过去的理论特别强调企业所有制性质的纯粹性。因此公有制为主体就被定义为公有企业在数量上为主体。改革的实践打破了这种教条。公有制经济不是指公有制企业，而是指公有资本，包括国有资本和集体资本。这样公有制为主体也有了新的含义：公有资产在社会总资产中占优势；国有经济控制国民经济命脉，对经济发展起主导作用。明确了公有制为主体的科学含义，对经济转型和相应的改革有重大的指导价值。第一，公有资产不一定都在完全的公有企业中经营，也可以在包含非公有资产的混合所有制企业中经营。公有制的主体地位就体现为公有资产在企业中的控制力。第二，国有经济将主要集中在应该发挥作用的领域，主要包括国民经济命脉部门，如铁路、航空、港口、邮电、通信和金融等；对国民经济的发展具有关键性作用，但又处于薄弱环节的基础工业部门，如能源和原材料工业，而在其他领域（竞争性领域），国有经济并没有占支配地位的要求。即使是国民经济的命脉部门，也不需要国有全资（涉及国家安全的部门除外），完全可以通过股份制的形式出让一部分股权，使非公有制资本进入这些部门。

（二）社会主义市场经济体制

社会主义市场经济体制是我国经济体制改革的目标。过去的理论把计划经济和市场经济同经济制度联系起来，即社会主义实行计划经济制度，资本主义实行市场经济制度。我国改革开放的重要进展是把计划经济和市场经济规定为资源配置方式即经济运行机制的范畴。这样，经济运行机制是计划经济还是市场经济，不反映经济制度的性质。资本主义可以有计划，社会主义也可以有市场。为了提高资源配置效率，需要建立社会主义市场经济，使市场对资源配置起基础性的调节作用，国家则加强宏观调控。在这里，坚持国家的宏观调控反映社会主义制度特征，市场机制起基础性调节作用，是中国处于社会主义初级阶段的特征。这一规定同样有两个明显效应。

一是市场机制必须对资源配置起基础性调节作用。这是资源配置效率的基本保证。要做到这点，关键是市场配置资源的四个机制充分作用。第一是等价交换机制。这种机制不仅为有独立利益追求的企业所接受，而且以社会必要劳动消耗为标准将资源配置到各个生产领域。第二是竞争机制。这种机制给企业提供优胜劣汰的外部压力，按效率原则竞争性地配置资源，促使资源流向效率高的地区、部门和企业。第三是信息机制。在市场上卖者和买者直接见面，存在信息反馈，可以使信息传递迅速，减少行政性扭曲。第四是风险和利益机制。竞争者承担风险，才可能有真正的竞争。市场经济中经济主体对自己的行为承担风险。行为者不仅要获得由自身行为产生的利益，还要承担由自己的行为产生的风险。如投资者和经营者对自己的投资和经营行为承担风险、盈亏自负。二是在市场经济前冠以社会主义，不改变市场经济的基本规定性，而是突出国家的宏观调控作用。国家的宏观调控不只是克服市场失灵，还要贯彻社会主义制度的要求，特别是公平正义的要求，防止两极分化。

（三）按劳分配为主多种分配方式并存的收入分配制度

原有的理论认为，进入社会主义社会后，除了劳动要素私有外，其他要素都是公有，收入分配只要讲按劳分配。而中国处于社会主义初级阶段，所有生产要素都在不同程度上私有，由此就要提出多种分配方式问题。社会主义的基本原则是共同富裕，但社会主义初级阶段不可避免存在先富和后富差别，要提高效率就要承认这种差别，允许一部分地区一部分人先富起来。按劳分配和共同富裕是社会主义的制度特征，多种分配方式并存和允许一部分人先富则是现阶段的中国特色。这一规定同样有两方面效应：一是为了动员各种要素投入发展生产力的过程，使各种创造财富的活力得到充分发挥，就要允许资本、技术、管理等各种生产要素按贡献参与收入分配，就要允许人们除了获取劳动收入以外获取财产性和经营性收入，从而先富起来。二是按照社会主义原则解决收入分配中的公平问题。首先是保障收入分配中的公平权利，既要防止权钱交易和以权谋私，又要调节垄断收入；其次是在初次分配和再次分配中都要处理好效率和社会公平的关系，而且再分配更加要注重公平；最后是鼓励和引导先富者带动和帮助后富，逐步走向共同富裕。

经过 30 年的改革开放，我国社会主义初级阶段经济制度的三个方面已经基本形成，既坚持了科学社会主义的基本原则，又具有鲜明的中国特色，是马克思主义中国化的伟大成果。其在促进生产力发展和提高人民生活水平方面的优越性已经和正在显现出来。

三、 中国特色社会主义经济制度需要建设

经济转型不只是破除旧制度，更为重要的是建设新制度。[①] 中国特色社会主义从理论变为现实的制度同样需要建设。发展多种所有制经济，由计划经济体制转向市场经济体制，放开是必要的过程，但是，单是放开放不出社会主义市场经济，放不出中国特色社会主义制度。必须要有相应的制度建设来实现经济转型。

① 洪银兴：《转型经济学》，北京：高等教育出版社 2008 年版。

（一）企业制度的建设

企业制度的转型涉及中国特色社会主义制度的微观基础建设。在确认股份制可以成为公有制的主要实现形式后，无论是国有企业的改制，还是民营企业的发展，企业制度转型的基本方向是相同的，即建立公司制的现代企业制度。与此相适应，企业制度转型涉及三个方面：一是产权制度转型，也就是在企业股权结构多元化的基础上，建立起"归属清晰、权责明确、保护严格、流转畅通"的现代产权制度。二是企业治理结构转型。在现代公司中出资者产权和法人财产权分离。公司制的核心问题是法人治理问题。治理结构涉及企业与政府的关系、企业股东之间的关系、股东与经营者的关系以及经营者与员工的关系等。完善企业治理结构就是建立一套有效的制度和契约安排，实现出资者的目标，即资产保值增值，此外还需要完善经营管理者的监督激励机制。三是强化企业家的激励和约束，在制度上促使经营者成为企业家。在企业制度建设中，不可能做到所有的企业都实现自身企业制度的转型。企业制度的转型过程不可避免与企业的优胜劣汰相伴，由此提出企业重组的必要性。企业重组可能成为企业制度转型的快捷而有效的途径。企业重组可以是优势企业并购劣势企业，也可以是不同所有制企业之间的相互并购。所有这些过程是产权在不同企业之间流动的过程。这种企业重组不仅有效解决公司制所需要的股权多元化问题，还可能提高转型企业的整体效益。

（二）市场制度的建设

中国发展市场经济起步晚，但起点应该高。就是说，与社会主义结合的应该是现代市场经济。根据现代市场经济的标准建设市场制度主要涉及三个方面。

一是建设现代市场。现代意义上的市场不仅仅是交换的场所，更重要的是交换的联系和达成交易的机制。因此市场建设的关键是加强市场联系的建设。其中包括进入市场主体的培养和引导、供产销联系网络的建设、市场信息手段的完善等。原先的计划渠道经过几十年的建设和发展，已有相当的水平，低层次的市场是替代不了这种计划渠道的。根据现代市场的标准，应注重建设具有现代水平的各类批发市场、专业市场及期货市场，建立利用现代科学手段的市场网络。由计划经济转向市场经济，更具有特征性意义的是，生产要素进入市场并形成完善的要素市场体系。只有在各种要素进入市场系统才可能有现实的市场经济，只要是生产要素就得整个进入市场。现阶段特别需要完善的是资本市场和劳动力市场。

二是建设完善的市场机制。市场对资源配置起基础性调节作用是否有效，关键是市场机制能否有效作用。具体地说是市场、竞争、价格、供给、需求等市场要素之间相互制约的联系和运动是否符合价值规律。针对我国市场上各类要素运行的体制性障碍，市场机制建设主要包括三个方面：第一，由国家定价机制变为市场定价，让价格在市场上形成，以克服价格刚性；第二，硬化企业的预算约束，使企业真正由过去的依赖国家转向依赖市场；第三，打破垄断和打破政府保护，强化竞争，使各个企业在国家的统一政策条件下唯一地依靠自己的竞争力争得市场利益。

三是建立市场规范。市场经济所要求的自由竞争、自主经营，不是无序和没有规则的。竞争者只有遵守一定的规范，市场经济才能有序运行并有效率。市场规范建设包括三个方面：一是价格放开后建立定价行为规范，限制定价中的垄断性行为、倾销性行为和牟取暴利的行为，以避免价格暴涨暴跌；二是竞争放开后必须建立竞争行为规范，其中包括进入市场的行为规范、市场竞争的行为规范和退出市场的行为规范等，同时制定严格的保障公平公正公开的市场竞争规则和增加市场透明度的规则；三是在投机性市场建立严格的市场规则，在各类风险大、投机性强的证券市场、期货市场、外汇市场和房地产市场建立严格的规则，以保障投资者的合法权益。

（三）宏观调控机制的建设

转向市场经济后，宏观调控制度建设不仅要明确政府和市场作用的边界，还需要转换宏观调控机制，由直接调控转向间接调控，主要涉及三个方面：一是宏观调节对象，由过去直接管理企业转向调节市场。即使是一些国家需要直接掌握的产品，国家也不再通过指令性计划直接调节，而是作为市场活动的参加者采取国家订货和购买的方式；二是宏观调控市场内容，由过去直接定价（利率）转向调控市场价格（利率）总水平，维持市场竞争的秩序；三是宏观调控手段，由过去国家下达数量计划和指标转向政策调节，其中包括面向市场的政府规制和面向宏观总量均衡关系的财政政策、货币政策等。作为宏观调控的重要机制，金融调节机制也适应市场经济进行了转型。在建立商业银行和推进国有专业银行商业化的基础上建立了中央银行制度及效应的货币调节体系，建立了银监会、证监会、保监会等监管各类金融活动的机构和机制。

宏观调控机制的转型，最根本的是政府转型。一般认为，市场经济中应该是"强"市场与"弱"政府配套，目的是充分发挥市场的作用。我国改革发展的实践证明，"强"政府可以和"强"市场协同作用，关键是两者在不同的运行层面上起作用。原有的政府基本上属于经济建设型政府，政府和市场的作用可能会发生摩擦。政府转型需要减少各级政府的直接经济建设行为，减少行政干预，从而使各级政府逐渐成为执行"经济调节、市场监管、社会管理和公共服务"职能的政府。与政府职能转型相适应，政府转型涉及两个方面：一是财政转向公共财政；二是政府转向法治政府。政府不是主要依靠政策而是主要依靠法治治理国家。这方面的转型正在进行中，所取得的效果也是明显的。

总的说来，我国30年的改革开放波澜壮阔，所取得的成就令世人惊叹。经济转型的实践表明：中国特色社会主义的科学命题是根据中国处于社会主义初级阶段的基本国情提出的；中国特色社会主义的理论体系，是在改革开放的实践中逐步形成和丰富的；中国特色社会主义的理论成果的真理性，已经和正在得到实践的检验。我们今天纪念改革开放 30 周年，就是要更加坚定地高举中国特色社会主义的伟大旗帜，坚定不移地把改革开放的伟大事业不断推向前进。

（原载于《南京大学学报（哲学·人文科学·社会科学）》2008 年第 3 期；副标题：纪念改革开放 30 年）